U0560182

"高质量发展建设共同富裕示范区"系列丛书

美美与共

文旅产业赋能浙江乡村蝶变

应天煜 马世罕 叶 顺 林珊珊 等——著

ZHEJIANG UNIVERSITY PRESS

浙江大学出版社

·杭州·

图书在版编目（CIP）数据

美美与共：文旅产业赋能浙江乡村蝶变／应天煜等

著. -- 杭州：浙江大学出版社，2025. 4. -- ISBN 978-

7-308-26032-9

Ⅰ．F592.755；F327.55

中国国家版本馆 CIP 数据核字第 2025UP8875 号

美美与共：文旅产业赋能浙江乡村蝶变
MEIMEI YUGONG：WENLÜ CHANYE FUNENG ZHEJIANG XIANGCUN DIEBIAN

应天煜　马世罕　叶　顺　林珊珊　等著

策划编辑	张　琛　吴伟伟　陈佩钰
责任编辑	陈佩钰
文字编辑	蔡一茗
责任校对	金　璐
封面设计	雷建军
出版发行	浙江大学出版社
	（杭州市天目山路148号　邮政编码310007）
	（网址：http://www.zjupress.com）
排　　版	大千时代(杭州)文化传媒有限公司
印　　刷	杭州宏雅印刷有限公司
开　　本	710mm×1000mm　1/16
印　　张	16.25
字　　数	186 千
版 印 次	2025 年 4 月第 1 版　2025 年 4 月第 1 次印刷
书　　号	ISBN 978-7-308-26032-9
定　　价	88.00 元

版权所有　侵权必究　印装差错　负责调换

浙江大学出版社市场运营中心联系方式：(0571)88925591；http://zjdxcbs.tmall.com

浙江省文化研究工程指导委员会

主　　任　王　浩

副 主 任　彭佳学　　邱启文　　赵　承　　胡　伟
　　　　　任少波

成　　员　高浩杰　　朱卫江　　梁　群　　来颖杰
　　　　　陈柳裕　　杜旭亮　　陈春雷　　尹学群
　　　　　吴伟斌　　陈广胜　　王四清　　郭华巍
　　　　　盛世豪　　程为民　　余旭红　　蔡袁强
　　　　　蒋云良　　陈　浩　　陈　伟　　施惠芳
　　　　　朱重烈　　高　屹　　何中伟　　沈铭权
　　　　　吴舜泽

丛书专家委员会名单

主　　任　任少波

成　　员　朱卫江　郭华巍　盛世豪　魏江

浙江文化研究工程成果文库总序

　　有人将文化比作一条来自老祖宗而又流向未来的河,这是说文化的传统,通过纵向传承和横向传递,生生不息地影响和引领着人们的生存与发展;有人说文化是人类的思想、智慧、信仰、情感和生活的载体、方式和方法,这是将文化作为人们代代相传的生活方式的整体。我们说,文化为群体生活提供规范、方式与环境,文化通过传承为社会进步发挥基础作用,文化会促进或制约经济乃至整个社会的发展。文化的力量,已经深深熔铸在民族的生命力、创造力和凝聚力之中。

　　在人类文化演化的进程中,各种文化都在其内部生成众多的元素、层次与类型,由此决定了文化的多样性与复杂性。

　　中国文化的博大精深,来源于其内部生成的多姿多彩;中国文化的历久弥新,取决于其变迁过程中各种元素、层次、类型在内容和结构上通过碰撞、解构、融合而产生的革故鼎新的强大动力。

　　中国土地广袤、疆域辽阔,不同区域间因自然环境、经济环境、社会环境等诸多方面的差异,建构了不同的区域文化。区域文化如同百川归海,共同汇聚成中国文化的大传统,这种大传统如同春风化雨,渗透于各种区域文化之中。在这个过程中,区域文化如同清溪山泉潺潺不息,在中国文化的共同价值取向下,以自己的独特个性支撑着、引领着本地经济社会的发展。

　　从区域文化入手,对一地文化的历史与现状展开全面、系统、扎实、有序的研究，一方面，可以藉此梳理和弘扬当地的历史传统和文化资源，繁荣和丰富当代的先进文化建设活动，规划和指导未来的文化发展蓝图，增强文化软实力，为全面建设小康社会、加快推进社会主义现代化提供思想保证、精神动力、智力支持和舆论力量；另一方面，这也是深入了解中国文化、研究中国文化、发展中国文化、创新中国文化的重要途径之一。如今，区域文化研究日益受到各地重视，成为我国文化研究走向深入的一个重要标志。我们今天实施浙江文化研究工程，其目的和意义也在于此。

千百年来，浙江人民积淀和传承了一个底蕴深厚的文化传统。这种文化传统的独特性，正在于它令人惊叹的富于创造力的智慧和力量。

浙江文化中富于创造力的基因，早早地出现在其历史的源头。在浙江新石器时代最为著名的跨湖桥、河姆渡、马家浜和良渚的考古文化中，浙江先民们都以不同凡响的作为，在中华民族的文明之源留下了创造和进步的印记。

浙江人民在与时俱进的历史轨迹上一路走来，秉承富于创造力的文化传统，这深深地融汇在一代代浙江人民的血液中，体现在浙江人民的行为上，也在浙江历史上众多杰出人物身上得到充分展示。从大禹的因势利导、敬业治水，到勾践的卧薪尝胆、励精图治；从钱氏的保境安民、纳土归宋，到胡则的为官一任、造福一方；从岳飞、于谦的精忠报国、清白一生，到方孝孺、张苍水的刚正不阿、以身殉国；从沈括的博学多识、精研深究，到竺可桢的科学救国、求是一生；无论是陈亮、叶适的经世致用，还是黄宗羲的工商皆本；无论是王充、王阳明的批判、自觉，还是龚自珍、蔡元培的开明、开放，等等，都展示了浙江深厚的文化底蕴，凝聚了浙江人民求真务实的创造精神。

代代相传的文化创造的作为和精神，从观念、态度、行为方式和价值取向上,孕育、形成和发展了渊源有自的浙江地域文化传统和与时俱进的浙江文化精神,她滋育着浙江的生命力、催生着浙江的凝聚力、激发着浙江的创造力、培植着浙江的竞争力,激励着浙江人民永不自满、永不停息,在各个不同的历史时期不断地超越自我、创业奋进。

悠久深厚、意韵丰富的浙江文化传统,是历史赐予我们的宝贵财富,也是我们开拓未来的丰富资源和不竭动力。党的十六大以来推进浙江新发展的实践,使我们越来越深刻地认识到,与国家实施改革开放大政方针相伴随的浙江经济社会持续快速健康发展的深层原因,就在于浙江深厚的文化底蕴和文化传统与当今时代精神的有机结合,就在于发展先进生产力与发展先进文化的有机结合。今后一个时期浙江能否在全面建设小康社会、加快社会主义现代化建设进程中继续走在前列,很大程度上取决于我们对文化力量的深刻认识、对发展先进文化的高度自觉和对加快建设文化大省的工作力度。我们应该看到,文化的力量最终可以转化为物质的力量,文化的软实力最终可以转化为经济的硬实力。文化要素是综合竞争力的核心要素,文化资源是经济社会发展的重要资源,文化素质是领导者和劳动者的首要素质。因此,研究浙江文化的历史与现状,增强文化软实力,为浙江的现代化建设服务,是浙江人民的共同事业,也是浙江各级党委、政府的重要使命和责任。

2005 年 7 月召开的中共浙江省委十一届八次全会,作出《关于加快建设文化大省的决定》,提出要从增强先进文化凝聚力、解放和发展生产力、增强社会公共服务能力入手,大力实施文明素质工程、文化精品工程、文化研究工程、文化保护工程、文化产业促进工程、文化阵地工程、文化传播工程、文化人才工程等"八项工程",实施科教兴国和人才强国战略,加快建设教育、科技、卫生、体育等"四个强省"。作为文化建设"八项工程"之一的文化研究工程，其任务就是系统研究浙江文化的历史成就和当代发展，深入挖掘浙江文化底蕴、研究浙江现象、总结浙江经验、指导浙江未来的发展。

浙江文化研究工程将重点研究"今、古、人、文"四个方面，即围绕浙江当代发展问题研究、浙江历史文化专题研究、浙江名人研究、浙江历史文献整理四大板块，开展系统研究，出版系列丛书。在研究内容上，深入挖掘浙江文化底蕴，系统梳理和分析浙江历史文化的内部结构、变化规律和地域特色，坚持和发展浙江精神；研究浙江文化与其他地域文化的异同，厘清浙江文化在中国文化中的地位和相互影响的关系；围绕浙江生动的当代实践，深入解读浙江现象，总结浙江经验，指导浙江发展。在研究力量上，通过课题组织、出版资助、重点研究基地建设、加强省内外大院名校合作、整合各地各部门力量等途径，形成上下联动、学界互动的整体合力。在成果运用上，注重研究成果的学术价值和应用价值，充分发挥其认识世界、传承文明、创新理论、咨政育人、服务社会的重要作用。

我们希望通过实施浙江文化研究工程，努力用浙江历史教育浙江人民、用浙江文化熏陶浙江人民、用浙江精神鼓舞浙江人民、用浙江经验引领浙江人民，进一步激发浙江人民的无穷智慧和伟大创造能力，推动浙江实现又快又好发展。

今天，我们踏着来自历史的河流，受着一方百姓的期许，理应负起使命，至诚奉献，让我们的文化绵延不绝，让我们的创造生生不息。

2006 年 5 月 30 日于杭州

总　序

　　本丛书源于党的十九届五中全会的报告。报告明确提出，到 2035 年基本实现社会主义现代化远景目标，并首次提出"全体人民共同富裕取得更为明显的实质性进展"。随后，2021 年 6 月 10 日，《中共中央 国务院关于支持浙江高质量发展建设共同富裕示范区的意见》发布，浙江省被赋予高质量发展建设共同富裕示范区的光荣使命。我作为浙江省政协智库专家、浙江省特色智库的负责人，参与了关于支持浙江省高质量发展建设共同富裕示范区的研究工作，在讨论过程中意识到社会对如何实现共同富裕有一些不正确的认识，比如，有人认为共同富裕就是"杀富济贫"，就是"平均主义"。我在 2021 年 6 月就发表了自己的鲜明观点，"共同富裕必须建立在财富创造的基础上，而不是在财富分配的基础上"。

　　为了积极响应党和国家提出的"共同富裕"这一重大命题，引导整个社会正确认识"共同富裕"，管理学者应该要向社会传递正确的认识，应该以管理理论视野去提出思路，应该扎根浙江探索面向共同富裕的管理理论。于是，2017 年在学校统战部领导下，浙江大学管理学院召集学院民主党派、无党派人士代表召开了"共同富裕示范区"建设研讨会，会后，管理学院设立了"共同富裕"专项系列研究课题，集结全院优秀师资，从管理学的多角度总结浙江经验，分析问题挑战，凝练理论逻辑，以期为浙江省高质量发展建设共同富裕示范区贡献浙大智慧。

共同富裕是社会主义的本质要求，是人民群众的共同期盼。在高质量发展中扎实推动共同富裕需要理论创新、实践创新、制度创新、文化创新。管理学院"共同富裕"专项研究预研课题正是基于"国家所需、浙江所能、群众所盼、未来所向"的原则，扎实依托管理学理论基础，充分调研浙江省基层实践经验，深度参与体制机制和政策框架建设，全面探究浙江省域文化创新，期望为实现共同富裕提供理论思路和浙江示范。

锲而不舍，终得收获。经过一年多的努力，"共同富裕"系列丛书终得面世。本套丛书遵循"创造财富—分配效益—共同富裕"的逻辑，结合浙江大学管理学院的学科特色优势，从创新、创业、数字化改革、文旅产业、数智医疗、新式养老、社会责任等方面总结浙江在探索"共同富裕"道路上的有效做法及其背后的管理理论。这些出版的专著包括《社会创业：共同富裕的基础力量》《优质共享：数智医疗与共同富裕》《成人达己：社会责任助力共同富裕》《五力祐老：共同富裕下的新式养老》《创新驱动：实现共同富裕的必由之路》《数智创富：数字化改革推进共同富裕》《美美与共：文旅产业赋能浙江乡村蝶变》七本著作（见图0-1），这些专著背后的理论根基恰好是我们的学科优势，比如，全国领先的创新管理和创业管理学科，文旅产业、养老产业等特色领域，以及数智创新与管理交叉学科。

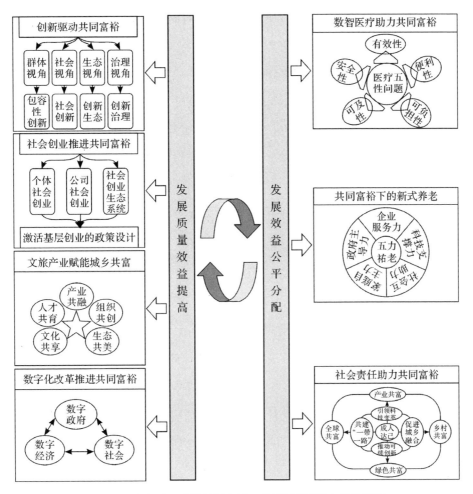

图 0-1　"高质量建设共同富裕示范区"系列研究总体框架

　　本丛书是中国统一战线理论研究会非公有制经济人士统战工作理论浙江研究基地（以下简称基地）的成果。该基地由中共中央统战部批准，受中国统一战线理论研究会领导，由浙江省委统战部、浙江大学党委统战部和浙江大学管理学院联合组建。基地发挥浙江大学管理学院在非公有制经济和非公有制经济人士研究的学科优势和浙江省非公经济发展的区位优势，聚焦促进非公有制经济健康发展和非公有制经济人士健康成长，开展科学研究、人才培养和政策研究，是新时代的新型高校智库。丛书的高质量、高效率完成和出版，要特别感谢浙江大学党委书记任少波教授的鼓励和支持，他亲自担任该丛书的专家委员会主任，指导我们的研究工作；要特别感谢浙江省社科联党组书记郭华巍，浙江省社科联主席盛世豪，浙江省委副秘书长、政策研究室主任朱卫江，浙江大学副校长黄先海等专家的指导和评审；要特别感谢谢小云、黄灿、刘渊、邢以群、应天煜、莫申江、沈睿、刘玉坤等作者的辛苦付出；还要特别感谢朱原、杨翼、蒋帆、刘洋、张冠宇等在项目推进中的大量协调和联络工作。此外，要特别感谢浙江省人大常委会代表工作委员会副主任谢利根和浙江省社科联规划处副处长黄获先生的大力支持，使得本丛书获得"浙江文化研究工程"立项。

丛书初稿完成时，正值党的二十大胜利闭幕，党的二十大报告强调"全体人民共同富裕的现代化"是中国式现代化的一个重要内涵。因此，本套丛书的出版也是学习贯彻落实党的二十大精神的成果。苟日新，日日新，又日新。共同富裕是中国特色社会主义的本质要求，也是一个长期的历史过程。让我们一起坚定信心、同心同德，埋头苦干、奋勇前进，美好生活图景正在更广阔的时空尽情铺展。

魏　江

2025 年春于紫金港

前　言

一、乡村高质量发展是实现共同富裕的必由之路

在 2021 年 7 月 1 日举行的庆祝中国共产党成立 100 周年大会上,习近平总书记宣布了一个重要成就:"经过全党全国各族人民持续奋斗,我们实现了第一个百年奋斗目标,在中华大地上全面建成了小康社会。"①回顾 100 年的征程,中国共产党始终致力于乡村建设并持续为亿万农民谋福祉,这一历史可追溯至新民主主义革命时期的土地革命废除封建制度,社会主义革命和建设时期的土地改革发展农业集体经济,改革开放时期的农村经营体制改革促进农业生产力的大幅飞跃,一直到党的十八大和党的十九大提出的农业供给侧结构性改革和乡村振兴战略。这些重大历史任务标志着中国共产党在乡村建设方面的百年历程,为中国的农业农村现代化及 2035 年远景目标的实现,铺设了一条具有中国特色的发展之路。

---

① 庆祝中国共产党成立 100 周年大会隆重举行 习近平发表重要讲话. (2021-07-01)［2024-01-20］. https://www. gov. cn/xinwen/2021-07/01/content _ 5621846. htm? eqid = d645b4d100130f3e 000000066458f87a.

"治国必先富民。"自党的十八大以来，以习近平同志为核心的党中央已清晰提出：共同富裕不仅是社会主义的本质要求，而且构成了中国式现代化的重要特征，也是人民普遍的愿望。鉴于乡村在中国特色社会主义发展中所占有的独特地位和起到的重要作用，实现乡村的全面振兴、推进农业和农村的现代化高质量发展是实现共同富裕的必由之路。从宏观角度看，乡村振兴对于实现中华民族伟大复兴、构建新发展格局具有至关重要的意义，是夯实国内基本盘、应对日益严峻的国内外风险和挑战的压舱石；往微观层面看，乡村振兴对于维护广大人民群众的根本利益以及实现共同富裕同样发挥着关键稳定作用。党的十九届五中全会制定了2035年显著推进全体人民共同富裕的目标，并强调了农村在实现这一目标中的关键作用。随着脱贫攻坚战取得全面胜利，国家的关注焦点已经转向全面推进乡村振兴。党的十九大以来，以习近平同志为核心的党中央强调，优先解决农业、农村、农民问题是全党工作的核心，要将乡村振兴作为民族复兴的战略性任务，并通过全体党员和社会力量的共同推动，快速实现农业和农村的现代化，以确保农民享受更为幸福和美好的生活。

2021年中央一号文件再次强调了农业和农村的发展优先策略，主张农业现代化与农村现代化应协同规划和实施。可见，我国现代化策略从只提农业现代化转到了开始将农业现代化与农村现代化并重的阶段，这一转变背后有着深远的含义，意味着党和国家对"三农"问题有了更加深入的理解和认识。农业现代化和农村现代化虽有共通性，但并不必然意味着农业现代化一定能够转化为农村现代化。现代化在绝大多数情况下是无法转化的，因为农业现代化可能带来人口老龄化和社区空心化等挑战。同时，共同富裕在乡村不仅仅意味着农业生产效率提高和农民收入水平提高。从社会学角度来看,共同富裕除了指在收入方面达到一定的平衡,其含义还包含基础设施、公共服务、民生事业,以及发展机会、精神面貌等各方面。因此,乡村振兴战略包含了"产业兴旺、生态宜居、乡风文明、治理有效、生活富裕"的全面目标。习近平总书记强调,乡村振兴是包括产业振兴、人才振兴、文化振兴、生态振兴、组织振兴的全面振兴。① 实施乡村振兴战略,不仅要实现农民收入水平的提高,更要真正维护广大农民的根本利益,实现更为全面的乡村共同富裕和全面发展。

二、文旅产业是促进乡村高质量发展的重要抓手

(一)文旅产业是推进乡村振兴战略的重要路径

文化旅游产业因其独特优势,在推动共同富裕的进程中扮演着关键角色,其不仅是"五位一体"总体布局和"四个全面"战略布局的重要组成部分,而且在推动乡村高质量发展、满足人民对美好生活的向往,以及克服前行途中的风险和挑战上,都发挥着不可或缺的作用。

乡村天然具备发展文化旅游的优势。将农业、文化创意和旅游融合的模式,不仅有效地激活了农村的经济活力和文化生命力,促进了现代农业发展,还显著提高了农民的收入,成为推进乡村振兴战略的关键手段。深度融合乡村文化与旅游,已经被证明是加快乡村经济和文化发展的强大驱动力。政府、企业、社会组织、村民和游客对乡村文化和旅游平台的

---

① 中共中央党史和文献研究院. 习近平关于"三农"工作论述摘编. 北京: 中央文献出版社, 2019: 23.

共同打造，可使乡村特色文化资源转变为乡村产业价值。人流、信息流和资金流的聚集，又能够带动村庄的种植业、服务业、文化创意产业及生态产业的发展，形成乡村的综合价值。这些增量价值由地方政府、企业和村民组织分享，有利于形成村庄的经济共同体和文化共同体。乡村文化和旅游的深度融合是推动乡村价值转化、价值创造及分享，以及乡村振兴战略整体发展的关键逻辑。

2021年4月29日，十三届全国人大常委会在其第二十八次会议上通过了《中华人民共和国乡村振兴促进法》，该部法律首次明确界定了乡村及其相关方面的概念，包括产业发展、文化繁荣、生态保护及城乡融合等。这实质上从农文旅融合的视角为乡村振兴的发展指明了方向。随后，在2022年3月21日，文化和旅游部联同其他部门发布了《关于推动文化产业赋能乡村振兴的意见》，其中明确了文化产业赋能乡村振兴的总体目标、主要领域、政策支持及实施策略，为文旅融合赋能乡村振兴战略提供了具体的行动指南。

（二）文旅产业是构建新型城乡关系的优良介质

在关于《中共中央关于制定国民经济和社会发展第十四个五年规划和二〇三五年远景目标的建议》的说明中，习近平总书记强调了中国发展面临的主要挑战：城乡区域发展和收入分配差距较大，促进全体人民共同富裕是一项长期任务。[①] 如今社会主要问题体现在城乡发展的不均衡上，农村发展不足，城乡之间的二元结构仍然存在，工农之间的发展差距较

---

① 习近平. 关于《中共中央关于制定国民经济和社会发展第十四个五年规划和二〇三五年远景目标的建议》的说明. 人民日报, 2020-11-04（2）.

大,推动城乡一体化发展面临诸多困难,包括资源分配不均,资本和人才向城市单向流动,城乡基础设施和公共服务水平存在巨大差距,等等。党的十九届五中全会提出了加快实现工农互促、城乡互补、协调发展、共同繁荣的新型关系,强调了走中国特色社会主义乡村振兴道路的必要性。乡村振兴不仅是实现农业农村现代化的关键,也是构建新型工农城乡关系的动力源泉,需要与高质量发展紧密结合。

　　文化旅游产业是构建新型城乡关系的有效载体。随着城市化率的提升和城市对农村的持续影响,2020 年,全国城镇居民人均可支配收入达到43834 元,农村居民人均可支配收入为 17131 元,城乡居民的收入水平有了显著提升。人民群众对健康、生态、娱乐和休闲旅游的需求促进了城乡商品和服务要素的双向流动。乡村振兴战略的推行、生活条件的改善,以及交通的发展和互联网的普及,进一步加强了城乡间的联系,促进了双向流动,为城乡发展提供了新的机遇。

（三）文旅产业是展示城乡共富共美的鲜活窗口

　　2021 年 5 月 20 日,《中共中央 国务院关于支持浙江高质量发展建设共同富裕示范区的意见》正式公布,这标志着浙江成为致力于共同富裕示范区建设的先行者。作为新时代全面展示中国特色社会主义制度优越性的重要窗口,"诗画浙江"以"绿水青山就是金山银山"理念为指引,提出了"两美"浙江(建设美丽浙江、创造美好生活)的愿景。以"全域大景区、全省大花园"为发展目标,以"文旅＋"多产业融合为发展动力,以万村千镇百城景区化、旅游风情小镇建设、高品质景区打造等为抓手,以"一户一处景、一村一幅画、一线一风光、一县一品牌"建设现代版的《富春山居图》

为蓝图,走出了一条城乡共创共建、共富共美的道路。

文旅产业已成为浙江全面创新发展的破冰产业、实现共同富裕的牛鼻子产业。浙江有超过80%的县(市、区)将旅游行业列为战略性的支柱产业,以党委、政府名义出台的相应扶持政策达到162项。文旅产业不仅是淋漓尽致展现浙江独特韵味的美丽窗口,而且成了带动一二三产业的主要纽带。文旅与乡村、工业、体育、林业等从最初的"简单相加"到如今的"相融相盛",不仅催生了一大批区别于传统旅游观光景区的新旅游地点,还推动全省不断走向"处处是风景、行行加旅游、时时可旅游"的全域旅游格局,激发了经济快速发展的新活力,体现出文旅产业独有的开放性、包容性和关联性。浙江计划建成国家全域旅游示范省,目标是使超过70%的县(市、区)符合国家全域旅游示范区的标准,确保所有县(市、区)城区转变为景区式城市,80%的镇级行政单位转型为景区镇,以及50%的村庄升级为景区村。文旅产业已经成为"世界看浙江"的重要窗口,成为"绿水青山"向"金山银山"转化的主渠道,成为广泛传播中华优秀文化的重要载体,成为满足人民群众美好生活需要的幸福产业。

三、五大视角解析文旅产业赋能城乡共富的浙江实践

随着浙江省作为共同富裕示范区"探路先锋",步伐持续迈进,浙江各级政府和文旅产业秉持勇立潮头、勇担责任的精神,真正实现了"政府牵头,企业参与,民众受益",积极助推共同富裕愿景的实现。在此背景下,文旅产业赋能城乡共富的浙江实践无疑成为展现浙江先行探索高质量发展建设共同富裕示范区做法和经验的鲜活窗口。

　　构建共建共治共享的社会治理格局是实现共同富裕的题中之义。马克思主义的共同体理念和习近平总书记关于共同体的重要理论反映了在新的历史发展阶段，人与自然、人与人、人与社会之间展现出日益相互依赖、命运与共的客观趋势。本书基于共同体理念，以及乡村振兴战略的五大任务目标，构建起包含"产业共同体""人才共同体""文化共同体""生态共同体""组织共同体"五个维度的解析框架。本书将聚焦共同富裕示范区建设亟须突破和创新的重要方向和关键领域，以文旅产业赋能城乡共富发展为着眼点和突破口，根据区位条件、资源禀赋、产业形态、发展基础等支撑要素，选择浙江城郊、平原、海岛、山区等不同区域环境中的典型样本，分章解析浙江省在以文旅产业为抓手，推动城乡加速实现产业共融、人才共育、文化共享、生态共美以及组织共创，落实浙江高质量发展高品质生活先行区、城乡区域协调发展引领区、收入分配制度改革试验区、文明和谐美丽家园展示区四个战略定位上的具体做法。希冀以生动形象的文旅案例叙说诗画浙江的城乡共富建设故事，总结文旅融合推动城乡融合发展、实现共同富裕的体制机制与发展规律；希冀为全国文化和旅游业实现高质量发展、促进共同富裕提供可复制可推广的经验。

　　产业兴旺是乡村振兴的重要基础，是解决农村问题的关键前提。实现共同富裕，首要任务是解决涉及农业和农村的各项问题，而农村持续稳定的富裕主要依赖于农业的产业化进程。本书的第一章从产业融合与产业集聚的理论视角，探讨浙江乡村如何在原有资源产业基础上发展旅游，同时利用文旅开发牵引乡村一二三产业融合创新发展的相关探索实践与经验总结。

　　人才是推动实现共同富裕的关键动力。共同富裕不仅需要"富口袋"，更要"富脑袋"，我们要为人才创新创业提供一个更加开放平等的环境和更加广阔的平台，培育人才、留住人才、用好人才。本书第二章结合人口迁移理论和社会身份认同理论，从内生式发展的角度出发，解析了浙江乡村如何利用文旅融合发展的产业特征和优势，在促进乡村人才回流、人才引入，解决乡村劳动力总体素质不高等问题上的一些探索实践。

最是乡愁难忘怀，浙江省的乡愁经济有效利用了文化和旅游资源，为促进经济发展，尤其是促进欠发达地区的振兴，提供了实际的策略和科学指导。本书第三章结合文化生产理论，基于浙江的系列案例，探讨了在共同富裕视野下的乡村公共文化服务设施建设与服务体系构建，以及通过文旅产业发展推动乡村优秀传统文化的创造性转化与创新性发展的相关实践思路与经验总结。

共同富裕包含了美丽宜居的生活环境和生态绿色的生产生活。通过多年来"生态经济"转型实践，浙江省着力于环境治理和生态修复，在条件允许的地区大力发展乡村旅游，获得丰厚的经济收入，实现了生态保护和民生改善的共赢。本书第四章从自然资本理论和资源基础观的角度出发，剖析了浙江乡村从"宁要绿水青山，不要金山银山"，到"既要绿水青山，又要金山银山"的乡村生态振兴思路转换历程，以及文旅产业在其中扮演的重要角色。

组织创新和协作能够帮助加快解决区域发展不平衡和城乡差距过大的问题，是推动实现共同富裕的有力支撑。本书第五章从乡村多元主体协同、多种要素融合和多边区域协作这三个组织形式创新的角度，探讨浙江在共同富裕的理念引领下，在乡村文旅融合发展过程中逐步摸索形成包括桐乡"三治融合""枫桥经验"在内的乡村组织模式和治理品牌。

　　本书能顺利成稿,需要感谢包括黄浏英、周碧悦、王锴云、任玉婷、李欣悦、张欣怡、秦园、唐婧怡、苏成诚等在内的团队成员的辛勤付出。浙江大学管理学院的黄浏英老师为本书作出的重要贡献尤为重要。作为团队的核心成员和本书的重要策划者之一,黄老师不仅以深厚的理论功底与创新的思维方法参与构建全书的总体框架,更凭借敏锐的行业洞察力发掘了最新的行业典型案例。虽因丛书出版规范限制,黄老师的名字隐于作者团队,但黄老师思想的光芒并不会减弱半分。

目　录

第一章

产业共融

　　共同富裕,产业先行。产业兴旺是实现乡村振兴的重要基础,也是解决农村一切问题的前提。党的十九大报告指出,产业兴旺是农业农村现代化发展的第一个要求,这说明在目前国家财政资金难以全面覆盖的前提下,发展乡村产业、促进乡村经济发展是最为根本、最为基础的工作。共同富裕的实现,不仅仅需要慈善捐款与三次分配,更重要的是要从产业逻辑出发,以可持续的产业机制,助力企业、产业健康发展。共同富裕的重点是解决农业农村问题,而其关键在于实现农村的产业化。

　　休闲农业和乡村旅游不仅可以有效整合城乡要素资源、融合农村一二三产业,而且有巨大的市场空间,是以产业融合促进乡村共同富裕的重要抓手,具备相应条件的地区应考虑稳步推进。农村一二三产业融合,是指以新农村建设为产业基础和依托,采取农村产业链条纵向拓展、业态横向融合、科技交叉渗透、机制协同创新发展等多种方法,对农村资金、科技要素和资源要素等实行多层次跨界的集约化配置,拓展新型农户的增收致富途径,建立健全的现代农业产业体系,完善新农村的发展方式,实现一二三产业结合的全方位的农业融合发展。促进农村的一二三产业深度融合协调发展也是推进我国农村经济发展方式改革、探索建设中国特色社会主义农村的现代化发展道路上的必然需要。科学统筹规划,立足农业并拓展其功能,促进农业与旅游、文化、教育、康养等产业深度融合,是实现一二三产业融合发展的重要路径。

浙江省作为我国高质量发展建设共同富裕示范区,在促进乡村产业融合振兴、推动实现共同富裕上,贡献了许多浙江智慧。"十三五"期间,浙江省全力推进美丽乡村建设工作,促进乡村产业振兴与转型升级,城乡差距进一步缩小,农村经济社会发展取得良好成效。至 2022 年,浙江省乡村振兴战略实施取得阶段性成效,现代乡村产业体系加速构建,农业现代化加速发展,产业平台布局进一步优化,成功创建 17 个省级农村一二三产业融合示范园。① 在推动农业现代化发展的同时,积极促进农业与乡村新兴产业融合,支持乡村休闲旅游提质升级,2022 年全省乡村休闲农业总产值达到 447.47 亿元,游客接待总量达 3.2 亿人次,有农家乐 1.9 万家,培育认定星级农家乐 2054 家,其中五星级农家乐 74 家。②乡村产业融合高效有序开展,为推动乡村经济社会发展、促进共同富裕提供有力保障。截至 2022 年,浙江省全力高水平完成脱贫攻坚任务,城乡居民人均可支配收入倍差缩减为 1.9,与 2015 年相比下降 0.16③;11 个设区市人均

---

① 浙江省发展改革委. 省发展改革委等7部门关于印发第一批省级农村一二三产业融合发展示范园认定名单的通知. (2022-09-05)［2024-01-04］. https://fzggw. zj. gov. cn/art/2022/9/5/art _ 1229123366_2422936. html.

② 浙江省人民政府. 浙江省农业农村厅关于省政协十三届一次会议第 59 号提案的答复. (2023-11-13)［2024-01-04］. https://www. zj. gov. cn/art/2023/11/13/art_1229709047_5204155. html.

③ 浙江省统计局. 2022 年浙江省国民经济和社会发展统计公报. (2023-03-16)［2024-01-04］. https://tjj. zj. gov. cn/art/2023/3/16/art_1229129205_5080307. html.

可支配收入最高与最低市倍差降至1.58①,浙江成为全国城乡、区域差距最小的省份之一。浙江乡村以产业创新、协调、绿色、开放、共享为理念,正在从"环境美"向"产业美"转型,稳步向共同富裕的目标迈进。

乡村产业的高质量发展离不开产业融合。放眼未来,"十四五"期间,浙江省将把农业创新摆在重要位置,因地制宜促进多业态融合,深化"农业＋"的业态融合发展理念。同时,深化农文旅融合,鼓励"互联网＋"农村经济创业创新,推动数字赋能农文旅融合发展,助力新型服务业、休闲旅游等的数字化建设,进一步拓展乡村产业振兴新路径,探索共同富裕新模式。

一、经纬交错：以农兴旅，以旅富农

产业融合是旅游全面发展的核心环节,也是现代旅游业发展的必然方向。产业融合是指不同产业或同一产业内的多个行业互相渗透、交叉,最终整合为一体,逐步形成新产业的动态发展过程。在经济全球化以及新技术迅速发展的背景下,产业融合是一种提高生产效率和竞争力的发展模式和产业组织形态,技术创新是其基本驱动力,新的经济增长点是产业融合的终极目标。

旅游业与农业的整合可以提高农业附加值,从而增加农民收入;旅游业与工业的整合有助于加快工业转型升级;旅游业与服务业的融合可以促使服务业提高质量和效率,拓展休闲养生、健康护理等新兴业态。以旅

---

① 2022年浙江11设区市居民人均可支配收入公布 你家乡情况如何?（2023-02-03）[2024-01-04]. https://news.hangzhou.com.cn/zjnews/content/2023-02-03/content_8462425.htm.

游业为中心,结合农业、工业、文化、商贸、交通、教育等传统产业实现资源的有机整合、产业的融合发展,不仅能够优化要素配置,延长产业链条,还能够加快一二三产业之间的衔接、渗透和融合,对于解决当前农业不强、农民不富、农村不美的境况具有重要推动作用。

2015年12月,《国务院办公厅关于推进农村一二三产业融合发展的指导意见》强调了农村发展应着重发挥农业的多功能性,加强统筹规划,并促进农业与旅游、教育、文化、健康养老等产业的深度融合。农村一二三产业的融合发展可以推动三产优化重组、整合集成、交叉互渗,持续拓展产业链、产业范围与功能,提高产业层次,实现创新的发展方式,促进新业态、新技术、新商业模式、新空间布局的形成。目前,我国乡村三产融合发展势头强劲,呈现出许多新特征和新态势。

2020年7月,农业农村部发布的《全国乡村产业发展规划(2020—2025年)》进一步强调了乡村特色产业、休闲农业和乡村新型服务业在提升农业水平、繁荣农村经济和提高农民收入方面的重要性。该规划提倡加强农业产业的综合发展,推动产业多样性和经营主体的多元化,通过加工和流通促进业态融合。该规划还提出通过功能拓展促进农业与文化、旅游、教育、健康养老等产业的融合,以及利用信息技术推动农业的数字化和智能化转型。这一系列措施已经促成农村创新创业环境的持续改善。伴随着新产业和新业态的兴起,乡村产业发展取得了显著进展。

2021年1月,《中共中央 国务院关于全面推进乡村振兴加快农业农村现代化的意见》提出构建现代乡村产业体系,推动休闲农业和乡村旅游精品线路的开发,完善配套设施,并推动示范园区的建设,以促进农村一二三产业的融合发展。随后,《浙江省农业农村现代化"十四五"规划》于

2021年7月实施,旨在通过一二三产业融合发展促进计划,加快乡村产业的现代化进程。该规划提出实施多项"农业＋"行动,包括:(1)"农业＋休闲康养"。实施乡村休闲旅游精品工程,持续在文化内涵、服务设施、功能定位等方面挖掘空间,加快乡村观光休闲游向体验深度游转型。完善乡村康养产业链条,因地制宜发展温泉疗养、中医养生、健康养老、运动健身等新业态。(2)"农业＋乡愁文创"。深入实施"诗画浙江＋百县千碗"工程,强化传统手工技艺与产品创意开发,培育传统手工艺产品制造、手工业等基地。深入推进农村产业融合,不仅加快了农民就业增收和农业发展方式转变,而且也推动了农业多种功能的拓展和乡村多元价值的挖掘,为统筹激发乡村生产、生活、生态、文化、安全等功能价值创造了条件。

2023年1月,《中共中央 国务院关于做好2023年全面推进乡村振兴重点工作的意见》提出要扎实推进乡村发展、乡村建设、乡村治理等重点工作,进一步促进农民就业增收,拓宽农民增收致富渠道,推进宜居宜业和美乡村建设。其中,产业振兴是促进农民增收致富的最重要的支撑。该意见对乡村产业高质量发展作出了具体部署,要求聚焦彰显特色、产业融合、优化布局和联农带农,把乡村资源优势、生态优势、文化优势转化为产品优势、产业优势,发挥三次产业融合的乘数效应,打造城乡联动的产业集群,进一步增强市场竞争力和可持续发展能力,并把产业增值收益更多地留给农民。

浙江省乡村产业高质量发展在依托农业农村资源的基础上,深入推进资源要素整合,加快健全土地流转规模经营机制,大力促进产业之间的渗透、重组、联动,以及跨界融合发展,推动长三角一体化、山海协作、浙商回归、华侨要素回流等,引导金融资本和社会资本更多流向乡村产业。通过加强产业融合和农业全产业链建设,推动生产、加工、流通、服务等各环节的整合,进一步推进产业融合。

(一)创新引领：产业融合发展新样板

创新是一个民族进步的灵魂,是国家繁荣昌盛源源不断的力量和经济增长的关键要素。要实现共同富裕,首先要"做大蛋糕",推动改革与创新。通过科技创新、制度创新及管理创新,为经济发展带来量的合理增长和质的稳定提升,进而为共同富裕奠定坚实的经济基础。其次要"分好蛋糕",推动协调发展,将缩小区域差距、城乡差距作为重点,全面推进乡村共同富裕,以全方面、多层次创新支持乡村一二三产业融合发展。

"十四五"期间,国内国际双循环是我国经济发展的主轴。由双循环决定的新发展格局中的一个重要方面就是要求实现产业的创新发展,促进产业链、供应链、价值链、创新链的深度融合,实现经济高质量发展。随着数智化时代的到来,科技创新也将为推进乡村产业融合提供有力的技术支持。

2019 年 6 月,国务院发布《关于促进乡村产业振兴的指导意见》,该意见强调了农业和农村发展的优先策略,并将乡村振兴战略作为核心。通过实施农业供给侧结构性改革,该意见旨在促进农业、工业和服务业在乡村的有机整合。此外,该意见要求在推进乡村产业振兴过程中,充分利用乡村资源和价值,专注于关键产业,并集中资源元素,增强创新引导,形成产业链集群效应,扩展产业链并提高其价值。同时,该意见强调采纳绿色和创新的引导原则,推动乡村产业在科技、业态和模式上的创新,实质性提高产业的质量和效益。此外,该意见还鼓励推动镇域产业集群发展,促进特色小镇基于产业基础,加速要素集聚和业态创新,以带动周边地区的产业共同发展。

2021 年 5 月,中共中央和国务院发布了《关于支持浙江高质量发展建设共同富裕示范区的意见》。该文件指出,应将满足人民日益增长的对美好生活需要作为根本目标,并以改革创新为基本驱动力。同时,将缩小地区、城乡和收入差距问题作为攻坚方向,强调在高质量发展中促进共同富裕,特别是要向农村、基层和相对欠发达地区及困难群体倾斜。以此文件为指导,浙江省在实现乡村振兴战略的过程中,始终坚持以创新驱动为引领,采取多种方式激活主体创新创业积极性,在"两进两回"中激发新动能。

2021 年 6 月,浙江省发布了《浙江省高质量发展建设共同富裕示范区实施方案(2021—2025 年)》。该方案强调,浙江在构建共同富裕示范区的过程中,应持续依靠改革创新作为核心驱动力,并专注于缩小地区、城乡及收入之间的差距。方案的宗旨是在推动共同富裕的同时,促进理论、实践、制度及文化层面的创新。具体目标是,在 2021—2025 年,建立一系列现代服务业创新发展区域,深化现代服务业与先进制造业、现代农业的融合,打造试点区域和企业,全力提升"浙江制造"和"浙江服务"的国内外知名度。

1. 立足农本,促进产业融合升级

务农重本,国之大纲。农为邦本,本固邦宁。习近平总书记强调,实现民族复兴的宏伟蓝图中,农村仍是实施现代化和全面发展的关键领域,承担着最为艰巨和繁重的任务。① 面对明显的城乡差异和发展不均，提升乡村发展水平和推动城乡共同繁荣成为解决社会主要矛盾的核心。全党全社会努力推进农业现代化和共同富裕，确保农业可持续、乡村适宜居住和就业、农民生活富足，是当前和未来的工作重点。

2020 年 10 月，第十九届中央委员会第五次全体会议通过《中共中央关于制定国民经济和社会发展第十四个五年规划和二〇三五年远景目标的建议》，明确提出要优先考虑农业和农村的发展，全力实施乡村振兴战略，以解决"三农"问题为重点，走好中国特色社会主义乡村振兴道路。这涉及推进产业融合，丰富乡村经济形态，增加农民的收入来源和提高其生活质量。

2021 年 6 月，浙江省相关部门出台《浙江省农业农村现代化"十四五"规划》，强调农业和农村的优先发展，计划以农业农村现代化为引领，推动乡村振兴，注重科技和数字化创新，实施具有浙江特色的"三农"工作战略，建立农业高效、乡村宜居宜业、农民富裕的现代化样板。该规划以习近平新时代中国特色社会主义思想为指导，践行乡村新发展理念，强调落实农业农村优先发展的总方针，鼓励推动乡村振兴战略的实施，旨在实现共同富裕。

2022 年 8 月，浙江省自然资源厅发布《浙江省自然资源厅 浙江省发展改革委 浙江省农业农村厅关于保障农村一二三产业融合发展用地促进乡村振兴的指导意见》，提出实现农业农村现代化，推动农村一二三产业融合发展，助推浙江省高质量发展建设共同富裕示范区的目标，必须坚持

① 中华人民共和国中央人民政府. 习近平出席中央农村工作会议并发表重要讲话. (2020-12-29)[2024-01-04]. https://www.gov.cn/xinwen/2020-12/29/content_5574955.htm.

产业融合的基本原则。具体举措包括发挥乡村优势特色资源,扶持发展农产品加工、乡村休闲旅游等产业,推动农业接二连三,吸纳劳动力就业,带动农民增收,促进农村一二三产业融合发展,实现乡村产业兴旺。

在数字化改革浪潮中,浙江省致力于推动农村产业整合与升级,强调以城乡发展一体化为导向,关注农村一二三产业的融合发展,同时与脱贫攻坚和城镇化进程相互配合。充分发掘乡村的多功能性及独特价值,关注关键产业和资源因素。推动数字赋能、创新赋能、改革赋能、开放赋能,确保生态质量、绿色发展、幸福宜居和区域协调,加快科技农业、创意农业、外向型农业、加工农业和智慧农业发展,进一步优化生产力布局。大力发展乡村美丽经济、乡愁产业,不断提高农业产业的创新力、竞争力、全要素生产率,努力打造乡村振兴跨越发展省级样板、农业绿色发展先行标杆、共同富裕乡村现代化基本单元、新时代乡村集成改革省级示范、党建统领整体智治全国典范。强化创新引领,突出产业集群发展,以"数字化+农旅"为引领,用新发展理念引领浙江乡村旅游业发展,推进数字农旅,打造产业共融新样板。

【案例1-1】　从"甜蜜事业"到"共富产业":解开葡萄振兴乡村的密码①

1985年,由浦江引进的"巨峰"葡萄品种受到了消费者的热烈欢迎,当地的葡萄产业从此起步。经过近40年的发展,生产规模不断扩大,形成了以"巨峰"为主,加上"天宫墨玉""阳光玫瑰""玉手指""美人指""甜蜜蓝宝石"等30多个优质葡萄品种的产业格局。2019

---

① 案例参考资料:浦江发布. 从"甜蜜事业"到"共富产业"——解开葡萄振兴乡村的密码. (2021-08-06)[2024-01-04]. https://mp.weixin.qq.com/s/6ySsFb78TFHrEBIsy5wpRw.

年，浦江县葡萄种植面积已经达到 4467 公顷，约占浙江全省葡萄种植面积的 1/7，年产量达 12.5 万吨，产值已超过 11 亿元。[①]

综合葡萄基地规模大、品质好和周边生态环境好、水塘水库多等优势，浦江县积极开拓乡村旅游项目，推出葡萄观光采摘一日游、垂钓、品农家菜与乡村野菜等多种多样的旅游活动，促进农旅经济消费。发展葡萄产业链，一方面促进了浦江县农文旅融合，另一方面也让村民享受到经济红利，走向共同富裕，使浦江县成为浙江乡村振兴、共同富裕的一个鲜活样板。近年来，浦江县不断加大农业政策、资金、技术、市场培育等方面的扶持力度，推动葡萄产业从单一的种植向文化、旅游等多方面、多元化发展，使"小葡萄"成为全县点绿成金、农民致富增收的"大产业"；致力于将葡萄产业做得更美，把金山银山做得更大，加快向"数字"要发展效益，努力成就"产业强、乡村美、农民富"的共同富裕浦江样本。为达成这一目标，浦江县做了如下工作。

立足农本，夯实共同富裕物质基础。近年来，浦江县以葡萄品牌为引领，使得当地葡萄产业逐步做大做强。浦江于 2013 年被评为中国巨峰葡萄之乡，从此"浦江葡萄"也拥有了属于自己独一无二的"身份证"。2016 年，"浦江葡萄"成为 G20 杭州峰会的主供水果，为其挣得了充分的曝光度与关注度。2019 年，浦江县两家葡萄园（靓松家庭农场葡萄园、横山精品葡萄园）被授予"中国最美葡萄园"称号。目前，浦江葡萄产业经过迅速的发展，早已畅销国内，而且凭借其独特

---

① 陈鸿才，沈碧薇，魏灵珠，等. 浦江葡萄产业发展现状及应对措施. 中外葡萄与葡萄酒，2020(4)：57-61.

的品质和口感远销新加坡、韩国、马来西亚等地,广阔的葡萄市场夯实了实现共同富裕的物质基础。

数字赋能,打造农业发展示范样板。浦江县很早就开始利用数字智能化等种植技术,加快推进葡萄控产提质和质量安全可追溯体系的建设。十里阳光农业发展有限公司作为浦江首个"超级农场"试点企业,利用大数据、区块链、人工智能、数字孪生等先进技术,打造了一个全流程数字化管理基地。通过采用水肥一体化、管道喷雾、绿色防控、绿肥回田等现代农业技术,整个果园亩产增值超万元,大大提高了种植户的经济效益。为解决销售痛点,"浦江葡萄"还搭上"电商快车"乘风破浪,开启线上订购,并和专业物流公司合作,开通点对点冷链配送"智慧物流",让最新鲜的葡萄以最快的速度送到全国乃至亚洲地区消费者手中。

生态引领,舒展绿色崛起华美画卷。近几年,浦江通过生态修复重新迎来了绿水青山,在环境保护的基础上,浦江县大力推广标准化、设施化、智能化等种植技术的应用,推进有机肥施用、农药减量控害增效技术、葡萄秸秆粉碎还田等生态种植模式的广泛使用。截至2019年,该县在"绿水青山就是金山银山"的发展理念指引下,已成功创建7个全国首批绿色村庄、6个省美丽乡村示范乡镇、7个省级小城镇环境综合整治样板乡镇、18个省特色精品村、7条美丽乡村精品线,以及269个村口景观,出现了包括新光、上河、礼张和登高等在内的一批美丽乡村。[①] 山好水好葡萄香,浦江县的生态旅游也自然被

---

① 浦江县人民政府. 2021 年浦江县政府工作报告. (2021-03-17)［2024-01-04］. https://www. pj. gov. cn/art/2021/3/17/art_1229197013_3841644. html.

11

带动了起来。

小结：农业是生存之本，在共同富裕的实现过程中，首先应关注乡村建设，而乡村建设应当立足于农业根本。在抓好农业发展的前提下，结合制造业、服务业等二三产业，达成三产共融、三产共促的经济发展局面，浦江县提供了农旅融合的产业升级新路径。浦江县的葡萄产业对于"数字化+农旅"的发展模式作出了详细解读。该县按照政府统筹、资源整合、协同共享、分步实施的原则，通过建设"数字农旅"，努力做到各渠道的农旅大数据接入。该举措使得当地管理服务系统协同更有效、农旅综合服务体系更便捷、农旅营销更精准；促进了农旅资源信息共享，优化了当地的旅游环境，提升了旅游产业的整体质量，进而推进"诗画浙江"建设。通过创新农旅大数据应用服务，浦江县力争打造一个"赶超全省、引领全国、服务大众"的数字农旅平台，推动浙江农旅在"创新管理、提升服务、促进营销"方面迈出新的步伐，同时也促进当地农旅产业的转型升级与提质增效，打造"诗画浙江"乡村旅游新模式。"品醉美葡萄，游秀美浦江"，通过唱响"浦江葡萄"品牌，浦江县以葡萄特色农业为契机，建设"农旅一体，三生融合，九九归一"的田园综合体，打造中国最美葡萄园，做好农旅结合大文章，促进产业融合升级。①

2. 农旅融合，蝶变文旅特色小镇

农业旅游一体化是农业及农村的共同发展趋势，同时也是顺应城市旅游需求的必要之举。农旅融合以农业为基础、旅游为助力，通过乡村旅游发展，培育农旅融合产业，挖掘乡村优质生态资源和丰富民俗文化，实

---

① 周海清，方丹燕，金红星，等. 小葡萄做出乡村振兴"大文章"——浦江县葡萄产业发展报告. 中外葡萄与葡萄酒，2021（4）：1-3.

现农业产业链延伸、价值链提升及增收链拓展,进而增加农民收入、促进乡村发展和农业升级,解决"三农"问题,于乡村振兴战略、脱贫攻坚工作和城乡一体化建设发挥关键作用。

2015 年 12 月,《国务院办公厅关于推进农村一二三产业融合发展的指导意见》发布,提出拓展农业多种功能,加强规划,推动农业与旅游、教育、文化、健康养老等产业融合,有序发展新型乡村旅游休闲产品。2019年,国务院进一步强调因地制宜促进农业与旅游业等多种产业融合,保留农业和乡村特色,打造有特色的乡村旅游产品。2022 年,《中共中央 国务院关于做好 2022 年全面推进乡村振兴重点工作的意见》提出,持续推进农村一二三产业融合发展。鼓励拓展农业潜在功能、挖掘乡村多元价值,重点发展农产品加工、乡村休闲旅游、农村电商等产业。实施乡村休闲旅游提升计划,支持农民经营的乡村民宿、农家乐特色村发展。

浙江省各地政府同步发布一系列推进一二三产业及农旅融合发展的政策文件。2016 年,《浙江省人民政府办公厅关于加快推进农村一二三产业融合发展的实施意见》明确支持农旅融合,一是加大配套公共设施建设支持力度,二是制定一系列支持乡村旅游发展的相关政策,为实现农旅融合提供了坚实基础。2020 年,《浙江省人民政府关于推进乡村产业高质量发展的若干意见》提出推进产村融合,依托美丽乡村建设发展美丽经济,依靠"一村一品"充分挖掘乡村生态和人文资源特色,以生态资源为主,实现"绿水青山就是金山银山"的转变。

浙江各地将这些政策和意见逐步落地。例如,舟山在 2021 年发布的《舟山高质量发展建设共同富裕示范区先行市实施方案(2021—2025年)》鼓励推动海洋产业转型升级,创新海洋产业与文旅产业融合方式,培育金塘、六横、衢山等海岛小城市,打造如心小镇、远洋渔业小镇、沈家门渔港小镇、禅意小镇、十里金滩小镇等特色小镇。方案明确指出舟山市应该及时推进海洋产业的转型升级,实现海洋产业与文化产业的融合,打造一系列以海洋产业为主、融合其他产业的特色小镇。

【案例 1-2】 舟山嵊泗十里金滩特色小镇①

小说里的十里桃花,让人欲探而不可寻,但舟山市嵊泗县的十里金滩真实存在。在 20 世纪 80 年代初,十里金滩还只是一个不起眼的小渔村,村民多以农业种植和渔业捕捞为生。现在,村民开办民宿、创立品牌,借力海岛旅游,开启了十里金滩的全新发展之路。从无名渔村发展延伸出海岛特色民宿产业链,十里金滩是通过什么方式实现这一"华丽嬗变"的呢?

一块"创新图",拼出共富新样板。这个曾经荒僻的小渔村大力发展旅游业,以"一村一特色"进行"渔家乐 + 旅游""农家乐 + 旅游""美食 + 旅游"等涵盖多种旅游消费活动的泛旅游产业的组团整合,进而实现了产业集聚,拓宽了村民脱贫致富路,不少村民也实现了就近就业创业,脱贫致富。食品店老板何幼芬表示,十里金滩的产业集聚让他彻底结束了在外务工的孤寂生活,回乡创业,不仅能兼顾家庭,更能为家乡建设做出一番贡献。据悉,随着十里金滩的发展,不少企业商铺在这里"落户",解决了周边富余劳动力的就业问题,同时也让更多贫困户在农闲之余增加了一条脱贫之路。

一个"转型键",启动产业新征程。近年来,十里金滩已成为"民

---

① 案例参考资料:浙江税务. 渔村经济添活力,十里金滩焕新颜. (2021-01-05)［2024-01-04］. https://mp. weixin. qq. com/s/tFEB-dynmMB_I2uzDTWVTA.

宿聚集地"，这里共有 402 家民宿，其中 105 家是星级民宿。"前期投资大，成本高，效益一下子没上来，一开始确实挺担心的。"十里金滩邂逅时光民宿的经营者姜燕儿表示。但是，她不后悔早前拆掉自家老房建造民宿的决定，如今她经营的民宿已逐步步入正轨。"税费减免，政策扶持，让我们创业更有信心。"而后她又将民宿扩建，从原本的五间客房扩展到 15 间，并加入各大平台，自家民宿的名气越来越大。据悉，减税降费政策实施之后，在旅游旺季，小镇内部过半的民宿都能享受 1000—3000 元不等的税费减免，激励着更多有志之士投入民宿创业中。

一把"整改刀"，开启"旅游＋"融合新时代。近年来，十里金滩在深入挖掘古村落文化的基础上，积极实行"旅游＋"的发展模式，通过"旅游＋产品/体验"等方式，让古老的民族村落重新焕发昔日的朝气和活力。嵊泗县依托十里金滩特有的区位、沙滩、人文等资源优势，积极谋划和推进项目建设，培育主题特色民宿，完善相关配套设施，优化镇域整体环境，发展海洋特色旅游产业，已形成了较为丰富的旅游业态。2019 年，十里金滩接待游客超过 538 万人次，人均收入 3.9 万元。如今的十里金滩基本具备集产业集聚、旅游度假、文化体验和生活样板于一体的特色小镇雏形，正应了那句，"跨海十七英里，赠你十里金滩"。

小结：通过农旅融合的方式促进共同富裕，首先，需要识别乡村特有的产业资源，通过发展旅游，充分挖掘现有资源价值，培育乡村旅游、观光旅游、度假旅游等农旅融合产业，从而带动农民脱贫致富，充分利用当地富余劳动力，因地制宜走农业与乡村旅游融合的发展道路。其次，在资源识别和挖掘时,需要特别关注自然和文化资源,在此基础上积极实行"旅游＋"的发展模式,积极谋划相关项目和系列产品,培育主题特色产业,完善配套基础设施。最后,当地政府给创业人士提供的政策支持也是促进当地农旅融合产业成功发展的催化剂,这不仅能够让创业人士更有信心,也能激励更多有志之士投入农旅融合的创业。

3.大国制造,实现产业共融共富

一个国家的制造业发展水平在很大程度上可以彰显其竞争实力。我国作为当今全球第一制造业大国,在自身步入工业化后期的关键时段,需要对未来如何实现制造业高质量发展进行深思。高质量的发展是实现共同富裕的基本前提,是走向共同富裕的必由之路。制造业若想实现高质量发展,必须凝聚产业力量,打造产业集群,在规模经济中实现产业升级。未来,我国将步入服务型消费社会,传统的以工业生产为中心将逐渐转变为以服务为中心,传统制造业转型势在必行。实现制造业高质量发展,必须大力发展由知识资本、人力资本和产业资本聚合形成的服务型制造业。

2021 年 5 月发布的《中共中央 国务院关于支持浙江高质量发展建设共同富裕示范区的意见》特别强调,要着力"塑造产业竞争新优势",切实"提高发展质量效益,夯实共同富裕的物质基础"。该意见指出,实体经济是共同富裕的产业基础,要"加快推进产业转型升级,大力推动企业设备更新与技术改造。推动传统产业高端化、智能化、绿色化发展",同时,要把握好战略性新兴产业和未来产业的发展方向与机遇,争取培育世界级先进制造业集群,在全国乃至全球打响"浙江制造"的品牌名号。该意见强调,制造业助力乡村共同富裕的根本方式在于推动实现农村地区三次产业的融合发展,要加快推动现代服务业与先进制造业和现代农业深度融合,通过产业共融实现共同富裕。

浙江省经济和信息化厅 2021 年发布的《浙江省经济和信息化领域推动高质量发展建设共同富裕示范区实施方案(2021—2025 年)》中明确指出,要加快建设具有国际竞争力的现代产业体系,建设世界先进的制造业基地。实施产业集群培育升级行动,培育 4 个世界级先进制造业集群、15 个优势制造业集群,实施未来产业孵化与加速计划,培育一批"新星"产业群,加快建设未来产业先导区。各地要立足自身优势产业,积极推进现代服务业与先进制造业、现代农业深度融合,发展建设特色小镇。

2021 年 7 月,浙江省发展和改革委员会印发的《浙江省航空航天产业发展"十四五"规划》强调,"加快发展航空航天产业,对我省建设国家战略科技力量,提升产业核心竞争力,实现经济高质量发展具有重要意义"。要注重拓展航空航天制造与服务的应用场景,关注航空航天产业与研学、旅游、运动、体验等消费场景的融合,加快推进高质量特色航空小镇建设,培育围绕航空航天的新型消费集聚区。

2021 年 11 月,浙江省建德市经信局发布了《建德市制造业高质量发展"十四五"规划》,将通用航空业摆在建德市"十四五"期间制造业发展的重要战略位置上。该规划强调,要大力扶持通用航空业发展,全力打好"通航牌",进一步加大政策扶持力度,做好航空研发、制造、服务、旅游等项目的招引工作。推动通航产业升级,促进通航产业与文旅产业深度融合,打造"通航产业浙江样板、国家级通航产业综合示范区、国际知名航空休闲旅游目的地"。

2021 年 12 月底,浙江省新昌县人民政府印发的《新昌县制造业高质量发展"十四五"规划》将新昌县万丰航空小镇的建设工作摆在重要位置。

该规划不仅强调要做好航空产业制造与运营工作,而且将航空产业与文旅产业的融合发展视作未来五年的重要努力方向。该规划指出,未来五年要积极与知名航空公司展开合作,促成短途运输航线、航旅航线的顺利开通,探索实践以低空旅游、通程航班、国际短途为特色的通航发展"新昌模式",努力打造中国通航发展新样板、中国通航短途运输示范区。

立足制造业实现乡村产业共同发展,首先要评估所立足的制造业本身,选择有发展前途、契合国家及地方未来发展规划、具有竞争优势的制造产业分支,从根本上明确发展方向。浙江省在立足纵深发展制造业本身、扩大制造业规模、建立产业集群的同时,积极寻找产业横向拓展的可能性。以航天航空产业为例,浙江省通过文旅融合,促进通航产业与文旅产业深度融合,关注航空航天产业与研学、旅游、运动、体验等消费场景的融合,加快推进高质量特色航空小镇建设,培育围绕航空航天的新型消费集聚区。以建德航空小镇为代表,在通航产业发展稳步向好的同时,航空小镇也在思索横向拓展产业多样性的可能,通航旅游成了为建德"量身打造"的文旅融合契机。建德航空小镇以通航产业为根本依托,融合文旅产业共同发展,形成了以通航服务、通航制造、通航休闲旅游为三大功能区块的产业融合发展模式。

【案例1-3】 建德航空小镇:旧貌改换新颜飞跃共富"蓝"海①

提起商业航空,大家可能并不陌生,它已经成为人们常见的出行方式之一。通用航空这个概念并非众所周知。它主要应用于医疗卫生、抢险救援、教育培训等领域,具有灵活性、机动性和高效率等优

---

① 案例参考资料:浙江开发区.建德经济开发区打造通航样板 飞跃共富"蓝"海.(2022-02-17)[2024-01-04].https://www.zjkfq.org.cn/newsinfo/2431856.html.

点。建德航空小镇便借助了通用航空产业的发展助力,引领整个地区迈向共同富裕。2021年,建德航空小镇设定了目标:成为浙江省通用航空产业的典范、国家级通用航空产业综合示范区和国际知名航空休闲旅游目的地,展示建德高质量发展成果和社会主义制度优越性。以此为定位,建德航空小镇力争成为浙江省共同富裕示范区特色产业的探路先锋,取得了规模以上工业总产值64.9亿元、固定资产投资21.87亿元、工业投资12.98亿元、自营出口2.8亿元和引进外资4264.7万美元的成果。建德航空小镇以通用航空产业为基础,带动当地产业共富,其发展模式具有相当的启示意义。

建德航空小镇发展通用航空产业的起源可以追溯到1960年。当年,寿昌成立了横山钢铁厂。当时的横钢不仅是国家冶金部唯一指定从事铬铁合金生产的专业企业,还是第一批国有大型企业和国家"双保"企业。然而,2008年全球金融危机的严重影响使得许多企业在这一场大浪淘沙中消亡或遭受重创。与此同时,国家开始着力推动经济转型,大力倡导节能减排。在此情形下,对于横钢这样的传统冶金企业来说,产业转型升级成了最好的也是唯一的出路。在转型初期,建德经济开发区曾尝试在老横钢园区开发温泉度假村。但由于业态单一,且没有与原有产业实现融合发展,这次转型尝试最终以失败告终。为寻求建德经济开发区产业转型的最佳切入点,开发区领导班子东奔西走各地调研,最终选定运营良好的千岛湖通用机场作为突破困境的关键。千岛湖机场于2006年3月建设完工,是浙江第一个获得民用机场许可证的通用机场。2014年底,杭州成为国家划定的12个空域管理改革试点之一,私人飞机可以使用1000米以下的空域。有利的政策条件为通航产业提供了宽松的发展环境，良好的资源基础为建德的产业转型提供了必要条件。于是，以通航产业为主要依托的建德经济开发区转型升级工作正式拉开帷幕。

整治环境，盘活存量资产。确定了以航空为主体的建设方向后，建德航空小镇借浙江省"三改一拆"行动东风，对小镇内环境进行大刀阔斧的改善。通过修建翻新道路，扩大绿化面积，升级改造旧厂房等，建德航空小镇在保留原有横钢工厂工业文化元素的同时，提升基础设施，改善环境状况，为传统工业园区注入现代化特色，有效盘活了空置的存量资产。

立足通航产业，提供优质服务。建设伊始，建德机场是个仅仅具备飞机起降及驻场这些基础功能的常规机场。若想建成"一跃飞天"的航空小镇，必须紧紧围绕通航产业这一主打招牌，通航产业自身的强大是带动其他产业进行融合的基础。建德航空小镇将产业发展的首要目标定位在为常年起降本地机场的作业飞机提供更优质的服务。但仅靠自身力量孤掌难鸣，航空小镇积极寻求企业合作机会，与全国最专业的航煤供应企业之一中国航油集团签订合作协议，将千岛湖机场的通航服务业务扩展至供油领域，切实提升了机场的服务能力。随后，主打通航维修业务的浙江虹湾通用航空工程技术有限公司落户航空小镇，这是全省首家 CCAR-145 部通航维修批准单位。紧接着，全省首个低空管控飞行服务站点"杭州千岛湖飞行服务站"也建设完毕并投入使用。至此，航空小镇的通航产业服务体系趋于完善。

技术创新引领，攻克研发制造。虽然建立了完善的通航服务体系,但若想真正打通产业链,建立小镇的经济竞争优势,通航制造是必须攻克的难关。2018 年,上海(建德)通航产业投资说明会在建德航空小镇举办。说明会上,小镇与包括上海产业技术研究院、德扬航空集团等在内的 12 家研究院和企业签订总投资 100 亿元的合作协议,约定未来共同开展航空器研发与科研平台建设等工作。随后,大棕熊 100 系列 II 飞机生产制造基地、销售中心、交付和售后服务中心也正式入驻航空小镇。此外,小镇还与国内知名军工企业积极开展合作,投资 6 亿元进行无人直升机的研发和制造。为鼓励制造研发,建德政府方面也分级给予相关制造企业一定的费用支持。若企业销售收入达到一定数额,政府也会相应给予经济奖励。这些举措都为通航制造企业提供了有力保障和有效激励。

文旅融合发展,助力产业共荣。经资源盘点后发现,千岛湖机场拥有 1200 米以下华东地区最大的飞行空域,这一独特的资源条件为当地发展低空旅游提供了无与伦比的优势。此外,航空小镇所处的杭州-千岛湖-黄山这一黄金旅游线,以及镇区内千岛湖、新安江、富春江国家森林公园等旅游资源形成的集群效应也为当地开发低空旅游增添了吸引力。基于以上资源优势,航空小镇经过一系列努力,开发了三条低空旅游线路,吸引了许多游客前来体验低空旅行的魅力。此外,云南驼峰跳伞俱乐部也相中了航空小镇的广阔空域,落户于此,丰富了小镇的旅游项目。在促进通航与文旅融合的同时,小镇也积极进行区域环境整治。在环境整治中,老横钢时期的铁轨被保留,企业便配合地引入废旧的绿皮火车,打造颇具怀旧情怀的火车主题餐厅和主题酒店,老横钢的工业文化与文旅服务产业碰撞出了耀眼的火花。

近年来，建德航空小镇已先后引入浙江省机场集团通航总部、AG60 野马飞机生产制造、华奕无人直升机制造等重点项目，在已有的服务体系上精雕细琢，打造通航产业创新服务综合体，建德通航产业已然飞向广阔蓝天。以"建德制造"的机身为基础，文旅为航空小镇插上了另一双腾飞的翅膀。建德航空小镇在省级命名特色小镇考核中获得优秀，并被评为杭州市"最具活力特色小镇"。2021 年，建德通航文旅品牌新闻发布会在杭州成功举办，提升了建德通航文旅品牌的知名度。

小结：制造发展，创新为王；制造升级，文旅助力。以制造业为支柱的乡村要想实现共同富裕，必须牢牢抓住制造业这一已有的传统优势，充分利用已有产业资源，在此基础上进行升级与融合。基于制造业的乡村共同富裕建设，首先要识别优势制造产业，以制造为抓手与起点，进行产业的纵向延伸与横向拓宽。在产业纵向延伸方面，要促进传统制造业的转型升级，必须为制造业注入科技创新活力，增强制造业本身创新能力与技术含量，提升其价值。另外，要设法完善以制造业为中心的配套服务体系，全方位立体打造制造业竞争优势。在产业横向拓宽方面，立足已有制造业元素与工业资源景观，重视乡村生态环境保护与建设，在此基础上发展乡村工业旅游，创意发掘工业文化符号，制造业融合文旅产业，实现特色乡村共同富裕的目标。

（二）价值引领：以文塑旅，以旅彰文

实现乡村价值引领下的共同富裕，关键要识别重要价值创造元素，围

绕该元素打通产业价值链,吸引价值链上下游形成区域集聚,以价值引领产业在乡村产生集群效应,实现共同富裕。我国社会主要矛盾已经转变为人民日益增长的美好生活需要和不平衡不充分的发展之间的矛盾,而解决这一矛盾的关键,在于加快发展生产力,以美好生活需要为价值引领,利用先进市场机制引导生产端转型升级。同时,要特别注重以社会主义核心价值观为引领的精神产品的创造,不断满足人民群众的精神文化需求,同步促进人民群众物质生活与精神文化生活的共同富裕。高质量发展是迈向共同富裕、实现高品质生活的重要途径;而高品质生活则是推动高质量发展的重要价值引领。具体而言,高品质生活引领下的高质量发展,要求从注重数量转向注重质量,实现经济生活品质、文化生活品质、政治生活品质、社会生活品质和环境生活品质等多方面的同步提升。

2022 年 3 月,文化和旅游部等 6 部门联合发布了《关于推动文化产业赋能乡村振兴的意见》。在推动文化和旅游产业融合发展的议程中,该意见强调以文化丰富旅游、以旅游展现文化的原则,倡导将创意设计、演出和节庆会展等文化活动与乡村旅游深度整合,推动文化与旅游消费的有机结合,并创新文旅业态和模式。该意见进一步提出实施乡村旅游艺术提升计划行动,旨在开发具有文化特色的旅游产品,增强乡村旅游的体验性和互动性。同时,倡导将非物质文化遗产整合到乡村旅游的各个环节,支持建设非遗工坊和传承体验中心,打造一系列乡村非遗旅游体验基地。对于有条件的农业文化遗产地,鼓励开展农耕文化体验活动,借此传承和弘扬农耕文化。此外,该意见鼓励各地强化"中国民间文化艺术之乡"的建设,推动形成"一乡一品""一乡一艺""一乡一景"的独特文化品牌,以增强区域文化的影响力,提升乡村文化建设的整体品质,并充分挖掘民间文化艺术在研学和体验游中的潜力。

2021年5月发布的《中共中央 国务院关于支持浙江高质量发展建设共同富裕示范区的意见》将文化摆在实现共同富裕的重要位置,要求将浙江打造成为"以社会主义核心价值观为引领、传承中华优秀文化、体现时代精神、具有江南特色的文化强省",并鼓励各地积极开发更多优秀的文化产品和优质的旅游产品,以资源为基础,以文旅融合为主要方式,推动乡村产业共融,助力共同富裕。

2021年6月,浙江省发布《浙江高质量发展建设共同富裕示范区实施方案(2021—2025年)》,明确未来五年内文化在实现共同富裕中的重要作用,要求继续深入实施文化浙江工程,将浙江建设成为具有江南特色的文化强省,努力成为与社会主义现代化先行省相匹配的新时代文化高地。该方案要求浙江省在实现共同富裕的探索中要根植于优秀传统文化,"持续推进大运河国家文化公园、诗路文化带建设"。同时要加快文化产业高质量发展,推进乡村文化产业与旅游业融合发展战略,"纵深推进'诗画浙江·百县千碗'工程","推进乡村旅游、森林康养、民宿经济全产业链发展"。在鼓励文旅产业深度融合助力乡村发展的同时,还要关注到广阔乡村的生态资源,全面推行生态产品的价值创造与实现。

浙江省一直以来都是中国传统手工艺的重要发源地。地方高度重视传统工艺的复兴,积极探索新途径,将传统手工艺与互联网、文化创意等产业相结合,使非物质文化遗产更好地融入现代生活,为保护和传承传统技艺做出了卓越贡献。中国传统蚕桑丝织技艺(杭罗织造技艺、余杭清水丝绵制作技艺、双林绫绢织造技艺)、龙泉青瓷传统烧制技艺、中国篆刻(西泠印社金石篆刻)、中国剪纸(乐清细纹刻纸)等项目被列入人类非物质文化遗产代表作名录;中国编梁木拱桥传统营造技艺(泰顺廊桥)、中国木活字印刷术(瑞安市)等项目被列入急需保护的非物质文化遗产名录项目。截至2024年,浙江省拥有国家级非遗传统技艺类54项、传统美术类30项。这些非遗承载着当地的历史记忆,传承着民族优秀文化,具有独特的产业经济价值和历史文化价值。在推动乡村产业发展、实现共同富裕的过程中,我们应关注乡村非遗项目的传承保护和开发利用,充分发挥品牌效应,提升"乡土制造"的吸引力;满足市场对多样化、特色化产品的需求,培育具有地方特色的乡村非遗产业,从而保护传统技艺、传承民族文化。

【案例1-4】　古堰画乡:文旅融合山水作画 共同富裕"艺"路同行①

古堰画乡是国家4A级旅游景区,山水秀美,人杰地灵。30多年来,古堰画乡围绕油画、古堰、音乐等文化主题,通过山水塑形、资源汇聚、产业赋能等举措,走出了独具特色的产业共富之路。古堰画乡基于山水生态孕育出的人文环境吸引了以画家为主的大批艺术家入驻创作,独树一帜的"丽水巴比松"画派由此发育成型。如今,巴比松文化主题已成为古堰画乡的金名片,吸引了17名院士、126家艺术家工作室入驻,并由此带动当地油画产业蓬勃发展。2020年,成熟的油画产业为当地创造了1.2亿元的巨额产值。此外,古堰画乡还依托

---

① 案例参考资料:中国新闻网.浙江莲都古堰画乡小镇艺术季启幕 共同富裕"艺"路同行.(2021-10-16)[2024-01-04].https://www.chinanews.com.cn/sh/2021/10-16/9587938.shtml;莲都区人民政府.丽水市莲都区以文化建设助力共同富裕美好社会山区样板打造.(2021-12-17)[2024-01-04].https://www.liandu.gov.cn/art/2021/12/7/art_1229375754_59100636.html.

优质的山水努力推进产业结构转型升级，在以油画产业为主的现代艺术中融入通济堰、千年古镇、千年古樟等历史文化元素，大力发展旅游与文化产业，着力打造最美诗画小镇，逐渐形成一套山水孕育产业、文旅融合赋能的古堰画乡共同富裕模式。

把握文化基因，注入文艺元素。 让专业的艺术进入乡间田野是艺术产业助力乡村共同富裕的重要举措。古堰画乡以解码莲都文化基因为出发点，着力培育具有莲都特色的通济堰文化、畲族文化、红色文化、绿色文化，打造文艺精品、擦亮文化标识、建设重大文化地标，将地方文化元素融入旅游产业建设，为旅游吸引物注入文艺元素，助推生态和文旅价值转化。

打造艺术品牌，凝聚文艺力量。 古堰画乡充分利用独特的生态与文化艺术资源，打造系列文旅品牌活动。古堰画乡打造了"瓯江山水诗路"文化IP，推出了丽水鼓词、山哈大席等品牌节目，筹划了自然论坛、小镇艺术节、丽水摄影节、畲族"三月三"、莲都100越野赛等一系列精品文旅活动，有效推动生态文旅融合，打造全面立体的艺术品牌。在开发文旅资源的同时，积极探索文旅商业模式创新，加快文创产品开发与生产销售，为"画乡莲都"城市文化形象的展示与宣传提供载体。艺术品牌的成功塑造也吸引了中央美院、中国美协等近300家艺术院校和机构在此建立写生创作基地，121家画廊和画家工作室及500余名常驻创客也先后入驻古堰画乡。艺术家与创客的大批进驻为古堰画乡的文旅品牌塑造注入文艺活力。

升级文旅产业，挖掘文艺价值。 近年来，古堰画乡立足"山水塑形、文化铸魂"的发展核心，推动实施景观环境微改造，升级以艺术创作、文化旅游为主题的古堰画乡文化产业园区,建设鱼跃 1919 文化产业园,培育写生、摄影、影视、网络文学四大创作基地,促进文旅产业深度融合,带动乡村产业共同富裕。目前,古堰画乡年游客接待量可达 190 万人次。文旅产业的高质量发展也为当地百姓带来了实在的好处。以堰头村为例,2000 年当地的人均年收入还不足 2000 元,到 2020 年,当地人均年收入已经达到了 4.6 万元。古堰画乡探索出的"山水塑形、文化铸魂"的文旅融合发展模式,为乡村共同富裕的实践贡献了莲都智慧。

小结:以价值引领的方式促进乡村产业共融、带动共同富裕,首先要识别乡村的优势资源,特别是在生态、文化方面的优势。其次要围绕挖掘出的乡村特有的文化与生态符号大做文章,确立产业发展核心主题,打造乡村特色产业 IP,利用文化生态资源、围绕产业 IP 形成系列产品,重点做好产品生产链与价值链的打通与延长工作。最后要围绕乡村特色 IP,打造特色乡村文化与旅游活动,开发相关文旅产品,促进乡村产业融合与升级,打响乡村产业品牌,实现产业融合的高质量发展。

(三)模式引领:中国乡村共富新标杆

于乡村共富而言,增强农村集体经济实力,拓宽农民致富增收渠道,应首先遵循"资源变资产、资金变股金、农民变股东"的"三变模式"。对于乡村共富途径的具体实施模式,浙江给出了高质量答卷。

2018 年,农业农村部与浙江省签订了一个重要的合作协议,确立浙江省为全国首个乡村振兴示范省的部省共建项目。在此合作框架下,十大浙江乡村振兴模式应运而生:第一,空间集聚,美丽乡村建设走向全域规划、全域提升；第二，生态发展模式将环境优势转变为经济增长的动力，体现了"两山"理念的实际应用；第三，产村融合模式协调了美丽乡村建设与乡村产业发展；第四，品牌引领模式增强了农产品区域品牌的核心竞争力；第五，数字赋能模式推动了现代信息技术与乡村生产生活的深度融合；第六，文化深耕模式促进了乡土文化的发展和农村文化的繁荣；第七，要素激活模式通过创新改革激发了资源要素的活力；第八，能人带动模式鼓励青年和乡贤回乡创业；第九，片区联动模式倡导集体发展，实现整体区域的共同繁荣；第十，四治融合模式采取自治、法治、德治和智治的综合治理方法，共建共享美好生活，努力实现乡村善治。这十大模式总结了浙江省各地在乡村振兴工作方面的大胆探索、创新实践，涵盖了平原、山区、海岛等不同特色的乡村类型，还提炼了能人带动、产村融合、乡村治理和数字经济等不同的模式，为全国其他省份、地区的乡村发展提供了成熟、丰富的浙江经验。

尤其需要注意的是空间集聚模式，它强调乡村的全域化发展，而产业集群是乡村全域经济提升的一项重要机制。对于小城镇来说，围绕主导产业发展产业链条，培育和促进特色产业集群发展，打造"一镇一品""一镇一业"的产业格局，对于增强县域经济活力、提升产业竞争力具有重要作用。① 因此，在提升乡村经济发展、推动乡村共同富裕的伟大建设中，不得不考虑乡村产业集群带来的巨大效益，本部分将提供在产业集群方面具有借鉴意义的东衡村案例。

2019 年 6 月，国务院印发《关于促进乡村产业振兴的指导意见》，强

---

① 仇保兴. 新型工业化、城镇化与企业集群. 现代城市研究，2004（1）：17-23；白建国，梁红岩. 发展产业集群促进城镇化建设的思考. 经济问题，2005（2）：34-35.

调乡村发展要因地制宜,利用当地优势和特色资源,整合和利用现有资源发展其他产业和业态。依托农业、生态环境、田园景观和本土文化等优势,发展具有显著特色和区域特点的乡村产业,更好地展现地域特色、传承乡村价值和体现乡土风情。该意见同时强调要精益求精地发展乡土特色产业,建设特色农产品优势区,推动特色农产品基地建设。充分挖掘农村非物质文化遗产资源,保护传统工艺,推动乡村特色文化产业发展。

2021 年 7 月,浙江省颁布了《浙江省乡村振兴促进条例》,该条例指导地方政府根据区域特色和资源优势,支持包括现代种植业、养殖业、农产品加工、农资农机、乡村商贸、资源环保及休闲旅游等多个乡村产业的发展。该条例还提倡推进农业各产业间的综合发展,优化新兴产业形态,以及小规模农户与现代农业之间的连接。该条例突出强调了乡村发展要结合当地优势特色资源,这一点对于浙江省来说尤为重要。浙江省内乡村具有多种不同类型的地形地貌,如平原、山区、海岛等,立足自身优势不仅能够使现有资源得到充分利用,也是形成全省乡村多样化发展的重要抓手。同年 8 月,浙江省农业农村厅就乡村发展的新模式提出了三个方向:首先,优化乡村休闲旅游业,提升农庄、农家乐等设施,并发展市民农园等新形式;其次,推动乡村康养产业发展,根据地理条件发展温泉、中医养生等,并建设职工疗养基地;最后,活化乡村文化价值,依托农业文化遗产和非物质文化遗产,加强手工艺与产品创新,并推进研学旅游和农事体验活动,推广"跟着节气游乡村"的理念。推动共同富裕,短板弱项在农业农村,优化空间和发展潜力也在农业农村,这三个方向为推动乡村振兴提供了指引和路径指导,强调立足乡村建设,加快旅游、康养、文化等产业的融合。

2023 年 3 月，为加快推动农业农村现代化先行，高水平推进乡村全面振兴，浙江省人民政府出台《浙江省人民政府办公厅关于印发乡村振兴支持政策二十条的通知》，针对推动农村一二三产业融合发展模式提出了具体方案与措施。具体包括：补助国家优势特色产业集群建设项目和国家农业产业强镇，加快打造食用菌、中药材、竹木等 50 亿元级的省级农业全产业链，培育茶叶、生猪、水产品等 100 亿元级的全国农业全产业链重点链，支持休闲农业、乡村旅游、文化体验等新产业新业态延展。

【案例 1-5】 从"大炮一响，黄金万两"到"回填矿场，琴声悠扬"
——乡村振兴的"东衡答卷"①

"半山半水秀春妆，半乡半市家兴旺，半文半武竞风流，半耕半读写诗章。"东衡村村歌开头的几句歌词表现了东衡村全面发展、底蕴深厚的特点。东衡村位于浙江省湖州市德清县洛舍镇东南部，是第一批浙江省历史文化名村，也是占全国钢琴产量七分之一的"洛舍钢琴"的发祥地，"浙北小乡村，钢琴大产业"即外界对它的美誉。

十几年前，东衡村是远近闻名的石材生产基地，正所谓"大炮一响，黄金万两"，开发矿产为东衡村带来了巨大的经济效益，但同时也带来了土地、空气、水体、噪声等多重污染的困扰，村民们的生活品质受到了损害。为了村庄的可持续发展，东衡村决心关停所有矿产企业，积极发展其他产业，如扩展农业功能模式，壮大钢琴特色产业，推

---

① 案例参考资料：中华人民共和国国家发展和改革委员会. 突出特色优势 强化产业支撑：探索产村融合模式创新——东衡国家农村产业融合发展示范园创建经验汇报.（2021-08-09）[2024-01-04]. https://www.ndrc.gov.cn/fggz/nyncjj/xczx/202108/t20210809_1293343.html；德清发布. 看！乡村振兴的亮丽"德清答卷".（2020-09-21）[2024-01-04]. https://mp.weixin.qq.com/s/QF0JTkr6SiwIPMqWNCgsiA.

动农旅文深度融合,提高当地经济效益,从而助力乡村振兴。2012年,东衡村开始进行"美丽乡村"建设,2017年获批创建国家农村产业融合发展示范园,2019年成功创建美丽乡村精致小村。2020年,东衡村的集体经济收入已高达2835万元,农村居民人均可支配收入达到4.3万元。

　　十几年前的东衡村因开采矿山导致严重的环境污染而被人诟病,现在通过谋求产业转型,东衡村已完成了华丽的蜕变。现在村子里白鹭翔集、余音袅袅,村民的生活富足幸福。那么东衡村在壮大村级集体经济、建设共同富裕样板村方面,都做了哪些工作值得我们借鉴呢?

　　推进农业内部融合,构建现代农业产业新体系。东衡村推广稻蟹(鱼、鳖、虾)共生、稻菜轮作、"渔业+水生"作物等新模式,示范推广肥、水、病虫害防治综合配套技术,大幅度提升粮食生产综合效益。同时建设农业科研创新区,引进优质苗种"育、繁、推"一体的现代渔业科创孵化中心项目,应用智能化循环水产养殖系统,创新"鱼菜共生"模式,实现工厂化养殖与无土栽培的有机结合。

　　发挥特色优势,做大做强钢琴产业品牌。东衡村立足钢琴特色产业的基础和优势,加快产业集聚与集群发展。通过建设"钢琴众创园",已引入钢琴类相关企业46家,打造了完整的钢琴产业链,配齐生产一台钢琴所需的8000多个零部件、300多个环节,无须出村就能完成组装。同时,东衡村以长三角一体化为契机,不断加强与上海老字号品牌合作,2019年,乐韵钢琴有限公司与上海钢琴有限公司合作成立上海施特劳斯钢琴有限公司,三个系列产品订单已达3000台,钢琴产品市场价值提升 30% 左右。

突出文化赋能，打响"诗画东衡"品牌。东衡村具有多个文化品牌，这里既是著名文史学家沈约故里，也是著名书法家赵孟頫隐居之地，具有得天独厚的文化资源。2017 年以来，东衡村先后规划建设赵孟頫与管道升纪念馆、文化创意街区、"墨立方"文创园等，成功获评 3A 级景区村，建成全省标志性文化礼堂，农业、文化、旅游的融合不断深化，"浙北第一村"文化 IP 持续打响。

推动产村融合，打造农村产业融合新业态。近年来，东衡村全面贯彻落实乡村振兴战略，积极拓展农业功能模式，着力做实"琴、矿、园、游、改"五篇文章，加快构建一二三产业融合发展的现代产业体系。通过促进"鱼虾养殖＋钢琴＋文旅"三产融合发展，构建"农业＋文化＋旅游""农业＋体验＋康养"的农村产业融合新业态。2020 年，示范园农产品加工企业总产值达到 3500 万元，是 2017 年的 3 倍，产业集聚度达到 9.3%，吸引前来体验、休闲、度假的国内外游客达 4 万人次。

小结：乡村发展具有地方特色，只有因地制宜，才能够更好地调动当地的资源、力量，推动乡村建设，促进城乡共同富裕。顶层设计要求乡村实现"产业兴旺"的目标，而如何实现这个总目标，就要广大群众及基层干部基于本地的优势，探讨具体实现的路径，东衡村对此提交了高质量答卷。一方面，东衡村依照一二三产业融合发展的模式，推动"鱼稻共生＋钢琴产业＋文旅产业"共同发展；另一方面，钢琴产业众创园的存在使得东衡村能够充分利用当地的土地规模优势和产业集聚效应，通过构建产业集聚平台，推动产业集群发展，降低监管成本、壮大村级集体经济、助推产业转型升级。①

二、穿针引线：以旅兴农，旅融百业

产业集群理论描述了在特定区域和领域中，如何使一系列互相关联的企业、供应商、相关产业及专业机构和协会共同形成一个集中的经济实体。这种区域内的集聚通过促进市场竞争和专业化生产元素的优化，有助于企业在共享区域资源、市场和经济效益的同时，降低信息和物流成本，从而形成显著的集聚效应、规模经济、外部效应，并增强区域竞争力。推动农村三产融合可以培育具有优势特色的产业集群，实现规模经济效益，提升区域竞争力。

2018年，习近平总书记强调，要推动乡村产业振兴，紧紧围绕发展现代农业，围绕农村一二三产业融合发展，构建乡村产业体系，实现产业兴旺，把产业发展落到促进农民增收上来，全力以赴消除农村贫困，推动乡村生活富裕。②在这个过程中，休闲旅游业成为重要的农村产业融合领域。政府各级都致力于推进休闲农业、乡村旅游与其他产业的融合，并朝城乡一体化发展。具体而言，2021年中央一号文件和国务院发布的《关于促进乡村产业振兴的指导意见》都提到了以休闲农业和乡村旅游精品工程为重点，建设设施齐全、功能多样的休闲观光园区、康养基地和乡村民宿等，同时强调优化乡村休闲旅游业，培育乡村新型服务业，突出乡村产业的优势特色。

---

① 李敢，徐建牛．"农地入市"助力构建强弱村经济共同体——乡村振兴背景下联村脱贫案例研究．贵州大学学报（社会科学版），2020，38（3）：56-64．
② 中共中央党史和文献研究院．习近平关于"三农"工作论述摘编．北京：中央文献出版社，2019：149-150．

农村三产融合的核心是农业产业链和价值链的延伸。依托农业创新产业、业态和模式，通过延长、补充和建立农业产业链，实现农业生产、农产品加工和农村服务业的融合，构成三产融合的基础。同时，建立农村一二三产业融合发展的利益联结机制，实现风险共担、互惠合作和激励相容，打造融合共生的农业价值链，确保三产融合的可持续发展。旅游业是国民经济中的朝阳产业，产业关联度高，具有"一业兴百业"的综合带动效应，能够有效促进产业链整合、延伸，推动产业融合发展，拉动区域经济增长。近年来，旅游业不断实现与农业、工业、林业、教育和医疗等产业的碰撞与融合，催生出众多新兴业态和模式，带动了一大批关联产业的融合发展，同时也助推了旅游业自身的转型升级。

农村三产融合的方式多种多样。当前，三产融合的实践尚处于探索阶段，不同地方因地制宜，发展出了具有地方特色的新型农业发展模式。主要可以概括为以下四种：(1)"1＋2"融合，是指利用工业工程技术、装备、设施等改造传统农业，采用机械化、自动化、智能化的管理方式发展高效农业，如生态农业、精准农业、智慧农业、植物工厂等；(2)"1＋3"融合，是指服务业向农业渗透，利用农业景观资源和生产条件开发休闲旅游观光农业，如农业观光园、休闲农业度假村、民间文化艺术园、主题农业园等；(3)"2＋3"融合，是指二产向三产拓展的工业旅游业，以工业生产过程、工厂风貌、工人作业场景、工业品展示为参观内容而开发旅游活动，同时以三产的文化创意反向带动，将乡村工业文化资源转化为兼具乡村特色和文化艺术气息的产品；(4)"1＋2＋3"融合，是指三产互融，联合开发集农业生产、加工销售、生态休闲、旅游观光、文化传承、教育体验等多种功能于一身的综合乡村产业示范园区,如智慧农业、工厂、牧场、酒庄观光等。①

(一)一业兴盛旺百业

深度融合先进制造业和现代服务业可适应新一轮科技革命和产业变革的趋势,对提升制造业核心竞争力、培养现代产业体系、实现高质量发展具有重要意义。近年来,浙江省深入贯彻中央关于乡村产业振兴重要指示要求,围绕高质量发展建设共同富裕示范区目标,积极探索先进制造业和现代服务业融合发展的生动实践。通过创新产品、系统、服务及体验活动,紧密联系研发设计、技术、制造与消费,推动工业设计与制造业、文旅产业等深度融合。通过促进农村制造业和服务业融合,培育出优势特色产业集群,实现规模经济效益,提升区域竞争力。

具有优势的马歇尔式产业集群具有以下六个特征:(1)具有与本区域类似的价值管理和共同创新的环境;(2)本地集聚的企业间存在垂直联系;(3)人力资源优化配置;(4)市场不完全竞争;(5)竞争与合作共存;(6)本地信用系统。② 湖州市德清县洛舍镇是长三角地区最大的钢琴生产基地,这里聚集了近百家钢琴制造及配件企业,洛舍钢琴产业集群是典型的马歇尔式产业集群。洛舍近40年的城镇化历程有着明显的浙江经济印记,融合了产业基础、市场力量、文化传承和区位优势,在关联产业集聚、公共服务功能集成、要素空间集聚和集约化等方面的实践都值得借鉴。

洛舍在建设发展过程中不断调整工业产业结构。原有的木材加工、

① 陈俊红,陈慈,陈玛琳.关于农村一二三产融合发展的几点思考.农业经济,2017(1):3-5.
② 王缉慈.创新的空间:产业集群与区域发展(修订版).北京:科学出版社,2019:58-59.

35

钢琴生产、卫生材料和新型建材四大支柱产业逐渐转变为钢琴、木业两大支柱产业。产业内部分工与协作系统基本稳定，原材料获取、运输、销售、加工、技术开发等产业配套服务日趋完善。洛舍钢琴制造业由十余家年产千台以上的大型钢琴企业和大量以生产钢琴外壳及相关零部件为主的小型企业组成，产业结构较为合理。整体上看，钢琴已经成为洛舍的地方名片，钢琴业已然成为当地特色块状经济。立足已有的产业基础，洛舍积极推动制造业和文化、旅游等产业融合发展，打造以钢琴为主题的特色文化小镇，促进钢琴产业转型升级。

建立在木业块状经济和钢琴文化产业融合发展基础上的双重产业集群构成了洛舍特色鲜明的城镇化道路。相较于单一产业集群可能带来的同质化弊端（如"村村像乡镇、镇镇像村庄"），双重产业集群形成的合力作用不仅加大了当地经济发展的规模和速度，也促进了地方文化的培育壮大和传播，对推进当地城乡一体化进程起到了关键作用。

【案例1-6】 德清农民造钢琴，奏响乡村振兴进行曲①

浙江省湖州市德清县洛舍镇，人口仅有1.8万，却是全国第二大钢琴生产基地。洛舍年产钢琴超过5万台，占全国总产量的1/7；钢琴业总产值超过4.7亿元，为约4000人提供就业保障。1984年，德清洛舍镇的农民王惠林造出了全县自主生产的第一台钢琴。"农民造钢琴"的美谈传播开来，由此拉开了洛舍钢琴产业发展的序幕。2014年，洛舍镇被中国轻工业联合会和中国乐器协会授予"中国钢琴之乡"荣誉称号，对于洛舍钢琴，这是一个承上启下的发展拐点。

① 案例参考资料：湖州市住房和城乡建设局. 钢琴梦飞入洛舍寻常百姓家. (2016-09-09)［2024-01-04］. https://mp.weixin.qq.com/s/BKrrG1O4Ci17JsCOBQraGQ.

至 2020 年，洛舍镇已拥有钢琴相关企业 114 家，拥有"威腾""瓦格纳""洛德莱斯""波尔顿""拉奥特"等一批著名商标和企业，产品远销欧洲、东南亚等地的 20 多个国家和地区。

洛舍钢琴产业的发展孕育了当地独特的钢琴文化。随着钢琴制造业的不断发展，钢琴文化逐渐渗透到洛舍人的生活方式中，成为区域经济文化的代表。在此基础上，洛舍依托现有的产业基础和产业文化，充分挖掘产业、文化、旅游三要素，不仅致力于打造全国知名的钢琴生产制造基地，还要推动钢琴教育、文旅融合、旅游开发等，走出一条产业兴镇与文化兴镇并举的新路。一是围绕钢琴小镇建设，推动钢琴制造业转型升级。从简单的钢琴装配开始，逐步发展形成集设计、制造、展售、培训、演出、文化于一体，具有国内一流水准和较高知名度的钢琴文化产业园。二是塑造钢琴文化品牌，推动钢琴文化产业发展壮大。建成钢琴文化馆，开办钢琴培训班，举办钢琴文化节，以获得"中国钢琴之乡"称号为契机，积极推进多地合作，将洛舍钢琴通过音乐交流向世界展示，提高洛舍钢琴的品牌认知度。邀请主流媒体进行采访报道，制作系列钢琴宣传片，为钢琴小镇塑造良好的品牌形象。三是依托本地特色资源，推动工业旅游业蓬勃发展。将洛舍特有的钢琴生产制造场景、乡村文化生活场景、乡村自然风光、手工艺传承等串联起来，开拓、打通旅游观光体验渠道，延伸钢琴制造产业链。坚持产业、文化、旅游"三位一体"和生产、生活、生态融合，打造经典产业、特色文化和休闲旅游融合发展的钢琴特色小镇。

随着洛舍钢琴业的不断延伸、发展，洛舍人的就业选择空间愈加广阔，经济收入稳步提高。德清县洛舍钢琴小镇的核心村——东衡村,已从昔日矿村逐渐完成"华丽转身"。2020年,东衡村成功获评全国文明村。东衡村经济发展的成绩更为亮眼:2019年,东衡村村民人均收入5.6万元,集体经济总收入2576万元,相较于10年前翻了近百倍,已连续3年位居湖州市村集体经济收入第一。

小结: 在"钢琴之乡"洛舍,木业和钢琴制造业是"硬经济产业",钢琴文化业是"软文化产业"。木业和钢琴业之间循环促进,培育出钢琴文化业,由此,条块状经济和文化产业集群相互促进、共同繁荣,构建出一条两类产业集群合力推进城镇化的创新发展路径,既是"就地城镇化"的先行典范,也具有浙江共富的区域特色,为当前国内农村经济转型和新型城镇化建设提供了优秀的经验和借鉴。

(二)光影交织兴产业

文化产业和旅游业是现代经济体系中的关键部分。2021年11月,文化和旅游部与浙江省人民政府共同发布了《关于高质量打造新时代文化高地推进共同富裕示范区建设行动方案(2021—2025年)》。该方案旨在充分利用文化和旅游行业的潜力,支撑浙江省的高质量发展,构建一个新时代的文化强区,并努力实现共同富裕。该方案旨在帮助浙江省到2025年建成一个以社会主义核心价值观为导向、继承和发扬中华优秀文化、体现当代精神、展现江南特色的文化强省。同时,该方案还着重于探索文化和旅游业高质量发展的有效途径,构建促进共同富裕的体制和机制,提供可供全国借鉴的成功经验。

横店,位于浙江省东阳市,自1996年开始发展,现在已经成为全球最大的影视实景拍摄基地之一。随着时间的推移,横店成功地建立了全国最集中的影视产业集群和最完善的影视产业服务体系。横店影视城实景基地从 2000 年开始对剧组拍摄免收场租,这一举措吸引了大批剧组进驻,也吸引了更多的公司来横店发展,随之带来的是影视文化业及其相关配套行业和餐饮、住宿、交通等相关服务行业欣欣向荣。横店的共同富裕离不开产业融合模式:整合既有的文化产业、酒店民宿、零售旅游、休闲娱乐等行业资源,推进影视文旅融合在全域范围内作示范推广,彻底打破产、学、研、用的行业壁垒,这是横店影视文化业发展的特色。

【案例1-7】　横店特色产业融合助推村民共富①

　　浙江省东阳市横店镇,在改革开放 40 年的时间里,从一个偏远小镇发展成生机蓬勃、产业繁荣的"东方好莱坞",这本身就是一部传奇光影大戏。2000 年以来,横店不断推动产业链和价值链延伸,实现了从造景、卖景的影视拍摄基地转变为全产业链发展的影视产业基地,以影视文化产业带动地方及百姓共同富裕。

　　坚持文化赋能,深度推进文旅融合,全面带动了横店第三产业的繁荣发展。截至 2021 年,横店有各类主题酒店、民宿 1500 多家,床位2.9 万张,农户出租收入达 4.4 亿元,从事三产的劳动力约 7.5 万人,城乡居民收入倍差降至 1.3,居民增收渠道大大拓宽。② 横店的文旅融合模式最直接的效益就是带动了当地老百姓的就业,创造了约 5万个当地的就业岗位,从事第三产业的劳动力占就业劳动力总数的

---

① 案例参考资料:中国经济网. 光影交织兴产业——"共同富裕看浙江"之三. (2021-11-28)［2024-01-04］. http://www.ce.cn/xwzx/gnsz/gdxw/202111/28/t20211128_37121591. shtml.

② 东阳市人民政府. 解码横店共同富裕样本. (2021-11-15)［2024-01-04］. http://www.dongyang. gov. cn/art/2021/11/15/art_1229595454_59496530. html.

53%。在横店,旅游业对第三产业的带动效率为 1 元门票可以带动 5—7 元的第三产业消费。

影视文化业与旅游业融合。"影视为表、旅游为里、文化为魂"是横店影视城的经营理念和发展模式。从横店近年来的盈利模式来看,影视的综合性服务收入占 30% 左右,旅游收入占 70%。从旅游收入来说,门票收入只占 50% 左右,其他一些配套服务,比如住宿、餐饮、购物等的收入占 50%。旅游景区与影视拍摄基地重合是横店的先天优势。横店充分挖掘利用当地丰富的历史人文资源,不断增强各景点的文化内涵。横店的文旅产业融合发展大体可以分为三个阶段:第一是影视基地拍摄阶段;第二是"影视旅游 +"阶段;第三是文旅大消费阶段,也就是横店下一步即将推进的阶段。至此,横店影视文化产业进入一个新的发展阶段。横店文化产业集群的发展模式以服务于国内和国际影视拍摄需求为基石,将上游的影视制作产业延伸至下游的影视旅游产业,这一过程中,产业集群上下游互动形成的共享性资源已成为新的财富增长点。

影视文化业与制造业融合。横店影视文化业和旅游业发展最直接的拉动对象就是当地的建筑业和手工业等。横店影视文化产业发轫于影视城建设。自 1996 年以来,横店集团累计投入 30 亿元资金兴建 30 多个跨越历史时空、汇聚南北地域特色的影视拍摄基地和 130 多座摄影棚。横店影视城建设涵盖了水泥、木工、桥梁、彩绘、木刻、石雕、编织、书法等各个建筑领域和艺术门类,极大地拉动了当地相关产业的发展。影视城建成后,全国每年大约有 70% 的剧组来横店拍戏,剧组的大量涌入和不断新增的影视拍摄需求带动了影视器材、道具、服化、制景、手工艺等制造业的蓬勃发展。横店影视城把当地多种产业(如餐饮、酒店、道具、服化等)融合形成链条以推动发展。除了影视拍摄、游客游览,东阳作为"工艺美术之乡"(以木雕和竹编闻名)的手工艺优势也被进一步放大。横店影视文化业和旅游业共融发展、相互促进,这一过程同时也推动了东阳传统手工艺的进步,为东阳传统手工艺的发展开辟了广阔的新空间。

影视文化业与农业融合。横店影视文化业和旅游业的全域发展,成功带动了整个区域的新农村建设。近年来,东阳立足"农业增效、农民增收",拓展农业多种功能,探索农产品生产、加工、销售与旅游、健康、文化、信息等产业融合发展新模式,推动一二三产业融合发展。2020年,东阳提出"共享田园"概念,即"建设融生产、生活、生态于一体,以公园方式来建田园,让田园成为家园的一部分,实现资金规划整合、产业融合、功能复合,统称'三生三园三合'"。基于共建共享理念,东阳以建设集现代农业示范区、乡村农业公园、农文旅融合示范基地于一身的"共享田园"为目标。通过打造市民游玩的热门"网红打卡地",带动周边餐饮娱乐、度假休闲等系列乡村旅游消费。为持续推动美丽乡村经济发展,东阳深入推进产业植入,发展"特色旅游村""电商专业村""影视拍摄基地村",为村庄注入发展活力。举办特色鲜明、影响力大的农事节庆活动,提升东阳休闲农业与乡村旅游的知名度和美誉度,形成系列乡村旅游品牌。

小结:40多年来,横店在各级党委的正确领导下,政企合力共建、产城融合发展,坚持"共创、共有、共富、共享"的理念,走出了一条高质量发展之路。通过推动影视文化产业集聚区发展,提高横店影视文化产业发展的平台能级,构建具有国际影响力的影视工业体系;通过推动影视文化产业在金华的全域化发展,积极发挥影视文化产业的影响力和辐射力,推动影视文化产业与区域优势产业融合发展、与都市区建设一体推进,实现产业深度融合、产城联动提升,打造国际影视文化之都。

(三)聚沙成塔兴文旅

文化产业高质量发展是满足人民群众美好精神文化需求的重要保障。2019 年 7 月,中共杭州市委、杭州市人民政府印发《关于加快发展杭州文化产业的若干意见》,提出要"根据杭州城市特色、资源优势、文化消费趋势、经济社会发展现状及新世纪城市发展规划,把文化旅游、现代传媒、艺术品、文体娱乐和教育培训这五个行业作为优先发展的文化产业,形成以重点文化产业为主导,相关产业联动发展的格局"。

2021 年 10 月,中共杭州市委宣传部、杭州市发展和改革委员会印发《杭州市文化产业发展"十四五"规划》,提出"坚持融合发展","立足'文化 +'战略,促进文化产业与数字经济、科技、旅游、现代制造、金融等产业融合发展,为国民经济和社会发展注入新活力"。重点提到动漫游戏业这一优势产业,提出要"锚定'国际动漫之都'目标,扩大中国国际动漫节的全球知名度和影响力,提升'金猴奖'大赛的专业性和权威性"。

杭州早在 2005 年就率先出台了鼓励扶持动漫游戏产业发展的相关政策,大力扶持动漫游戏企业发展。同年,杭州隆重举办了首届中国国际动漫节,并拿下了中国国际动漫节的永久举办权,这是我国首个国家级国际动漫专业节展。截至 2020 年,杭州已经成功举办了 16 届中国国际动漫节,吸引了全球五大洲 80 多个国家和地区参与,参展企业和机构累计达

17080 余家,参与人数累计达 1838.06 万人次,交易额累计约 1653.9 亿元。截至 2020 年,杭州拥有国家级动漫产业基地两家、国家级动画教学研究基地三家,动漫游戏企业数量达 327 家,形成了包括三家主板、一家创业板、一家美国纳斯达克,以及多家新三板挂牌的动漫游戏上市企业集群。近年来,磨铁动漫、幕星科技等国内知名动漫游戏企业和团队落户杭州。日本东京电视台、中国动漫集团、哔哩哔哩网站、快看漫画平台先后在杭布局业务板块。

　　动漫是一种国际化的文化表达方式,易于被不同年龄段的受众特别是青少年接纳,在弘扬传统文化中发挥巨大功用。在共同富裕中如何实现精神富有,在现代化先行中如何实现文化先行?动漫节的成功或许给了我们一个很好的启示。2021 年是中国共产党成立 100 周年,是"十四五"开局之年,也是浙江高质量发展建设共同富裕示范区和杭州高水平建设社会主义现代化国际大都市的起步之年。作为杭州举办的首场"国字头"文化盛会,第十七届中国国际动漫节以"共富新时代·动漫创未来"为主题,传递了"推动动漫产业高质量发展赋能共同富裕""创造高品质精神文化生活推进精神富有""弘扬主流价值引导青少年身心健康发展""以动漫为载体推进国际文化传播和交流"四层含义。国际动漫节的连续成功举办不仅为国内外动漫产业交流合作提供了重要平台,也为杭州这座历史文化名城植入了现代动漫的基因,使得杭州"动漫之都"的金字招牌更加亮丽,也让动漫文化浸润市民生活,助力动漫产业在这里成长与腾飞。

【案例1-8】 推动动漫产业高质量发展在共同富裕中实现精神富有①

中国动漫博物馆坐落于杭州市滨江区白马湖畔，外形宛若洁白的云朵，占地面积2.77公顷，主体建筑面积30382平方米，内有四个常设展厅，以及剧场、影视区、图书馆、视听室等配套功能区域，展示原画、台本、史料、刊物、模型等各类动漫藏品2万余件。中国动漫博物馆是经国家广播电视总局和中国动画学会批准成立的"国字号"动漫博物馆，也是杭州打造全国文化创意中心和"动漫之都"的重点项目，展现出杭州打造"全国文化创意中心"和"动漫之都"的决心。

2005年的6月1日，在杭州举办的首届国际动漫节赢得了世界瞩目。杭州以此为契机，抓住中国动漫产业迈入大发展阶段的宝贵机遇，发动杭州动漫产业高速发展的引擎。2021年，杭州成功举办第十七届国际动漫节。尽管受新冠疫情冲击，本届动漫节仍然有56个国家和地区、335家中外企业机构、4031名展商客商和专业人士通过线上线下参与各项活动，现场签约金额达4.8亿元人民币。2022年，杭州亚运会进入倒计时，杭州创新性地推出"永不落幕的动漫节"系列活动。以"迎亚运"为主题的趣味运动会用多元动漫的形式为亚运助威。以"助力乡村共富"为主题的公益系列活动致力于将动漫游戏打造成为助力乡村产业振兴、实现精神共富的载体和平台。面向"Z世代"推出的二次元聚会，以年轻人喜闻乐见的形式让动漫文化"出圈"，有助于打造动漫品牌活动、特色文化地标。

历经十余载，杭州动漫游戏产业经历了从无到有、从有到优、从

---

① 案例参考资料：杭州宣传网.以动漫之美推动精神共富.（2021-10-11）[2024-01-04]. https://hzxcw.hangzhou.com.cn/qtll/content/2021-10/11/content_9285513.html.

优到强的发展历程。2021 年,虽然受到新冠疫情影响,杭州动漫游戏产业依然逆势上扬,全年动漫游戏产值 328.5 亿元,同比增长 26.9%,产值首次迈上 300 亿元新台阶,产业增速实现新飞跃。面对新时代新征程,杭州动漫游戏产业致力于坚持"对标一流、示范引领",以高质量发展为导向,着力形成新优势,实现更优更强更好发展。

作为泛娱乐文化产业,动漫游戏具有鲜明的产业融合和产业链、价值链延伸特征。动漫元素与相关产业形态融合后,在业态上可以拓展延伸、提质增效。动漫游戏与影音融合,有助于推动相关文化产业内容创作、艺术设计、节目制作、版权交易等的创新发展。动漫游戏与现代科技交互,能够利用人工智能、虚拟现实等现代科技手段增强动漫游戏用户体验感,提高动漫游戏产品的竞争力。通过实施"动漫+"行动战略,杭州实现将动漫元素融入多种业态。在从源头做强动漫游戏产业的基础上,杭州鼓励社会企业策划与承担"动漫+信息产业""动漫+旅游""动漫+会展""动漫+电商""动漫+金融""动漫+健康""动漫+时尚""动漫+高端装备""动漫+特色小镇"等与杭州"十四五"规划发展方向相契合的行动方案。

通过实施"动漫+"战略,杭州积极落实文化产业数字化战略,推进 5G 技术、大数据、区块链等高新科技在动漫游戏领域的集成应用和创新,推进动漫与生活、城市及旅游、金融、教育等各行各业的深度融合,以"动漫+"全域式发展营造开放、协作、创新的产业发展生态环境,使"动漫之都 2.0"深入市场、深入社区、深入人心。

小结:依托 G20 杭州峰会、联合国全球创意城市、联合国全球学习型城市、2022 年亚运会等国际文化通道,杭州充分把握"后峰会、前亚运"的历史契机,通过实施"动漫＋一带一路""动漫＋中华文化""动漫＋电子竞技"和建好杭州中国动漫博物馆工程,促进动漫游戏产业深度介入城市发展,突出动漫游戏产业作为战略性新兴产业的规模性与融合性,最大限度发挥动漫游戏产业的辐射和引导作用。

第二章

人才共育

国以才立,政以才治,业以才兴。按照刘易斯模型①的基本观点,传统部门采用的是手工为主的生产技术,有相当部分的剩余劳动力;现代部门使用的是以大机器设备为主的资本集约型生产技术,剩余劳动力不存在。经济发展的一个显著标志就是劳动力从传统部门向现代部门的转移。自20世纪80年代开始,我国城市发展吸引了乡村人口大量流入城市,乡村人才紧缺问题成为实现乡村共同富裕的瓶颈。因此,促进乡村人才回流、人才引入,能够有效解决乡村劳动力总体素质不高的问题,这是当代中国经济社会发展面临的重大实践要求。

2021年《中共中央 国务院关于支持浙江高质量发展建设共同富裕示范区的意见》提出"实施扩大中等收入群体行动计划,激发技能人才、科研人员、小微创业者、高素质村民等重点群体活力"等一系列人才工作原则。

同样地,2021年3月15日,在杭州召开的省委人才工作领导小组会议提出,努力打造全球人才蓄水池,加快走出一条具有浙江特色的人才工作路

---

① LEWIS W. Economic development with unlimited supplies of labour. The Manchester School, 1954 (22): 139-191.

子,以识才的慧眼、育才的诚意、容才的雅量、用才的胆识,做好"人才引流、人才培育、人才使用"。①

一、外在输血：蓄水引人聚才俊

"鱼无定止,渊深则归;鸟无定栖,林茂则赴。"一个地区的人才红利政策、人才服务政策、人才创新创业环境等均是引才的关键。要"引人才",人才振兴的制度成为"广开进贤之路,广纳天下英才"的基本保障,可以点燃引才引擎,形成人才磁场吸附效应。浙江推进乡村人才共育,引才、聚才、用才、安才一气呵成:在"引"上做文章,在思想上,突破排辈论资、唯学历论的陈旧思想,以"德才兼备、以德为先"为标准,才能让人才自发、自愿地被吸引而来。聚才而进,安心定志,方能笃行不怠。

在共同富裕的进程中,乡村对人才需求层次多、范围广,既需要加强乡村骨干队伍"领头雁"的建设,又需要拥有高学历、高知识水平的知识分子、大学生村官、选调生等"千里马",更需要有经验、阅历、见识、财富的退休老人、退伍老兵、行业老手等"老黄牛"献计献策,实现"三驾马车"齐头并进,人才兴乡。

（一）领头雁：展翅领航绘新图

"小康不小康,关键看老乡;老乡行不行,关键看领军!"共同富裕需要

---

① 浙江省自然资源厅. 浙江省委人才工作会议召开:加快打造世界重要人才中心和创新高地的战略支点. （2021-12-09）［2024-01-11］. https://zrzyt. zj. gov. cn/art/2021/12/9/art_1229600091_58988654. html.

"领头雁""带头人""主心骨"来把方向、谋全局、抓关键、带队伍。在推动共同富裕的道路上,要选拔那些怀初心、有觉悟、爱乡村、愿带富、能担当、乐奉献、懂治理的人,并将他们培养成为基层的"领头雁",不断夯实并壮大"雁阵"集群,为推动共同富裕夯实人才根基、汇聚头雁力量。

2021 年中共中央办公厅印发的《关于向重点乡村持续选派驻村第一书记和工作队的意见》对第一书记和工作队员的选拔提出了以下基本要求:一是具备良好的政治素质,坚定执行党的理论和路线方针政策,热衷于乡村工作;二是工作能力出众,敢于担当,擅长与群众沟通,具有创新精神;三是具有强烈的事业心和责任感,作风踏实,吃苦耐劳,愿意为乡村事业奉献,身体条件符合履职要求;四是第一书记必须为中共正式党员,具有一年以上党龄和两年以上工作经历,工作队员优先选拔中共党员;五是第一书记和工作队员主要从省市县机关的优秀干部、年轻干部,国有企业、事业单位的优秀人员,以及因年龄原因从领导岗位上调整下来但尚未退休的干部中选派,具有乡村工作经验或农业相关专业技能的人员优先考虑。

这份意见明确了新时代驻村第一书记的职责要求,更对驻村干部的多维度能力提出了要求,从政治意识、能力建设、作风品行各方面提出了要求。

为响应中央的要求,优化乡村建设人才队伍,浙江省根据乡村实际情况制定并实施了积极、开放、有效的人才新政,确保引进人才能"安其位、谋其政、尽其责、竭其智、展其长、成其事"。

2021 年 7 月,浙江省发展改革委、省委组织部印发的《浙江省人才发展"十四五"规划》中明确提到,"优化干部成长路径,积极选派干部到国家战略举措实施地、重大工程项目和艰苦地区历练。积极推动干部跨地区跨部门制度性交流"。

2018 年 3 月，中共安吉县委办公室、安吉县人民政府办公室发布的《关于进一步推进乡村振兴农村人才开发工作的实施意见（2018—2020年）》提出，"加强农村干部人才队伍建设。坚持问题导向和个人自愿原则，每年从退出现职的县管领导干部中物色和挑选不少于 10 名，以下派形式担任村（社区）第一书记，在村（社区）任职期间，相关待遇按照县有关规定执行；同时，加大政治关心力度，每年选树一批先进典型。深化推进'美丽乡村带头人培养工程'，重点培养选拔 30 名具有先进农业技术、掌握特色产业文化的带头人"。

2021 年 7 月，浙江省衢州市龙游县大力实施"人才金种子计划"，通过培育"领头红雁"、招引"归巢青燕"、选派技能专家等举措，鼓励人才到基层一线建功立业，进一步写好了乡村振兴下的人才振兴篇章。

2021 年 11 月，浙江省余姚市印发的《余姚市人才发展"十四五"规划》指出，要大力推进乡村人才振兴，统筹推进现代农业领军人才、农业科技人才、高素质农民、创业创新人才、乡村管理服务人才等重点领域乡村人才队伍建设。

【案例 2-1】 "火车头"带领小山村"出圈"①

安吉县十分注重在土生土长的乡村党员民营企业家群体中，寻访、培养村党组织主要负责人。选举乡村党员民营企业家为村里"带头人"，充分利用村中招商引资、投资兴乡的热潮，能更好地盘活乡村

---

① 案例参考资料：朱言，刘斌. 安吉：开启全域乡村经营新视野. 浙江日报，2022-11-09（18）.

闲置资源。

夏橡栋是地地道道的白杨村人,他早年参军,从部队转业后,干起了贸易生意,虽然收入颇丰,但他心里始终惦记着家乡的父老乡亲。得益于民营经济参与乡村的"安吉模式"(即在县工商联的牵线搭桥下,通过建立"村庄企业互补模式",以股份制形式引导民营企业与村民共同成立合作社/企业),2016年,夏橡栋与白杨村达成合作,他出资3000万元在村里开办民宿、农场,而白杨村村民成为他公司的合伙人/员工,通过这样的方式实现村企共赢。2020年7月村里换届,夏橡栋参选成为白杨村的党总支书记,走上带领小山村"出圈"之路。

夏橡栋在担任党总支书记期间,引入"共享模式"——"共享庭院""共享菜园""共享餐厅"。青山湾自然村位于白杨村入口处,是村里的"门面",也是未来的"颜值担当"。村里组织人员敲掉了沿路每户的围墙,打造"共享庭院"。这种共建、共享、共富模式,不仅为游客提供令人向往的田园生活,也避免村民之间产生同质化竞争,维护邻里关系,让邻里之间更加团结。此外,村里流转了300亩农田,免费分派给村民进行自然种植,这种"共享菜园"的模式打响了村里的绿色农产品品牌。同时,通过开办春风餐厅,统一收购村民家的剩余蔬菜和家禽,实现整体业态闭环,实现了"共享餐厅"模式。这样的利益联结机制,不仅促进了村民参与,还盘活了闲置资源,促进村集体和村民增收,正是白杨村"出圈"的另一秘诀。

从2019年到2022年,村集体经济收入从30万元增长到150万元,农民年人均纯收入从3.7万元提高到4.5万元,白杨村从经济

"后进村"摇身变成"示范村"。"夏书记就是我们的火车头，前进的方向对了，发展的道路也更宽了。"白杨村一系列的改变和成果也得到了全村百姓的认可。

小结："村看村，户看户，群众看干部"，"领头雁"是乡村振兴的引领者，是乡村创新创业的领跑者、乡村产业运营的实践者。雁群一年之中共有两次跋涉千里的壮丽迁徙，其间会遭遇无数障碍。它们最重要的特质，就是对目标的坚定不移。雁群的行为特征中，最具价值的就是它们会分别带领队伍，不让任何一只鸿雁单独面对困厄与挑战。乡村振兴道路上，一定要选好像夏橡栋这样的"领头雁"，他们饱含乡土情怀，具有超前眼光，充满创业激情，富有奉献精神，他们深知自己肩负全面推进乡村振兴的重任，奋勇当先，不断锤炼"脚力"，深耕"智力"，积蓄"毅力"，既善于以身作则，又善于集思广益，充分发挥班子成员能力及组织合力，让众人像鸿雁一样结伴而行，迎接新挑战，以新担当展现新作为。

群雁高飞头雁领，促进共同富裕，基层的"领头雁"是非常重要的群体，需要从选拔、培训、考核、奖惩等各个方面，提升他们的归属感和融入感，解决头雁"回不来、留不下"的问题。

在选拔层面，鼓励有技术、有资金、有能力、有威望的"能人""高人""才人""名人""达人"回村任职、回乡投资，从民营企业家、合作社合伙人、机关事业单位退休干部职工等群体中发现优秀人才，鼓励他们到后进薄弱村和特色田园乡村担任书记或第一书记，为"能人""才人""高人""晓人""名人""达人"回归开辟"绿色通道"，让有资金、有项目、有威信、组织能力强的在外能人回村任职、回乡投资。

在培训层面，杜绝引进后"晾在一边"。在考核层面，结合本区域实际情况和人才的自我发展需求,把优秀基层党员干部人才,纳入村级致富带头人队伍跟踪培养,打造一支"带不走"的工作队。

在奖惩层面,有计划地将本村的年度经济发展与村干部奖励挂钩,从而提高乡村带头人的薪酬待遇,完善激励机制。畅通晋升通道,满足人才就医、教育等需求,免除村干部后顾之忧。

浙江省各地正在想尽一切办法,推动人才向基层集聚、政策向人才倾斜,以确保共富路上共聚人才。

(二)千里马:志在乡里奔小康

"千里马"泛指大学生村官、选调生、"三支一扶"(大学生毕业后到乡村基层从事支教、支农、支医和扶贫工作)人员等年轻人,也包含志愿到乡村创业的有志青年。他们是乡村发展的"新动能",没有惯性思维,不拘泥于习惯,有锐气闯劲,能突破创新。作为新时代的人才,他们具备各类知识,有文化、懂技术、会经营、善管理,能为乡村提供各类先进的理念,能为乡村发展注入更多新鲜血液。

在广大乡村地区,后备干部队伍断层的现象普遍存在,有人曾用"会场一片白花花,七个干部八颗牙"来形容这一现象。因此,乡村应积极吸引大学毕业生到本地来,构建多层次的引才平台,优化人才服务,让人才扎根本地,留在本地,让本地群众看得见、摸得着、感受得到"千里马"给乡村带来的变化。

2020年,浙江省委人才办、团省委联合下发《关于建设新时代高素质浙江青年人才队伍,助力打造高水平创新型省份的二十项举措》,重点加大优秀青年人才推荐力度和新兴领域青年英才培育等工作。在此推动下，"科技进乡村、资金进乡村、青年回农村、乡贤回农村"这项名为"两进两回"的行动，在浙江掀起热浪。带着资本、科技、知识回乡的年轻人，正在成为乡村发展的主力。

2021年10月，浙江省印发的《关于实施十万农创客培育工程（2021—2025年）的意见》指出，将坚持把乡村人力资本开发放在首要位置，坚持储备一批、发展一批、提升一批的总体思路，更大力度推进队伍和组织体系建设，更大力度支持平台建设和创业创新，更大力度加大政策扶持和环境优化，培养造就10万扎根农村、投身农业、带动农民的农创客队伍，促进农创客在乡村振兴中创业创新、引领带动、建功立业，为争创农业农村现代化先行省、高质量推进农业农村领域共同富裕提供有力支撑。

在实践层面，浙江省推进大学生见习基地建设，鼓励国内外知名高校研究生来浙江开展暑期实习活动，组织50万名大学生来浙江实习。同时，关注新兴领域青年英才培育工作，以自由撰稿人、独立演员歌手、自由美术工作者、新媒体从业人员、网络直播工作者和新社会组织从业人员等新兴领域青年为重点，成立浙江省青年文艺工作者联盟。

地方政府层面，2018年3月，中共安吉县委办公室、安吉县人民政府办公室发布的《关于进一步推进乡村振兴农村人才开发工作的实施意见（2018—2020年）》（安委办发〔2018〕20号）提出，加大硕博人才引进力度，深化校地合作，建立涉农紧缺急需专业高层次人才引进目录，通过"百名硕博引才计划"、高层次人才引进计划、事业编制招考、选调高校优秀毕业生、紧缺公务员招录等途径，招揽15名涉农硕博人才到安吉任职，直接给予事业编制身份，如果单位无事业空编，则两年内解决其事业编制身份，待遇参照事业人员。同时，实施大学生村官招录计划。增加涉农方向公务员身份的大学生村官招聘比例,推出乡村经济管理、农业规划、农业推广、农业水土工程等最美县域建设急需岗位,按照公务员编制在乡镇、工作单位在村(社区)的原则,针对性招录 5 名优秀高校毕业生到基层任职。

2019 年以来,浙江省衢州市龙游县提出"精准施策育才",统筹建立龙游籍高校大学生信息库,定期举办"龙游籍学子家乡行"等活动。进行"大学生回引"试点,依托项目、生态等资源,激发人才回乡创业就业的动力,开辟培训辅导、市场推广、小额贷款等方面的"绿色通道",推行投资创业"青蓝接力"组团帮扶,一个项目配备一个专家导师、一个支持团队、一套帮扶措施,为大学生创业就业保驾护航。制定乡村振兴特色人才培养实施办法,加大对"农创客""青创客"在资金、项目等方面的奖励激励力度。

2021 年 4 月,杭州开启"百名博士进乡村",旨在引进国内外知名高校毕业的 200 名博士,为乡村基层送科技、送服务。通过该活动,集聚了一批农业科技领军人才和创新企业,围绕数字乡村、生物种业、高效设施农业等领域,研发了众多具有自主知识产权的核心技术。

2022 年 4 月,丽水市发布《丽水市关于加快新时代人才科技跨越式高质量发展的实施意见》(丽水人才科技新政 38 条),提出"来浙丽 创未来"大学生集聚工程,来丽水实习可获得 2000 元/月的生活补贴。应邀来丽水参加人才招引活动,享受人才驿站免费食宿或每人 150 元/天的食宿补助,省内每人 500 元/次、省外每人 1500 元/次的交通补助。对于自主来丽水应聘者,提供人才驿站 15 天免费食宿。

【案例2-2】 青山村：留得青山在，引得"凤凰"来①

杭州市余杭区的青山村原本是个典型的"空心村"，自2015年第一位年轻人来到青山村后，截至2022年底已有近百位新村民。他们积极参与乡村发展，在村里建设青山自然学校、融设计图书馆等公共空间，并孵化出了咖啡吧、茶吧、民宿、特色餐厅等业态。青山村将这些外来的年轻人称为"新村民"，他们来自城市，在青山村工作、创业、生活，他们的身份包括生态农人、学者、艺术家、自由职业者，以及从事乡村公益者。如今的青山村有很多意想不到：村道上偶遇的，可能就是拿过国际大奖的艺术家；村口的小餐馆，年轻人扎堆；普通的本地村民，也可能在外国设计师的指导下参加过国际设计展……这个曾经偏僻的小山村，为何能持续吸引"走遍世界"的人才入驻？

打造最优环境，让人才愿意来、留得住。 自2016年开展美丽乡村建设以来，黄湖镇利用得天独厚的生态资源优势，通过打造最美环境、最优生态，让美丽乡村望得见山，看得见水，引得来人才。2015年，张海江的大自然保护协会（TNC）入驻黄湖镇，并联合万向信托、阿里巴巴等在青山村创建了"善水基金"。2017年，张雷的融设计图书馆在黄湖正式开馆；同年，百工坊设计制作基地也落地青山。2020年9月，杜红梅与李默带着"平行宇宙"创意工作室入驻青山村。2020年10月，村里成立运营公司，杨环环通过公开招考入职，成为乡村职业经理人。她所带领的绿水团队开始正式投入乡村运营，包括

---

① 案例参考资料：杭州网. 瞄准优势引人才 助推产业引项目 黄湖镇因地制宜优化人才政策. (2019-12-22)［2024-01-08］. https://baijiahao. baidu. com/s？ id＝1653581853337067396&wfr＝spider&for ＝pc.

村里的资产运营、旅游产品及线路开发和品牌运营等。

美丽的绿水青山吸引了一大批国内外设计类人才汇聚黄湖,目前,常驻黄湖的国内外设计类人才有50余人。

提供最优政策,让人才有劲头、有奔头。当地政府为吸引并留住"新村民",提供了许多优惠政策;包括建设青年公寓,给新村民直接提供20年的租期;对于在村里居住、就业或创业满一年的新村民,可享受不同程度的安家补贴、租赁补贴等;为文创、环保等新型产业降低租金门槛,比如为了图书馆能更好地入驻运营,村里提供3年免租,还主动将图书馆附近的老年活动中心搬迁,空出的房屋免费提供给设计师做配套;推荐项目落地黄湖镇的个人和单位在经营期满1年后还可获得1万—5万元的一次性奖励。

打造最优平台,让人才有事干、干得成。黄湖镇充分利用存量资源,为人才创业搭建平台、提供空间。投入30余万元,对青山村东坞礼堂进行改造,建成全国第一个材料图书馆,让原本已经坍塌的破旧礼堂成了"网红打卡地"。通过民主议事协商,将青山村集体资产东坞小学旧址改建为阿里巴巴大自然保护营地。为凝聚人才、共聚智慧,助力乡村振兴,杭州市首个以村为基础的新的社会阶层人士联谊分会——"青山同心荟"成立。青山同心荟是为新老村民共同参与村庄建设而组建的创新组织,涵盖了民宿、农家乐、文创等各类产业的创业者与经营者。"青山同心荟"班子成员列席镇、村委重要会议制度,不定期开展基层民主协商——区、镇、村三级"青山融智"协商论坛,围绕乡村建设、基层治理、文化公益、产业导入等方面展开面对面协商议事,努力满足各方利益和诉求,惠及所有村民。这种"众创共治"的模式，既可以发挥新村民的先进理念和专业知识，又可以提升老村民的发展意识，从而让双方都更好地融入乡村建设。

打造最优服务，让人才引人才、育团队。为全面保障人才在黄湖更好地工作和生活，黄湖镇立足实际，出台了《"智汇黄湖"人才政策》，本着引进一个人才就是打开一个窗口的理念，充分发挥人才自身吸附作用。比如，张海江引来了张雷，张海江和张雷又把黄湖的"绿水青山"介绍给了印力集团，现在印力集团的风景田园项目已正式落户黄湖。人才吸附项目，打造人才团队，推动美丽经济产出效益。青山村200余名村民在他们的引导下，成为百工坊的手工艺人，参与完成编织、绣织、木工等，其中由青山村村民参与制作的"The Lake"艺术环保主题展亮相米兰设计周并获"金麒麟奖"。云集村中的年轻人，极大地延展了乡村的人文社交空间。村中生活没有丝毫闭塞之感，访客与游人从五湖四海汇入，且不少为各领域的佼佼者。青山村成为信息和知识的交汇点，对年轻人与相关人才有着无限的吸引力，形成了一种良性循环。

从早期落后的"污染重灾区"的空心村，到如今的"环境友好"的人才村，新村民通过自身的专业背景向村民进行"知识转移"，并利用自身的社会资源，吸引更多外来人才，助力青山村的发展。老村民以开放包容的心态欢迎新村民的到来，为他们提供住宿、创业空间，并且积极参与他们的活动。而当地政府则致力于搭建双方沟通的桥梁，帮助每个人成为未来乡村的一分子，加入基层共创共治的队伍中。青山村的未来不是旅游景区，而是一个宜居、宜业、宜学、宜游的生活社区。

　　小结：乡村社会存在土地及资产权益构成的重叠性、生活生产空间的复合性等特点，集体意识分离与社区老化等问题都会直接影响到乡村的价值取向。所以在乡村建设中，公众参与是非常必要和重要的。公众参与理论的先驱谢莉·安斯汀（Sherry Arnstein）在 1969 年提出了"市民参与阶梯理论"，将公众参与的类型由低到高分为"无参与"（nonparticipation）、"象征式参与"（tokenism）与"权力式参与"（citizen power）三个层次，每个层次对应公民在项目参与中的权力程度。公众参与有助于延续村落公共空间的历史文脉和场所精神，促进乡村公共生活多元化，它是新时代乡村治理新格局的重要内容之一，也是充分发挥乡村人才积极性和创造力的重要前提。① 近百位新村民到青山村创业、生活，为乡村注入了新的思想和文化，激发了乡村的新活力，他们的参与促成了乡村发展的新模式。在新村民的参与下，青山村的民宅聚落、公共空间"又土又洋"，文化活动、产业发展"又潮又酷"，受到了多方赞誉，且吸引了更多的外来年轻人成为青山村的"新村民"。

　　"千里马"代表新青年，他们有锐气、有闯劲、有想法、有能力，是共同富裕之路上不可多得的一支重要力量，要耐心地对待他们，细心地呵护他们，要用温情感动他们，要用柔性方式引进他们，解决青年在心理健康、职业发展引导、婚恋交友、住房就业等方面的实际问题，创造年轻人才扎根乡村地区施展才华的大舞台，增强他们的融入感和归属感，让他们切切实实为乡村共同富裕贡献力量。

---

① 刘永康.公众参与视角下传统村落公共空间优化设计研究.北京：北京建筑大学，2019.

（三）老黄牛：初心如磐担新任

在乡村人才中，"老黄牛"是不可忽视的一个重要群体，这一群体涵盖退休老人、退伍老兵、行业老手，其中不乏行业人才、业界精英和经营主体，他们有资金、技术，更有实践经验、理论知识。在返乡促进共同富裕的过程中，他们能将自己的经验、阅历、见识（隐性知识），在乡村地区，通过实践进一步外化，整理成培训材料，进行知识输出。

1.退休老人：虽是夕阳彩，却胜朝霞红

城市退休老人，涵盖城市中科研工作者、行政管理者、民营企业家等，他们有的来自乡村，渴望退休后能回到乡村，用他们工作中积累的资金、技术、能力，服务乡村，回报家乡。

为此，2021年7月，浙江省发展改革委、省委组织部印发了《浙江省人才发展"十四五"规划》，提出"开展'银龄行动'，鼓励离退休党员干部、知识分子和工商界人士到乡村发挥余热、施展才能"。利用村民讲习所、乡镇党委党校等空间，邀请退休名师、名医下乡镇、村组讲学培训。

为真正实现"引才"，政府需要重视破除制度壁垒，本着"因地制宜"的原则，进一步调整并完善农村宅基地管理制度，鼓励城市离退休人员回到家乡购置房屋。同时，以美丽乡村建设为契机，通过美化、净化、亮化乡村的环境，让乡村成为退休人员理想的养老场所。

在制度保障层面，可出台相关制度，鼓励城市离退休人员返乡创业，为乡村经济建设、文化教育等事业的发展贡献力量。例如，鼓励退休科研人员参与乡村的农产品研发、入股农业合作社，为农业发展提供智力支持；鼓励退休人员中的艺术从业者在乡村地区开展艺术活动，丰富乡村文

化生活,让乡村不仅是生产粮食的地方,更是滋养人的心灵和精神的一方天地。

2.退伍老兵:退伍不褪色,"沙场"再练兵

退役军人经过历练,具有政治过硬、作风优良的品格,更具备坚决服从、坚决落实的工作作风,大局观、执行力都较强,这些特质,有助于他们在乡村扎根干事创业、实现人生价值,成为促进共同富裕的重要力量。

2023年7月,浙江省退役军人事务厅等25个部门共同发布了《关于促进我省退役军人高质量就业创业的若干意见》。该意见强调了利用退役军人这一珍贵的人力资源投入乡村振兴的重要性,并提倡引导更多退役军人参与其中。该意见明确提出:做宽做新,多渠道促进就业;做精做优,多举措开展教育培训;做细做准,多维度落实政策支持;做严做实,全方位完善服务机制。这不仅可以让退役军人感受到就业创业的成就、满足和归属感,而且能够充分运用他们坚韧不拔、创新敏捷和引领能力强的特点,在适合的岗位和领域就业,为乡村发展贡献力量,同时让他们在乡村创业就业时有明确方向、坚定信心和强大动力。

在乡村共同富裕的浪潮中,退役军人是不可或缺的一抹亮色。2017年,浙江省杭州市临安区昌化镇率先实施了"135"燕子工程,"1"即选拔10名青年村支部书记(主任)助理,"3"即选拔30名重点培养对象,"5"即选拔重点人才库的梯队培养模式,通过这种方式,为乡村中的党组织换届储备人才,进一步完善镇村人才梯次结构。此外,昌化镇还建立了"1+2"的师徒结对培养模式,"1"代表新任村干部,"2"代表两名镇村两级基层经验丰富的导师,通过结对子帮带的方式,帮助新人尽快适应业务、适应岗位职责。

3.行业老手:言传身教,传道亦授业

行业老手,指各行各业经验老到的人,这类群体涵盖新乡贤、行业精英、农技专家、老手艺人等。他们是各行各业的佼佼者,能够言传身教,传道亦授业。

浙江省通过老乡会、乡贤组织会、工商联、商会等形式,以乡情为纽带吸引在外的"行业老手",让他们把外面的资金、先进技术、智力、项目、团队带回自己的家乡,将"乡贤经济"转化为"乡村经济"。

吸引"行业老手"回乡,靠感情,更要靠制度,通过乡村改革红利吸引返乡行业老手创新创业。在资本、人才下乡过程中,依托"返乡创业园""农业示范园和工业园区"等载体和平台,充分利用乡村改革政策红利,吸引"行业老手"投资,激发他们的创新活力。乡村地区采用入股、合作、租赁、协作等方式,盘活闲置农房创办家庭作坊、农业合作社、农业龙头企业,也鼓励发展第三产业,如休闲旅游、乡村民宿、乡村养老等经营性活动。鼓励行业老手持有集体经济股份,持有股份数量与人才的贡献和业绩相挂钩。

2018年3月,中共安吉县委办公室、安吉县人民政府办公室发布《关于进一步推进乡村振兴农村人才开发工作的实施意见(2018—2020年)》提出,强化高端人才涉农领域创业扶持。围绕本地产业特色,积极推荐符合产业需求的人才项目,申报安吉"美丽英才计划",入选后成功注册企业且通过项目绩效评估,给予领军人才10万—100万元创业资助。对企业产业化后达到一定规模,成功入围"大好高"项目的,按相关规定给予政策保障。加大建设农村创新创业示范基地,对新评为县级、市级、省级、国家级大学生创业示范园的,补贴标准分层级提高到30万—150万元,分三年补贴到位。加大乡村电商公共服务三级平台建设,按照年度考核结果,分别给予县级电商公共服务中心50万元、乡镇电商公共服务中心10万元、村级电商服务站 1 万—2 万元建设补贴。

2019 年以来,杭州市萧山区进化镇开展"乡贤回归工程"活动,杭州市桐庐县依托人民代表大会和网络数字技术,打造线上线下工作平台,鼓励乡贤回归家乡。临安区将新乡贤工作纳入"一镇街一品牌"统战特色品牌创建;建德市出台了系列政策;淳安县探索总结工作方法,引导乡贤人才、资本和项目回归;余杭区百丈镇、鸬鸟镇召开"乡贤恳谈会",建立"乡贤议事亭",发挥基层协商民主优势,助推乡村治理。余姚市深入实施乡贤回归工程,建立健全市、乡镇(街道)两级乡贤联谊组织,完善乡贤人才库和重点乡贤联系制度,开展招商引资、招才引智活动。

2022 年 4 月,丽水市发布《丽水市关于加快新时代人才科技跨越式高质量发展的实施意见》,提出"来浙丽 共成长"、"家燕归巢"计划,给予"亲情留丽"奖励 2 万—5 万元,到民营企业工作;奖励按 120%计算。

【案例 2-3】　罗祖华:一刀一刻一根竹　传承致富两相宜①

罗祖华是茶石村党组织书记、主任,泰顺县新乡贤参事会常务理事,是温州市市级工艺美术大师、温州市竹木行业协会会长、泰顺飞龙竹雕厂负责人、"中国木雕根艺金雕手",也是土生土长的竹里畲族乡人,学成出师后怀揣创业梦回到家乡发展。

竹里畲族乡自然风光旖旎,生态资源丰富,竹木林覆盖率达89%,其中茶石村的竹林面积最大最广。2010 年,罗祖华带领 13 户茶石村村民组织建立泰顺县石角坑毛竹种植专业合作社,带动农户305 家进行毛竹低产改良,建立笋、竹两用毛竹林 1800 亩,同时进行

---

① 案例参考资料:泰顺统战.【同心寻访 共富有我】罗祖华:一刀一刻一根竹　传承致富两相宜.
(2022-10-14)[2024-01-10]. https://mp.weixin.qq.com/s/FKzv2X9aJ27C1enX_8oayg.

标准化生产,建立示范基地3000亩。引导竹农通过护笋养竹、毛竹抚育、合理采伐等措施,实现丰产目标,把毛竹产量由每亩立竹量80株提高到155株,年度增竹产量150万公斤,竹笋产值增加了5.5万元。不仅如此,罗祖华还"绘竹成景"。2012年,罗祖华筹资500多万元在竹里乡建设了竹里馆。该馆是融合竹文化与畲乡文化、国学文化,集观光、科教、康养、研学于一体的综合性展览馆,是温州市首家竹文化展示馆,也是一家民间博物馆。馆内设有竹品种展示厅、竹雕工艺品展览厅、竹制生活用品展厅、传统手工竹编展厅、高科技竹炭竹纤维展厅、产品销售区等,展示竹雕作品、竹编、竹制品1000多种,其中多项竹雕作品荣获国家金奖和银奖。

以保存竹类植物基因库、繁殖培育珍贵竹种、弘扬竹文化为主要目的,罗祖华还在竹里馆后山建设了百竹园,佛肚竹、龟甲竹、凤尾竹等近百种竹类植物繁荣生长,融合了周边自然风光,不仅环境优美,而且散发着浓郁的竹乡风情和生态文化韵味。除此之外,罗祖华以竹里馆为载体,经常在重大节假日或重要纪念日组织学生举办民间手工艺品展、竹雕产品展示等活动,且每年义务为中小学开办竹雕文化讲座,弘扬传承竹文化;同时积极举办泰顺竹雕刻艺术作品展及研讨会,探讨研究泰顺竹雕艺术文化,推进泰顺竹产业发展。

抱着要把竹雕艺术传承下去的理想,罗祖华用自己精湛的竹雕技艺和对家乡炽热的爱,在竹里畲族乡的"畲文化""竹文化""国学文化"三大文化金名片上写下了浓重的一笔。如今,竹里馆已成为竹里畲族乡的地标性建筑,吸引了游客,带活了乡村。竹里这座以竹为名、因竹而美的小山村,也因为竹而兴旺!

小结："老黄牛"的"老",不唯年龄,这一群体也包括了在某一领域深耕多年、积累了精湛专业技术的"行业老手"。他们"爱家乡""懂技术""会经营""善学习""乐奉献",利用自己多年积淀的本领,激活乡村传统资源焕发新活力,同时也带动身边更多的人钻研技术,传承地方的各类技艺,讲好在地文化故事。

20 世纪 60 年代,美国学者埃弗雷特·李(Everett S. Lee)提出了系统的人口迁移理论——"推拉理论"[1],从"推力"和"拉力"来诠释人口的流动。"推力"是使人口流向城市的消极因素,如乡村的落后设施;"拉力"是促使人口流向城市的积极因素,包括城市里的教育、医疗、工作机会、薪资待遇、基础设施等。

尽管乡村地区有落后于城市的天然劣势,但乡村地区仍然可以抓住政策契机,宣传好、解读好乡村地区的"人才新政"措施,主动出击,有所作为。在政策兑现、落实上,抓落地,抓细节,细化工作任务。同时,让政策的兑现成为干部工作成果的检验标准,凝聚起"领头雁""千里马""老黄牛"的力量,为人才干事创业创造更多平台。

二、内生造血:传帮带学育人才

根据内生式发展理论[2],内生式发展意味着一个本地社会动员的过程,它需要一个能够将各方利益集团集合起来的组织结构,去追求符合本

[1]　LEE E S. A theory of migration. Demography, 1966(3): 47-57.

[2]　BARKE M, NEWTON M. The EU LEADER initiative and endogenous rural development: the application of the programme in two rural areas of Andalusia, Southern Spain. Journal of rural studies, 1997, 13(3): 319-341.

地意愿的战略规划过程,并建立一个公平合理的资源分配机制,其最终目的是充分发挥本地在技能、资源、资格方面的能力,它往往被视为一种进步的发展模式,它的发展过程能够充分调动起本地居民的积极性,能够进一步地增强本地的造血功能,发展的过程由本地控制,发展的选择由本地决定,发展的利益保留在本地。

内生式发展模式推崇多元化的发展目标,尊重当地人的利益,重视基层组织建设,通过民主的方式解决乡村发展的问题,鼓励村民参与乡村建设,该模式也被视为推动共同富裕的重要抓手。①

浙江各级政府非常重视人才的内生式发展,即就地取"才",这能有效解决乡村"引才难"的问题。把本土的务农村民作为培训对象,通过创新丰富多样的培育形式、探索新的培养模式,培育人才成长的沃土,在"育"上下功夫,为乡村人才能力提升"开方子"。

(一)新农人:踔厉奋发谋新局

"新农人"是"新型职业农民"的简称,2012 年中央一号文件提出"大力培育新型职业农民",但未对此概念进行深入解释。2012 年 8 月,农业部办公厅印发了《新型职业农民培育试点工作方案》的通知,首次对"新型职业农民"概念进行界定,指出新型职业农民是具有较高素质,主要从事农业生产经营,有一定生产经营规模,并以此为主要收入来源的从业者。

学术界普遍认为新型农民区别于传统农民,"新"主要体现在以下几点。

---

① 张环宙, 黄超超, 周永广. 内生式发展模式研究综述. 浙江大学学报 (人文社会科学版), 2007 (2): 61-68.

　　首先,新型农民在职业选择倾向上兼顾内在和外在两种因素,内在因素是自我选择的偏好,外在因素是市场的选择。传统农民身上背负着的"农民"烙印,更多是强调社会分工的被动性,而新型农民更倾向于市场选择,也就是对职业的自主选择,他们能够以自己的知识结构和劳动水平面对市场的变化。

　　其次,新型农民的活动范围更为开放和包容。不局限于本地区域,可能包括来自外地的农民,是在市场经济环境中形成的职业群体。与之相比,传统农民由于各种限制,活动范围和视野相对封闭、有限。

　　再次,新型农民具备参与现代农业的必要能力和较高的教育水平,以及与农业相关的技术知识,能够成为现代农业的先进经营者。他们在知识、技能和管理经验方面远超传统农民。

　　最后,新型农民具备推动社区脱贫致富的能力,作为农业生产和经营的示范者,他们利用先进的互联网科技和新兴技术,担当市场信息的传递者和领导者。

　　一般而言,新农人群体特指那些对农业有深刻理解("懂农业")、与乡村建立深厚联系("亲乡村")、对乡村居民持有深情("爱村民")的人,他们致力于在乡村深耕,并为乡村服务。他们拥有农业知识,愿意在乡村扎根,并以深情眷恋乡村居民。根据中共中央办公厅及国务院办公厅发布的《关于加快推进乡村人才振兴的意见》,"新农人"的概念进一步扩展。该意见还呼吁加速培养农业生产经营、农村二三产业发展、乡村公共服务、乡村治理及农业科技等五方面的专业人才。

1. 农业生产经营人才:从土专家到新农人

　　农业生产经营人才是乡村地区关键的实用型人才。他们是新时代农业工作的中坚力量,主要依托乡村社会化服务,推动规模化、集约化、专业化和组织化生产,成为新型的生产经营主体。这类人才包括但不限于养殖人才、农业企业家、农场主、专业合作社领导者等。

在农业生产经营人才中,有通过培育来转变观念、增长技能的在乡"老农",也有在城市打拼多年积累丰富市场经验和雄厚资金的"新农",还有一大批是返乡创业的"智农",他们对市场的政策有着更加强大的敏锐性,懂技术、懂经营、善管理,能够把新思路、新模式、新知识、新理念传递到农村,赋予传统农业时代以光彩。

在浙江省层面,自2019年开始,便开展引导"青年回农村"行动,该行动以农业青年产业人才、农村青年治理人才、农业农村服务人才等为重点,组织开展"新农人""农创客"等专题培训,深化"百万英才"农村青年电商培育工程,完善大学生创业定向培养机制,健全"青创农场"培养体系,鼓励支持青年回乡。到2025年,全省力争推动1.5万名以上高校毕业生从事现代农业,培育"农创客"1.5万名,"新农人"1.5万名,农村青年电商3万名。

在浙江省地方层面,2021年11月,浙江省余姚市印发了《余姚市人才发展"十四五"规划》的通知,提出"实施现代农业领军人才引育行动,聚焦市级以上新型农业经营主体,采用工商企业家培训方式,着力提升农业经营主体的决策、经营、管理水平,增强创业创新能力,打造一支有创业创新精神、有核心竞争力、能引领带动农业产业转型升级的现代农业领军人才队伍。实施高素质村民培育工程,积极探索引进现代农业发展紧缺急需高层次创业创新人才和团队"。

【案例 2-4】 "稻花香里"的追梦人①

汪琰斌 2013 年大学毕业后,选择回到了家乡鄞州,希望用他在大学园艺技术专业所学到的专业知识,帮助家乡的农民成为新型职业农民。

"归本农场"是汪琰斌回乡的首次实践,他的农场运用了多种机械(如催芽机、插秧机、水泵、施肥机、植保无人机、烘干机、半自动包装机)。通过卫星地图,小小"掌上农场"齐聚了本农场机械所处的位置、示范地块、用药覆盖面积、水稻生长情况等一切信息,极大减少了农场中的人力投入,提升了信息运转效率,也改善了农业生产经营中的肥料浪费问题。

科技助力农业是大趋势,汪琰斌已成为农民中的新生力量和农业生产经营人才。从种植西瓜到开发稻虾综合种养项目,从培育七彩油菜花到压榨菜油,汪琰斌从未停止奔跑。2020 年,他又联合创办了宁波市农人记农业发展公司,在这里,他扮演了"新农人"的角色,当起了"网红",通过农产品直播、农产品生产短视频,用"互联网 +"的方式趣味化科普农业。

他还希望农业生产能走进更多的学生心中,于是举办了一系列劳动研学活动,走进校园,通过向学生们授课,推广农业相关知识,做到农业科普。此外,他的归本农场还作为慈善产业基地,通过帮就业、代销售、助生产等形式帮扶了 15 名农村的困难群众,并与政府部门合作联合发起了知新稻田认领。

---

① 案例参考资料:浙江政协. 90 后农创客汪琰斌:走出"三农"新"稻"路. (2023-01-18)〔2024-01-09〕. https://zj. zjol. com. cn/red_boat. html? id = 101262644.

作为典型的 90 后新型职业农民，汪琰斌成为当地名副其实的"农场主"，他用实际行动展示了什么是新农人，什么是农业生产经营人才。从事农业生产多年来，汪琰斌屡次获得全国农村创新创业优秀带头人、全国"凤鹏行动·新型职业农民"等国家级荣誉称号。

小结："我希望有越来越多的年轻人加入科技强农的队伍，敲得了电脑也挥得了锄头，一起加入新农人的大家庭，管好老百姓的'米袋子'，鼓起农民'钱袋子'，真正实现'稻花香里说丰年'。"这是汪琰斌的目标，也是人才振兴要实现的目标。在政策引导之下，在身边榜样的示范之下，越来越多的"汪琰斌"走进乡村，年轻的思维，清晰的使命感，让乡村持续迸发出新的生机活力。

2.二三产业发展人才：从庄稼汉到农创客

农村二三产业发展人才，包括农村创业创新带头人（例如乡村企业家、农创客）、农村电商人才，以及乡村手工业者、传统艺人等乡村工匠。

2015 年，浙江省首创并开始实施"农创客"概念，这一群体主要指那些 45 岁以下、拥有大专以上学历，并在省内农业领域进行创业创新的人士，包括那些在农民专业合作社、农业企业、家庭农场等工作的年轻人。这些农创客正将创新的思维、技术和业态引入乡村，推动传统农业向现代化转型，让乡村成为共同富裕的希望之地。2021 年 10 月，浙江省相关部门发布《关于实施十万农创客培育工程（2021—2025 年）的意见》，旨在到 2025 年构建完善的农创客组织体系和政策体系，计划培育 10 万名农创客，并带动 100 万名村民。

2019 年，浙江省启动了"两进两回"计划，致力于推动科技和资金进入乡村，同时鼓励青年和乡贤回归农村。2021 年 6 月，浙江省人民政府办公厅发布的《浙江省数字经济发展"十四五"规划》进一步强调了农文旅数字融合的发展。该规划提倡培育数字新农人和农创客,并发展体验农业、众筹农业、定制农业、共享农业等新型的农业业态和模式。

2021 年 7 月,浙江省发展改革委、省委组织部印发的《浙江省人才发展"十四五"规划》中明确提到,"以'千万村民素质提升工程'为抓手,实施现代村民培育计划、乡村实用人才培养计划、十万农创客培育计划"。

2018 年,中共安吉县委办公室、安吉县人民政府办公室发布《关于进一步推进乡村振兴农村人才开发工作的实施意见(2018—2020 年)》提出,"加快农村'两创'人才培养。深化校地人才开发,发挥农民学院、农函大、农广校、农业技术推广联盟作用,加快新型职业农民和农村实用人才培养,每年举办'两创'人才培训不少于 50 次,新增培训农村'两创'人才1500 人以上"。

2021 年 11 月,浙江省余姚市印发了《余姚市人才发展"十四五"规划》,"要求挖掘'田秀才''乡土专家''乡创客'等乡土人才以及乡村工匠、文化能人、手工艺人等能工巧匠,积极培育乡村合作创业带头人,鼓励创办家庭农场、家庭工场、手工作坊、乡村车间,带动村民就业增收。积极培育乡村合作创业带头人,带动村民开展合作创业、实现共同致富"。

2022 年 4 月 29 日,丽水市发布《丽水市关于加快新时代人才科技跨越式高质量发展的实施意见》,提出"来浙丽 造美好"新时代"绿谷工匠"培育工程。除此之外,丽水市还出台相关政策,代表丽水市参加省级及以上职业技能竞赛的选手,给予 500 元/天的参赛补贴和 2000 元/次的原料补助,列入市级职业技能竞赛项目的,给予组织方最高 25 万元经费支持,并实施技能人才共富能力大提升行动。

2023年12月,农业农村部办公厅颁发了《关于推介第六批全国农村创业优秀带头人典型案例的通知》,推介杭州良渚麟海蔬果专业合作社何林海等156个全国农村创业优秀带头人典型案例。该通知提出,希望农村创业优秀带头人继续释放创业热情,敢为人先、先行先试,探索链条创业、融合创业、绿色创业、抱团创业、网络创业等新模式,不断丰富乡村经济业态、提升产业发展质量和水平,推动乡村产业高质量发展,带动更多农民就地创业就业。各级农业农村部门要加大政策扶持,搭建平台载体,强化教育培训,做好服务保障,营造良好氛围。要及时总结农村创业模式,推介一批农村创业典型案例,用鲜活的事例激励人、拼搏的精神鼓舞人、有创意的点子启迪人,汇聚乡村产业振兴的各方力量,为全面推进乡村振兴、加快建设农业强国提供人才支撑。

【案例2-5】 七竹田园综合体：农创客让田野长出更多可能性①

詹乐廷原本在台州经营着一家药店,生意红红火火。四年前,应浙江省农创客、柯桥区致富带头人应华亮的要求,他回到大桥村,当起了美丽乡村"经纪人",做起了田园综合体。回到乡村后,他不再拘泥于传统的种田方法,而是开拓创新,引进了新技术、新思路和新模式。

新技术："撒手田"变"精细田"。詹乐廷回乡后,他首先主动对接业内农技专家,认真学习农业种植、育苗、灭菌等技术,开创了"七竹田园综合体",即在闲置土地种上原生态稻谷,同时引入菌菇培育基地,种上褐松茸、竹荪、猴头菇等品种,四季轮种,四季采摘。如今,

---

① 案例参考资料:笛扬新闻. 80后农创客的"归园田居":让田野长出更多"可能性"！(2022-02-12)[2024-01-11]. https://mp. weixin. qq. com/s/6mg-JJqldoLCAFxnZ904VA.

从品种到技术全面升级,通过订单式生产、预售式经营,优势农产品逐渐做大做强。

新模式:多业态抱团,田野变"乐园"。通过打造"农耕文化＋餐饮娱乐＋生态果蔬＋休闲度假"等多元一体的农场综合体,吸引城市里的居民。"在城市里,人们望不见麦浪,闻不到稻香,听不到蛙声。而这些乡村独特的自然景观,注定了乡村在某些业态上拥有先天的市场优势。"詹乐廷说。他们为亲子游提供多元内容,孩子们可以同田野零距离接触,打年糕、做灯笼、割稻谷等特色体验活动更是让他们着迷,尤其是新投运的露营基地,成为城里人"过夜游"的新宠,篝火晚会、烧烤派对等让昔日宁静的乡村之夜热闹起来。

新思路:一产变二三产,带动村民致富。田园综合体,让农业焕发新活力。詹乐廷招募了四个本地年轻人,各有专攻。在年轻团队的运营下,去年,"石苍山·隐"民宿成功晋级省级"银宿",综合体全年接待游客超四万人次,流转土地500亩,租金支出30余万元,田园综合体雇村民50余人次,工资支出近60万元……这些,正是回馈给村民的最实实在在的"获得感"。

小结:乡村的高质量发展呼唤年轻人走进乡村,培养新型青年农民队伍对保证乡村发展和农业后继有人具有重要的现实意义。浙江通过出台政策、搭建平台、营造氛围,培育了像詹乐廷这样一批有知识、有想法、有活力、有创新创业精神的新农人,他们在推进乡村振兴,特别是在培育乡村特色产业发展中发挥了积极作用。在他们的探索之下,传统的农业实现了破圈升级,农业产业链得以做精做实,做宽做长,做强做壮。

3.乡村公共服务人才：从门外兼职到专业服务

乡村公共服务人才，主要包括乡村中小学教师、乡镇卫生院人员、乡村文化旅游体育人才和乡村规划建设人才。他们是乡村地区发展的重要后勤力量，在乡村卫生建设、法律援助、文化设施建设、垃圾分类回收、高速网络覆盖、农业技术培训等方面发力。

比如，在过去，乡村地区的矛盾纠纷，小到村务纠纷，大到土地矛盾，都由村干部协商解决，但是也存在法律知识欠缺、矛盾解决不彻底等情况。为了解决这些问题，2014年以来，杭州市临安区司法局完善"律师进村"，确定了"定向签约、团队服务"的工作模式，将法律服务机构重新整合，为各村定向安排法律顾问，每个镇(街)的村级法律顾问，由同一法律服务机构的律师或法律服务工作者担任。同时，各法律服务机构成立法律顾问团队，服务模式向专业化、团队化转变，在"一月一现场办公"制度的基础上，由法律顾问团队组织定向的法律宣传、法律咨询活动。浙江安吉的余村是安吉县第一个实行村聘法律顾问的村子，法律顾问参与村级事务管理，依法对村级决策以及招投标项目的合法性进行法律审查和监督。通过长期法治建设的潜移默化，遇事找法已经成为村干部和村民的日常习惯。

乡村签约律师，是提升乡村公共服务人才质量的一个缩影。在广大的乡村地区，乡村教师、乡村医生、乡村艺术家、乡村规划师，都在从"新"定义乡村治理。

2022年4月，丽水市发布《丽水市关于加快新时代人才科技跨越式高质量发展的实施意见》，发布"来浙丽 育新人"绿谷名教师引育工程，对引领辐射作用明显的特级教师、正高级教师、教育精英，经考核给予 4 万—13 万元的"领雁"奖励,同步推进中小学教师在职学历提升工程。

4. 乡村治理人才: 从族长自治到网格智治

乡村治理人才,包括乡镇党政人才、村党组织带头人、大学生村官、农村社会工作人才、农村经营管理人才和农村法律人才。乡村治理人才是基层建设的"一线力量"。

在历史上,乡村秩序的维护大多是依赖宗法、伦理、道德、礼俗等非正式制度,主要凭借族长、乡绅精英等群体,以及族规,对村民进行伦理教化。改革开放以来,从前维系着乡村社会的血缘、地缘和人缘关系都逐渐淡漠,依靠族长来治理并解决村庄事务的情况在逐渐减少,熟人社会面临解体,村庄治理需要建立一套新的结构规则秩序。

浙江省也探索出了新发展模式,一是"德治",即加强基层党组织建设;二是"自治",即发挥农民主体作用,创新村民协商议事形式,发挥驻村第一书记和工作队等作用,拓宽社会力量参与乡村治理途径;三是"法治",通过化解农村地区的矛盾纠纷,加强法治乡村和平安乡村建设;四是"智治",包括清单制、积分制的创新、推广和"三治"融合等。

互联网、物联网、大数据等数字化手段的出现,为赋能乡村治理提供了新思路、新途径,这也对乡村治理人才提出了更高的要求,"网格管理员"应运而生。网格管理员每人负责一块区域,这块区域叫作"网格",网格管理员的主要职能是在有限的范围内,通过网络走访、巡查、电话联系等方式,从乡村居民当中收集社情民意,通过网格化服务管理信息系统进行汇总。

【案例2-6】 全科网格员："人网"和"云网"的完美结合①

"基层看得见却管不了,部门管得了却看不见",这是一个长期以来制约基层社会治理实效的重大难题。过去的基层治理中,十多个相关部门在基层配备对口的联络人,仅在基层一个网格内就包含了计生员、食品安全员、调解员等。多协调人员导致信息沟通成本大,这极大增加了管理难度。

针对这一情况,路桥区根据该区域的发展实际,将该区域重新排列组合,形成635个网格,每个网格配备一位对口的全科网格员,这位全科网格员统筹协调区域内的安监、环保、公安、消防等,基层"七大员""八大员"进一步整合成为全科网格员。服务管理工作具体由网格工作团队承担,按"3 + X + Y"模式配备。其中,"3"为专职网格员、网格长和网格指导员;"X"为网格业务指导员,即消防、安监、环保、公安等职能部门下沉到网格的干部;"Y"为党员、平安志愿者、兼职网格员、乡贤等。专职网格员每周至少要进村入户五天,每天巡查两次以上,每次不少于两小时,及时发现和上报信息。网格员采集的各类信息,经由手机移动终端,录入浙江省基层治理四平台系统中。

这些专职的全科网格员主要来自群众,他们"人熟、地熟、情况熟",因此,他们在排查社会公共安全隐患、解决矛盾纠纷方面具有极大的优势。

乡村治理,不仅需要"人网",还需信息技术加持的"云网",通过基层治理平台建设,形成综治工作、市场监管、综合执法、便民服务四

---

① 案例参考资料:"攥指成拳"聚合力 强本固基添活力——浙江省台州市路桥区探索全科网格引领基层治理现代化.光明日报,2020-01-21(5).

个功能性工作平台,实现受理、流转、交办、督办、反馈闭环管理。随着智慧网格不断提升,原先单纯依靠"人力监管"的方式已一去不返,大数据、大智慧正为基层社会治理上了一道道"安心锁"。

有了"人网"和"云网",真正实现"多元合一、一员多用",真正解决了过去"政府干,群众看"的治理问题,最大限度激发群众参与基层社会治理的能动性。

小结:从族长到网格员,从"自治""德治""法治""智治"走向"人网 + 云网",以培育全科网格员为代表的乡村治理人才培育,正成为乡村基层建设的强大力量,利用新技术、新思路、新手段,为助力乡村共同富裕添砖加瓦。

5.农业农村科技人才:从"泥腿子"到"田秀才"

与传统农业靠天吃饭不同,现代农业集人才、技术、资金、管理等多种要素于一体,是以"技"胜天。农业农村科技人才,包括农业农村高科技领军人才、科技创新人才、科技推广人才和科技特派员,涵盖种粮食的"田秀才"、育香菇的"田博士"等。

在国家层面,2022 年 2 月,中共中央、国务院发布的《中共中央 国务院关于做好 2022 年全面推进乡村振兴重点工作的意见》提出,发现和培养使用农业领域战略科学家,启动"神农英才"计划,加快培养科技领军人才、青年科技人才和高水平创新团队。

2021 年 7 月,浙江省发展改革委、省委组织部印发的《浙江省人才发展"十四五"规划》(浙发改规划〔2021〕247 号)中明确提到,推进职业教育高水平学校和高水平专业建设;大力推进应用型本科院校建设,形成以实践能力培养为重点的人才培养模式。探索中国特色学徒制,进一步发挥技师学院办学特色,扩大办学规模。到 2025 年,实现技工院校县(市)全覆盖,建设 15 所高水平技师学院。加强乡村科技人才培育,实施乡村振兴领军人才引育计划,推进农业农村科研杰出人才培养,加快培育一批高科技领军人才和团队,选派一批农业科技、产业创新、金融服务等领域企业家、技术专家等领军人才"上山下乡"。实施农业农村科技创新人才培育工程,以家庭农场、农村专业合作社、农业龙头企业等新型农业经营主体负责人为重点,培养一批新时代科技型乡村企业家。

在浙江省各设区市层面,2012 年温州科技职业学院便成立了温州农民学院,致力于培育新农人,推出"课程超市、理实结合、跟踪服务、训创一体"的培训模式,轻理论,重实践;同样,自 2015 年以来,衢州职业技术学院也开展就业培训,面向学历和知识层次较低的当地农民,建立农民培训专家资源库,出版农民看得懂的"乡土教材",按照充满"泥土味"的方式,让学员在实训基地里完成理实一体的学习,在田间地头接受专家"手把手"的培训。

2017 年,浙江省将新型职业农民纳入农业系列职称的评审范围当中,突破"户籍、地域、人事关系、身份"的限制,打破了"唯学历、唯论文、唯项目"的评价体系,让一些缺乏学历、论文和项目支撑的"土专家",凭借在行业内的突出表现,获得职称。2020 年 3 月,浙江省又为农民打开了参评正高级职称的大门。

2018 年,中共安吉县委办公室、安吉县人民政府办公室发布《关于进一步推进乡村振兴农村人才开发工作的实施意见(2018—2020 年)》提出,"加快培养专业技术人才。积极构建乡村人才扶持培养机制,围绕乡村振兴发展需求,从产业转型、技能提升、科技攻关等方面,鼓励第三方社会化机构,承接培养业务,以政府购买服务的方式培育新型村民,重点扶持培养优秀的乡村科研创新、农技推广、农业产业化龙头企业、农产品营销组织、村民专业合作组织和农业家庭农场主、乡村生产能手、乡村经纪人等专业技术人才"。

2022年4月,丽水市发布《丽水市关于加快新时代人才科技跨越式高质量发展的实施意见》,提出"来浙丽 助振兴"乡村振兴人才引育工程,对新入选高级"农三师"给予一次性3万元资助,入选5年内享受E类人才待遇,金牌"农三师"入选5年内享受D类人才待遇,给予"农三师"科技领雁项目30万—50万元资金支持。

通过让农民当"教授",激发起他们持续学习、持续研发并且不断推广新技术的动力,为新型职业农民搭建起一个良好自我实现和成长的平台,也让他们有资格申请更好的科研项目,在研发上加大投入。

"短绠难汲深井水,浅水难负载重之舟。"要实现人才振兴,就要从源头上破解"育人"难题,不断提升农民科技文化素质,重视传帮带学育人才,解决好人才匮乏、本领恐慌的问题,不断提升"新农人"的德、才、智、劳,重视农业生产经营人才、农村二三产业发展人才、乡村公共服务人才、乡村治理人才、乡村农业农村科技人才五类人才的培育推动,推动政府、培训机构、企业、本土人才等发挥各自优势,让"田秀才""土专家""农创客""新蓝领"各领风骚,才能让新农人队伍更有信心,建设好美丽乡村,促进乡村共同富裕。

（二）新平台：砥戈秣马行致远

按照野中郁次郎（Ikujiro Nonaka）的知识管理SECI模型①，知识分享包括两种形式：隐性知识和显性知识。隐性知识涵盖经验、隐喻、直觉、思维模式和诀窍等方面；显性知识则是可以通过规范化和系统化的语言传递的知识，也称为可文本化的知识。在组织内，知识分享和创新是一个隐性知识与显性知识之间持续互动的过程，呈现螺旋式发展。这一过程包含四个模式：潜移默化（隐性知识到隐性知识的转换）、外部明示（隐性知识到显性知识的转换）、汇总组合（显性知识到显性知识的转换）和内部升华（显性知识到隐性知识的转换）。

按照知识管理SECI模型，乡村地区实现共同富裕，首先就是要"富"村民的脑袋，在育才上出新招，在精心输入"营养液"中锻造出人才的"强筋骨"、在努力打造"加油站"中启动干事的"强引擎"。在乡村组织内部，通过知识分享和创造的平台，建立乡村振兴讲堂、非遗工作室、农家书屋、电商孵化园等方式，为隐性知识与显性知识之间持续互动进一步创造平台。

1.乡村振兴讲堂：声量"响"起来

乡村振兴讲堂，作为当今农村的一种新型教育形式，是乡村教育的好平台、好载体、好手段。乡村振兴讲堂，是切实提升广大农民文化素养和能力素质的重要手段。

要找准合适的主讲人。在乡村振兴讲堂的创办过程中，浙江各地组

---

① NONAKA I, TAKEUCHI H. The knowledge-creating company: how Japanese companies create the dynamics of innovation. New York: Oxford Press, 1995:284-291.

织了青年志愿讲师、农业专家、村干部、离退休干部及教师等一系列专家学者进村送"教"，采用农民"点餐"、专家"掌勺"、政府"买单"的方式，打造"专家教授＋课堂培训＋扶持政策＋基地实训＋创业指导"的精准培育模式，从而实现"农民增收、农业生产、农村发展"的重要目标，培养出一大批具有农业专业知识、具备农技革新理念的"土专家""田秀才""农创客"。

"讲什么"很重要。如果乡村学堂教师的讲课不接地气，内容再好，农民也很难接受。因此，开办乡村振兴讲堂需要因地制宜、灵活设课。特色理论、党建知识应该讲；致富经验、创业心得不可少；生产技艺、操作本领要针对性地讲授；人文素养、道德品质不能缺讲；科普知识、营养保健要适当讲；应用历史事实、身边实际，现身说法，既要讲普通话，又要讲好方言，这样才能够增强乡村夜校的吸引力，被农民群众所接受；采取菜单式培训，即"群众想要听什么，想要学什么，就讲什么、补什么"，实现"缺啥补啥、对症下药"的良好效应。①

"什么时候讲、怎么讲"则需要基层干部、第一书记用心、真心、沉心去到田间、地头、海边，切实了解村民的生活实际，拓展村民致富的渠道，这才是乡村地区开办乡村夜校的主要目的。用"田间课堂＋固定课堂"的教学模式，为农民在现场把脉、问诊、开方子、解决问题，从村民的实际需求出发，这样才能吸引村民到讲堂中去。

浙江省根据乡村的实际情况，制定并实施了积极、健全、有效的乡村振兴讲堂培训机制，确保真正让人才秧苗"拔节抽穗、向阳而生"。

2021 年 7 月，浙江省发展改革委、省委组织部印发的《浙江省人才发

---

① 央广网. 为乡村振兴蓄势赋能! 从四个维度铸造农村党员先锋队. (2021-12-27)［2024-01-11］. https://sc.cnr.cn/scpd/xwsd/20211227/t20211227_525700081.shtml.

展"十四五"规划》中明确提到,构建完善"省乡村振兴学院、市乡村振兴分院、县(市、区)乡村振兴学校、乡(镇)乡村振兴讲习所"四级联动人才培育体系,面向从事适度规模经营的农民,分层分类开展全产业链培训,大力推行农民职称评定和职业技能等级认定。

2018 年,中共安吉县委办公室、安吉县人民政府办公室发布的《关于进一步推进乡村振兴农村人才开发工作的实施意见(2018—2020 年)》提出,推进乡村振兴主题研讨。围绕乡村振兴主题,每年举办一期乡村振兴大讲坛。紧扣安吉县"三农"工作短板,邀请环保和农林水行业专家,开展循环经济、节能降耗、污控治理、高效林业开发等系列培训;以客座教授、技术顾问等形式聘请专家指导工作,在解决技术问题的同时传授科技知识。

2019 年以来,浙江省衢州市龙游县深入推进"强乡壮村百团"行动,向基层选派科技特派员,为乡村发展出谋划策,帮助打造"一鸡一鱼一茶一药一糕""一莲一梨一竹一酒一厨"两条最美产业振兴示范带,有效提升农产品品牌形象。每年举办"高层次人才联谊会""农技交流大会"等活动,不断引聚关心农业、关注民生的农技人才、农业专家,充实"乡村振兴人才专家库"。统筹推进"乡村人才超市"建设,形成"村民下单—平台派单—人才结单—效果评单"服务闭环,有效促进新科技、新技术进入田间地头。

【案例 2-7】 乡村振兴讲堂"搬"进田间地头①

从口口相传的养鱼经验,到如今良师荟萃的"乡村振兴讲堂",在浙江龙游半爿月村,村民们正津津有味地听取"养鱼真经",还做着笔记。村民们纷纷表示,要是没来听,可真是"亏大了"。如今,养鱼的

---

① 案例参考资料:杭州网.乡村振兴讲堂"搬"进田间地头 龙游培育新时代新农民.(2020-08-31)[2024-01-11].https://news.hangzhou.com.cn/zjnews/content/2020-08/31/content_7803156.htm.

成本和风险都降下来了,鱼的成活率也提高了。

"鱼跃龙门"讲堂只是龙游县将乡村振兴讲堂"搬"进田间地头的一个缩影。人人有事做,家家有收入,培育新时代新型村民是龙游乡村振兴讲堂的办学目标。

以"群众要什么,讲堂就讲什么"为原则。小乡村大产业,乡村地区承载着大量产业,产业振兴是乡村振兴的重中之重。龙游县围绕"一鱼一鸡一茶一药一糕""一莲一梨一竹一酒一厨"十大当地特色产业,定期邀请养殖专家、农学教授、业务骨干开展丰富多样的现场教学。

采用"领养+回收"模式。在乡村振兴讲堂里,为提高农户学习的积极性,专家不仅现场教学鱼类养殖技术,还带来苗、饲料和鱼药,并以市场价格收购成品鱼。

以"哪里有需要,乡村振兴讲堂就开到哪里"为原则。乡村振兴讲堂不仅东部乡村需要,西部乡村也需要,在一对一帮扶中,浙江龙游将讲堂开到叙永县的合乐、两河、石厢子、观兴、马岭镇,帮助1800人精准脱贫。

小结:讲堂讲出了经济效益、社会效益、文化效益,事实上,乡村振兴讲堂并非几张桌子、一位讲师,若想真正见效,需要克服"上面不知送什么,群众感到不解渴"的困境,在培训中采用深入浅出、条理清晰的授课方式,改变"专家讲什么、群众听什么"的"填鸭式"培训方式,持续提升乡村振兴讲堂内涵。

2.乡旅职业培训:服务"专"起来

乡村空间已经渐渐变成城市居民眼中的度假胜地,伴随着乡村旅游的快速发展,非正规导游、非正规食品服务、非正规住宿等现象比比皆是。为此,浙江省政府加大了对乡旅从业人员的培训力度。

浙江省丽水市松阳县大东坝镇正在发展全域旅游,随着知名度的提升,大东坝镇的旅游人次也大规模增长,这给基层干部兼职乡村旅游讲解工作带来了不小的压力,导游工作中的经济利益也刺激了更多村民加入"村民导游"队伍。但由于村民们素质参差不齐,服务质量有好有坏,更由于"村民导游"身份特殊性与管理制度等方面的原因,该群体的管理成为地方政府与旅游公司很难处理的问题。为此,大东坝镇开展了乡村旅游讲解员培训,让农家乐业主、民宿经营者和一些年轻的干部、返乡青年,一起加入乡村旅游讲解,培训内容主要以红色革命历史、讲解员职业形象、客家文化等方面的知识和专业技能为主。同时,大东坝镇乡村旅游讲解员培训班采用分阶段进行的模式,为期一个月,根据学习时间、授课内容和教材安排,设置集中培训、现场教学、技能比赛等环节,经考核合格后颁发证书。

同样,丽水市缙云县文化和广电旅游体育局联合缙云县农业农村局,举办了2021年缙云县乡村旅游讲解员培训班,对全县 A 级景区村各类旅游从业人员开放,每个 A 级村推荐 1—2 人参加,从镇或村干部、农家乐(民宿)经营从业人员、合作社及景区(点)从业人员、退休教师中进行挑选(最终名单以县文广旅体局审核筛选后为准),要求高中以上学历,年龄不超过 45 周岁,非公务员或事业编制人员。培训形式以集中面授培训为主,结合实践操作和现场观摩等形式,培训内容包含乡村旅游讲解素材挖掘、讲解规范及技巧、当地导游词分析、模拟讲解练习等。

乡村民宿也是乡村旅游的重要组成部分之一,大多数做民宿的人是有较浓厚乡土情怀的个人投资者和乡村的原住民,缺乏开办民宿和服务接待的运营经验,有的民宿主人选址随心所欲,有的甚至选到了生态红线以内;有的设计混乱,布局时不考虑后续经营问题。大多数民宿缺乏自有的品牌知名度和固定流量,主人缺乏民宿运营知识,没有娴熟的线上推广手段,没有房务规划,招不到甚至培训不出合格的管家,且往往是重资产运营,投入大、规模小,运营成本居高不下。

为此,浙江省围绕着全域旅游融合发展战略,在乡村地区开办民宿学院、民宿管家培训中心、餐饮提升培训班、餐饮实训基地等大大小小的培训,"富"了村民的口袋,也"富"了他们的头脑。

【案例 2-8】　民宿界的黄埔军校:莫干山民宿管家培训中心①

浙江省湖州市德清县的莫干山,是中国民宿最早的发源地。但以往开办、运营民宿,大多凭经验。整个中国民宿行业的培训,缺乏常设机构和实训基地,没有人员,没有教材,更没有标准。

德清木亚文化旅游有限公司创始人刘杰,深耕莫干山民宿行业十多年,他希望能做一个有常设机构、教材、培训认证标准的学院,未来让大家听得懂、学得会、用得上。在这个信念的鼓舞下,2021 年 1 月,德清五四文化旅游实业有限公司和德清木亚文化旅游有限公司,在莫干山镇五四村游客服务中心对面,距离木芽乡村青年创客空间步行 3 分钟距离的地方,租下一栋民房,并且按民宿行业标准进行改建,摇身一变成为民宿界的黄埔军校——莫干山民宿管家培训中心,

---

① 案例参考资料:培养专业人才,助力打造没有围墙的民宿"黄埔军校". (2025-05-08)［2024-01-11］. http://m.thepaper.cn/baijiahao_23007754.

这也成为国内唯一有认证标准、有办学资质和有常设机构的民宿管家培训机构。在培训中心，接待前台、休息大堂、客房、餐厅……民宿的功能应有尽有。建立培训中心的目的是，学员不用像打游击一样随时换地方参观，而是听完理论，就地实操：打扫卫生、铺床和餐桌、泡咖啡、开夜床、做佳肴。也因此，三个客房设置了三种不同房型：大床房、双床房、复式榻榻米，基本揽尽民宿房型的样式。避开民宿高峰期开课，不做游学，少讲PPT，重实操，让学员听得懂、学得会、用得上。

作为莫干山民宿管家培训中心副主任的刘杰坚信，在民宿的初级阶段，可以强调概念、情怀，但真正支持民宿行业长远走下去的，是服务。抛开基础的规范管理与服务，单独说"民宿就是非标产品"，"需要用心感知"，是"服务不过关"的托词。刘杰希望学员们能够通过培训，达到民宿行业从业标准，并以此为起点，将自身个性化内容进行叠加，助力整个民宿产业走得更远。

莫干山民宿管家培训中心的成立，让德清的民宿产业有了更为专业的平台。刘杰和他的团队以"哪里有需要，管家培训就开到哪里"为原则。在开业不到一年的时间里，刘杰和他的团队就经常被邀请到行业协会、政府部门、民宿企业进行培训，他们的培训足迹遍布大江南北，黄山市民宿行业培训、湖北恩施州民宿行业培训、成都彭州民宿行业培训、陕西文投集团民宿培训、中国浦东干部学院民宿培训、浙大继续教育学院培训、青岛融创藏马山CCRC管家培训、全国55个少数民宿干训班培训，甚至还有湖南卫视《亲爱的客栈》第一、二、三季明星团队培训……培训内容涵盖了行业认知、管家知识、房务、茶艺、咖啡、摄影、花艺等等。

小结:通过乡村旅游职业培训,结合当地旅游服务接待业的需求,分层分类举办专题培训、民宿培训、餐饮培训、乡村旅游讲解员培训班,能够帮助民宿、餐饮经营,通过不断提供村民感兴趣、听得懂、学得会、用得上的课程,乡村旅游相关职业培训已经成为推动乡村居民实现共同富裕、建设美丽乡村的重要途径。

3.非遗工作室:手艺"传"起来

非物质文化遗产是乡村振兴的宝贵财富,是乡村地区得天独厚的文化基因,蕴含乡村地区的手工技艺,甚至能提升游客的审美,增强乡村地区文化自信。

首先,建设非遗工作室、非遗传承基地是非遗传承保护的有效途径。通过机构、场所、人才、经费的投入,加强对非遗的生产性保护,让非遗成为乡村脱贫致富奔小康、拉动内需促发展的重要途径,成为新的经济增长点。例如,桐庐县合村自古以手工绣花鞋出名,为了大力弘扬绣花鞋产业,桐庐县建设专题非遗展馆,还将昭德水街改造成了绣花鞋布鞋设计一条街,集中展示了绣花鞋研发、旅游体验、文创设计等地方特色。

其次,还要重视非遗的乡村品牌建设,通过出台一系列规范政策,引导非物质文化遗产技艺的规范化发展,通过重点培育非遗传承人群、非遗保护志愿者群体,大力挖掘乡村各类能工巧匠、传统技艺传承人,继续加强培养,培训相关产业链上下游的技术人员,不断提高其技艺水平。

从政策层面来看,2021年5月,文化和旅游部发布的《"十四五"文化产业发展规划》指出,利用乡村文化资源,培育文旅融合业态。大力发展县域和乡村特色文化产业,推进城乡融合发展,促进要素更多向乡村流动,建设一批文化产业特色乡镇、文化产业特色村,促进乡村特色文化资源、传统工艺技艺与创意设计、现代科技、时代元素相结合。充分发挥非物质文化遗产代表性传承人、民间艺人、民间团体等的作用，扶持乡村特色文化企业，积极引入有实力的企业投资乡村特色文化产业，立项一批乡村特色文化产业项目。加强对乡村文化人才、文化创客和文化企业经营管理者的培训。支持利用互联网、短视频等现代传播渠道，带动乡村特色文化产品和服务推介与销售。

浙江省根据乡村的实际情况，制订并实施了加强非物质文化遗产保护工作的计划，确保各地的非遗能"活下去""火起来"。

2021年7月，浙江省发展改革委、省委组织部印发的《浙江省人才发展"十四五"规划》中明确提到，实施工匠遴选行动，到2025年，重点培育30名左右具有绝技绝活的浙江大工匠、300名左右具有精湛技能的浙江杰出工匠、3000名左右具有过硬技能的浙江工匠、一万名左右熟练掌握技能的浙江青年工匠。大力培养扎根基层的乡土文化能人、民族民间文化传承人和基层文化管理人才。鼓励和支持浙江宣传文化单位采取签约制、合同制、项目合作、技术入股、调动、聘请、兼职、讲学等多种方式，大力引进国内外高层次宣传文化领域人才，推进浙江籍知名文化专家学者回归。

2021年4月，浙江省文化和旅游厅印发《浙江省非物质文化遗产保护发展"十四五"规划》，提出围绕"非遗资源丰富、保护传承有力、民众积极参与"，探索开展非遗特色村镇、街区建设。将非遗保护与美丽乡村建设、特色小镇创建、传统村落保护等工作紧密结合，支持发挥非遗资源在服务基层社会治理和发展乡村旅游中的积极作用，助力乡村振兴，促进浙江省高质量建设"共同富裕示范区"。

2022年4月,浙江省文化和旅游厅和浙江省教育厅联合印发《关于进一步推进非物质文化遗产融入现代国民教育体系的实施意见》,提出到2028年,非物质文化遗产进一步融入现代国民教育体系,贯穿现代国民教育始终,促进非物质文化遗产的代际传承,推动浙江省高质量教育体系建设和新时代文化高地建设。实施意见明确七大任务:进一步加强非物质文化遗产特色课程建设,进一步强化非物质文化遗产师资队伍建设,进一步开展非物质文化遗产主题校外实践教育活动,进一步完善非物质文化遗产人才培养体系,组织开展非物质文化遗产特色培训,加强非物质文化遗产相关基地建设,广泛开展非物质文化遗产活动进校园。

2022年,浙江省人力资源和社会保障厅公布了一批专项职业能力考核规范,在这100多个专项职业能力考核项目中,既有"油条制作""义乌红糖制作"等易学易上手的家常技能,也有"龙泉青瓷刻花""剪纸制作"等非遗传承和地方传统特色技艺,甚至包括"香菇生产""临安山核桃加工""建德豆腐包制作"等,111个项目有了明确的职业技能评价标准。

2019年7月,浙江省开展了第五批浙江省非物质文化遗产旅游景区申报认定工作,最终,浙江省文化和旅游厅发文公布第五批浙江省非物质文化遗产旅游景区名单,包含50个,其中非遗主题小镇20个(表2-1),民俗文化村30个。①

---

① 浙江新闻.第五批浙江省非遗旅游景区出炉.(2019-12-25)[2024-01-11]. https://zjnews.zjol. com.cn/zjnews/zjxw/201912/t20191225_11509817.shtml.

表 2-1　第五批浙江省非物质文化遗产旅游景区——非遗主题小镇

序号	所在区域	非遗活态展示方向
1	杭州市余杭区径山镇	径山茶文化
2	杭州市富阳区银湖街道金竺村	纸伞制作技艺
3	杭州市临安区湍口镇	民俗风情
4	桐庐县莪山畲族乡龙峰民族村	畲乡红曲酒酿造技艺
5	淳安县里商乡	里商仁灯
6	宁波市镇海区澥浦镇	浙东渔区民俗
7	瑞安市平阳坑镇	东源木活字印刷术
8	湖州市南浔区和孚镇	江南鱼桑文化
9	嘉兴市秀洲区新塍镇	传统糕点加工技艺
10	嘉善县干窑镇	京砖烧制技艺
11	海盐县通元镇	灶头画
12	桐乡市崇福镇	蓝印花布印染技艺
13	诸暨市同山镇	同山烧酒传统酿造技艺
14	金华市婺城区安地镇	传统技艺
15	兰溪市女埠街道	粮食砌
16	东阳非物质文化遗产街区	卢宅营造技艺
17	浦江县杭坪镇	民俗风情
18	舟山市普陀区东极镇	渔民画
19	玉环市坎门街道	东海渔俗文化
20	龙泉市剑池街道	龙泉宝剑锻制技艺

2018 年 3 月，中共安吉县委办公室、安吉县人民政府办公室发布的《关于进一步推进乡村振兴农村人才开发工作的实施意见(2018—2020年)》提出，结合安吉产业特色和乡土文化，深化实施"两山"工匠培养工程，开展"美丽乡村首席技师""工艺美术大师"选树活动，深入挖掘非遗

文化传承人,掀起"大工匠、大比武"热潮。建设县级技能大师工作室给予补助 3 万元,市级再追加 2 万元;被认定为非遗代表性传承人,一次性奖励补助为国家级 2 万元,省级 1 万元,市级 0.5 万元。

乡村发展,文化引领,非遗先行。为系统全面发掘乡村文化资源,各地可在充分摸底调研的基础上,挖掘并活化"九个一":一个生动形象的民间故事,一个具有地方特色的非遗表演,一项具有乡村特色的传统节日,一种传统风味小吃,一项传统手工技艺,一位承载记忆的历史人物,一段体现传统价值观的族规家训,一处反映村庄历史的遗址,一种具有地方特色的乡音。

4.农家书屋:内容"实"起来

农家书屋是为满足农民精神文化需要,在行政村建立的,并且由农民自己管理的、能提供给农民实用的书报刊和音像电子产品阅读视听条件的公益性文化服务设施。农家书屋的建设是打通乡村公共文化服务"最后一公里"的重要途径,共同富裕不仅仅是物质资源的富裕,更重要的是精神层面的富裕。乡村地区文化基础设施薄弱,长期以来存在农民"买书难、借书难、读书难"的问题。如何保障农民享受文化的权利,也是亟待解决的难题。

农家书屋"立得住":一要抓场地建设,结合乡村地区的实际情况,选择合适的场地;二要抓管理,农家书屋的管理机制是非常重要的,要进一步出台《农家书屋管理制度》等工作制度,对图书有针对性地摆放;三要严格标准,按照标准配备出版物,同时要注重农家书屋图书的补充和更新;四要重需求,深入探索"百姓点单"的服务模式,即"百姓需要阅读什么,农家书屋就提供什么"的原则,关注农民的需求,加大农民自主选书的比例。

农家书屋"活起来"：一是要将农家书屋活动与全民阅读活动相结合，通过面向村民开展多样化的读书活动，设置全民阅读日、知识产权日等相关活动，营造全民阅读的氛围。二是可以将农家书屋活动与未成年人宣传教育、新时代的文明实践系列活动相结合，向农村留守老人、留守儿童、未成年人开展关爱活动，组织他们到农家书屋阅读、写字、绘画、表演节目等，让村民们及时了解时事新闻、惠民政策、新人新事。三是农家书屋活动可以与党史学习教育相结合，开设党史阅读区，比如创新开展"农家书屋＋四史"学习，启动党史学习教育进农家书屋交流座谈项目。例如，太湖街道成立"后浪潮音"宣讲志愿队，深入太湖街道所管辖的 21 个农家书屋，通过线上系列文艺宣讲活动、文艺宣讲演出等方式，为当地送去文艺新风。这些活动包括但不限于消防知识讲解、生活小窍门、美食制作等，这些活动为农家书屋"聚"人气、"兴"氛围、"集"关注。

农家书屋"亮起来"：为了更好地发挥农家书屋的作用，可以组织农家书屋开展数字农家书屋推广，为农民群众提供丰富的线上阅读服务，例如可以通过开发微信公众号、App、小程序等方式，向广大农民群众提供免费的优质图书电子书及有声读物。与实体的农家书屋相比，数字化的农家书屋平台可线上提供十余万种电子书和视频资源，供移动端下载阅读，打通服务群众的"最后一米"。

浙江"农家书屋"正变身乡村"共富基地"，为百姓创造增收的机会。农家书屋首先丰富了百姓的理论知识，比如通过定期购置农资书籍，丰富农民的农作物种植知识，更好地帮助群众提高收入。同时，书籍内容不仅仅局限在农业技能的普及上，农家书屋还提供历史、文学、绘画艺术等方面的图书。例如，在太湖街道，农家书屋为每个村配备"四史"图书共计

2800 余套、其他类型图书近五万册,推动了文化共富。其次,加强了百姓"实践"锻炼,定期邀请农业专家、农业技术员来到农家书屋开展讲座,举办各类农产品的种植技能培训,手把手教授当地农户种植的要领,解决群众在种植中遇到的问题,提升他们的种植水平。农家书屋还为百姓提供农作物种子、种苗,帮助他们打通销售平台。

农家书屋不仅解决了群众"买书难、借书难、读书难"的问题,还成为老百姓增长业余知识、寻找方法解决生活难题的"百宝箱"。

(三)新技术:首凭科技占优先

5G 技术、物联网技术、互联网技术、云计算等新兴技术,催生了新业态、新模式、新方案,在浙江省,通过运用数字技术,提升村民的获得感、幸福感和安全感,提高治理成效,为老百姓带来实实在在的福利,也能让老百姓更真切地感受到数字化改革带来的高效、便利、公平和正义。

1.数字技术提升数字素养

在数字化时代背景下,提升数字素养成为优化居民生活和生存的关键工具。数字素养涉及在数字化社会中必备的一系列技能和意识,包括但不限于智能设备的使用,数字内容的获取、创作、评估、交互及分享,以及通过数字方式进行求职、创业或增加收入的能力。此外,数字安全意识和网络防诈能力也是重要组成部分。数字素养的水平直接影响村民在接触网络后能否持续有效地利用数字资源。

2021 年 3 月,中国社会科学院信息化研究中心的报告揭示了我国居民,尤其是城乡居民之间在数字素养方面存在显著的差异,其中村民的数字素养得分明显低于其他群体。为应对这一挑战,2018 年国家发展改革委等部门发布的指导意见提出，随着数字经济的增长，至 2025 年，我国国民的数字素养应达到发达国家平均水平，并且数字人才队伍将得到扩充。指导意见鼓励传统产业通过数字化转型促进更多劳动者的就业升级。

2021 年 11 月，中央网络安全和信息化委员会办公室、国家互联网信息办公室则在《提升全民数字素养与技能行动纲要》中进一步详细定义了数字素养与技能，强调了其在数字社会中的重要性。随后，2022 年 3 月，相关部门联合发布的工作要点强调了提升劳动者的数字工作能力，特别是鼓励培养高水平的数字技工、提升村民数字化应用能力、发展新兴职业群体人才以及提升领导干部和公务员的网络技能等方面的重要性。

2022 年中央一号文件明确提出"大力推进数字乡村建设，加强农民数字素养与技能培训"。中央网信办、农业农村部等 10 部门联合印发《数字乡村发展行动计划（2022—2025 年）》，提出着力提升农民数字素养与技能，将"乡村网络文化振兴行动"列为数字乡村建设的重要行动方向之一，实施乡村文化设施和内容数字化改造工程，对统筹推进"十四五"时期乡村治理数字化、提升乡村文化建设效能具有重要意义。

2022 年 2 月，中共中央、国务院发布的《中共中央 国务院关于做好2022 年全面推进乡村振兴重点工作的意见》提出，"大力推进数字乡村建设。推进智慧农业发展，促进信息技术与农机农艺融合应用。加强农民数字素养与技能培训。以数字技术赋能乡村公共服务，推动'互联网 + 政务服务'向乡村延伸覆盖"。

在上述方针政策指导下，浙江省各地政府也统筹制定乡村数字素养提升行动规划，并且鼓励研究机构、企业等多方参与行动，整合各类社会资源共同推动数字乡村建设。2022 年 3 月，中央网信办、农业农村部、国家发展改革委、工业和信息化部、科技部、住房和城乡建设部、商务部、市场监管总局、广电总局、国家乡村振兴局印发的《数字乡村发展行动计划(2022—2025年)》提出,"到2023年,数字乡村发展取得阶段性进展。网络帮扶成效得到进一步巩固提升,农村互联网普及率和网络质量明显提高,农业生产信息化水平稳步提升"。

浙江在关于开展未来乡村建设的指导意见中,提出构建未来乡村"育人育才"应用场景,培养数字乡村引领者。运用互联网、大数据和人工智能等新一代信息技术,构建以"浙学通""浙学码"为载体的交互式学习场景,建设数智驱动的数字乡村,实现学习内容发布、在线报名、学习过程无感采集、学习成果存储、学习积分累积和应用等功能,农民基于可视化学习地图,通过手机可就近选择学习地点、学习内容,开展线上线下学习。

2022年9月,浙江省人民政府办公厅印发的《关于开展未来乡村建设的指导意见》中提出,以习近平新时代中国特色社会主义思想为指导,深入实施乡村振兴战略,以党建为统领,以人本化、生态化、数字化为建设方向,以原乡人、归乡人、新乡人为建设主体,以造场景、造邻里、造产业为建设途径,以有人来、有活干、有钱赚为建设定位,以乡土味、乡亲味、乡愁味为建设特色,本着缺什么补什么、需要什么建什么的原则,打造未来产业、风貌、文化、邻里、健康、低碳、交通、智慧、治理等场景,集成"美丽乡村 + 数字乡村 + 共富乡村 + 人文乡村 + 善治乡村"建设,着力构建引领数字生活体验、呈现未来元素、彰显江南韵味的乡村新社区。

浙江省以未来乡村、数字乡村建设需求为导向,基于"学历 + 技能 + 创业"人才培养模式和"互联网 + 党建 + 思政"育人新模式,依托乡镇成人学校构建线上线下相结合的混合式教育教学场景,实现农民"在家门口上大学"的愿望,为乡村振兴提供强有力的智力支持和人才支撑。

同时,浙江省通过搭建多媒体呈现、多资源聚合、多技术应用、多功能开发的融媒体平台,用融合创新的传播手段和互联网话语方式,让基层村社文化礼堂的创新学习"飞入寻常百姓家",有效发挥农村文化礼堂的作用。特别是关注乡村老人数字能力的提升,弥合数字鸿沟,充分运用现代信息技术搭建线上线下融合的老年学习和文化活动场景,把农村文化礼堂打造成为老年人融入数字社会的前沿阵地。

2.云端技术赋能电商孵化园

近些年来,随着数字乡村建设、电子商务进农村综合示范工程全面展开,电商扶贫、乡村振兴、美丽乡村建设、数字乡村建设等工作深入推进,浙江省鼓励各地探索建立乡村电商孵化园,通过电商平台,进一步挖掘乡村地区农产品销售的新渠道,为解决农村就业、促进农民增收、推动产业发展提供了一条有效的途径。

位于丽水缙云的北山村,在改革开放后,依然是一个贫困的小山村,以传统的烧饼和草席产业为主。然而,这些产业长期以来并未为村民带来富裕生活。2006 年,村民的人均收入仅为 3311 元。近年来,北山村借助电子商务的发展逐渐崛起,成为广为人知的淘宝村。2013 年,北山村成功入选全国首批 19 个淘宝村之一,2015 年被评为"浙江省电子商务示范村"。到 2020 年,该村实现了电子商务销售收入近两亿元。北山村逐步发展出一种独特的电子商务模式,被业界称为"北山模式"。该模式以"农户+网络+企业+政府"为核心,以北山狼户外用品有限公司为龙头,政府给予支持。在此基础上,引导家庭和团队开设网络商店进行分销,以户外用品为主要卖点。

2021年,浙江省全面开展"村播计划",通过让"农民变主播,手机变农具,直播变农活,数据变农资",促进乡村振兴,促进浙江省农村电商的发展,为浙江省推动农产品上行、培育经济发展,提供新模式和新动能。

亚当·斯密(Adam Smith)1776年出版的《国富论》[①]中提到的人力资本理念认为,人力资本是指人们身上的资本,包括通过教育、职业培训等投入以及在接受教育过程中产生的机会成本等方面的总和。这些投入体现为人们所拥有的生产知识、劳动与管理技能以及健康素质的存量总和。法国古典经济学家让-巴蒂斯特·赛伊(Jean-Baptiste Say)在其1803年出版的《政治经济学概论》[②]中也表达了类似观点,特别强调了人才尤其是具有特殊才能的企业家在生产过程中所发挥的关键作用。

马克思在对人力资本理论进行梳理的时候,提出了劳动价值论,他按照复杂程度,将人类劳动分为复杂劳动和简单劳动。从字面意义上看,复杂劳动是多倍的简单劳动。因此,提高人类智力和技巧的科学技术,在马克思看来,是提高生产力的重要途径。基于人力资本理论,马克思进一步提出了价值构成理论,根据劳动价值的内在程度,将劳动划分为生产性劳动和非生产性劳动。生产性劳动是指劳动者通过劳动创造相应的产品,而非生产性劳动则包括劳动者接受教育、培训以及维持劳动能力的部分。

现代人力资本理论从数量和质量两个维度,探讨了人力资本如何推动社会经济发展。其中,数量涉及社会中从事有益工作的人数、比例和劳动时间,而质量主要关注影响人们从事生产性工作能力的因素,如知识、

---

① SMITH A. The wealth of nations. New York: Random House, Inc., 1937.

② SAY J B. A treatise on political economy: or the production, distribution, and consumption of wealth. New York: Grigg & Elliot, 1836.

技能和工作熟练程度等。

　　人力资本理论对解释传帮带学育人才特别合适,在稍落后的乡村地区,要实现共同富裕,离不开农民素质的提升,尤其是农民科学素质的提升,这是实现内生式发展所必需的。木有所养,则根本固而枝叶茂,成栋梁之材。浙江省也用其多年的探索,给出了"浙江方案",也即通过乡村振兴讲堂、非遗工作室、农家书屋、电商孵化园,让乡村地区人才增量持续攀升、人才质量不断优化,继而激活"一池春水"。

三、野无遗贤：厚植沃土用人才

　　根据泰菲尔的社会身份认同(social identity)①概念,人们普遍寻求归属于某个社会群体,同时也会认识到群体成员身份带给他们的情感和价值意义。按照这个理论,个体都会努力实现和保持积极的社会身份认同;这个积极的社会身份认同是基于个体所属群体(内群体,in-groups)和非所属群体(外群体,out-groups)之间的倾斜比较而产生的;如果社会身份令人不满,人们会努力离开现属群体并加入更有利的群体,或者他们会努力使现属群体更令人满意。② 社会身份认同理论的基本前提是人们拥有其所属类别的信息,如性别、国籍、政治立场和体育团队等。每一个这些社会类别成员的身份会作为社会身份而持续存在于个体心中,这种社会身份描述并规定了个体作为群体成员的属性。各种社会类别或社会群体

---

① TAJFEL H. Social identity and intergroup behaviour. Social science information, 1974, 13(2):65-93.
② HOGG M A, ABRAMS D. Intergroup relations : essential readings. Philadelphia, PA: Psychology Press, 2001:94-109.

告诉成员该如何思考、如何感觉、如何行事。

　　长期以来,外来人才和返乡人才刚到乡村地区时,由于对诸事不熟悉,往往遇到诸多困难和不便。主要是"地不熟"(对乡情需要很长一段时间的掌握过程)、"人生"(对上下关键人物不熟悉)、信息不畅(短时间难以建立人际关系,导致信息闭塞)、基层不熟(欠缺联系群众的方法)、方言不通(短时间很难听懂并学会当地方言)、基础不牢(缺乏基层工作经验)等,久而久之,就产生了做事没经验(在一定时限内缺乏所需的基层工作经验和方法)、没有帮带师傅(缺乏可以依靠的本地老干部的指点和大师傅点拨)的现象。许多乡村地区"重引轻留",只是一味地把人才引来、"抢"来,而不注重将其留在乡村。长此以往,人才很难对乡村产生归属感,也很难愿意继续驻扎乡村,往往是干一段时间就萌生离开的想法。因此,乡村不仅要"用好""用活""用对"人才,还要建好锻炼人才的"赛马场",为乡村人才大展拳脚"搭台子"。

(一)筑巢引凤,优化环境

　　"环境好,则人才聚、事业兴",要更好地推动共同富裕,就要为乡村人才发展营造良好环境,通过事业留人、待遇留人、感情留人,以软环境(政策＋制度＋待遇)和硬环境(基础设施),更大程度地激发人才活力。营造人才发展的良好生态,优化乡村人才发展综合生态,逐步减小城乡人才"势能差",促进人才向乡村流动。

　　首先,不仅要让人才"沉得住",还要让人才"上得来"。对于乡村地区的人才,需要为其拓展发展空间,为其提供学习深造的机会,畅通事业晋升渠道(人才评价体系),提供施展才能的空间和大展拳脚的平台。因此,要政策创设、平台打造、示范带动。让紧贴市场、服务民生方面的人才获评高级职称,将乡村服务经历、贡献和业绩列为职称评审的重要考核指标。

其次,完善向乡村倾斜的激励机制。要把人才留在乡村,除了制度留人,还要注重待遇留人。一方面,在待遇上,对体制内人才重在解决"身份与待遇",对体制外人才重在解决"薪酬与股份"。另一方面,有效提高乡村干部待遇,将村级集体经济年度目标完成情况与村干部奖励挂钩,形成有效的激励机制。

同时,完善生活配套措施。青年人才会面临结婚生子、教育医疗等一系列具体的现实问题,要全力构建全方位、全周期的人才服务生态体系,激励各类人才在乡村大施所能、大展才华、大显身手。制定产业发展、就业创业、税收优惠、社会保障、医疗补助等政策。

【案例2-9】 缙云烧饼师傅"炼"成记①

缙云烧饼是一种具有浙江南部民间独特风味的传统面食小吃,已被列入国家级非物质文化遗产代表性项目名录,2020年成功入选2020全国乡村特色产品名单、浙江省首批文化和旅游IP库。

小烧饼走向大产业背后,离不开地方政府对烧饼人才队伍的建设。自2014年起,缙云县通过打造缙云烧饼品牌,运用现代产业经营模式来发展缙云烧饼产业,致力于将它作为弘扬传统文化和促进农民致富的重要抓手。为做好烧饼技术的传承,地方政府采取了如下举措。

---

① 案例参考资料:新华网.全球连线|舌尖上的浙江:缙云烧饼. (2022-03-19) [2024-01-11]. http:// www.news.cn/video/2022-03/19/c_1128483771.htm.

　　制定规范促提升。为了让缙云烧饼能够更加规范化地发展,丽水市制定了首个特色小吃类市级地方标准《缙云烧饼制作规程》,其中实现了注册商标、门店标准、制作工艺、原料选购标准、经营标准、培训内容的六个"统一",《缙云烧饼制作规程》的出台,进一步规范了缙云烧饼的发展,让它走上标准化、连锁化的发展之路。

　　免费举办烧饼培训班。缙云县通过开设缙云烧饼师傅免费培训班的方式,吸引缙云县的贫困户参与缙云烧饼产业的发展。缙云烧饼师傅培训基地按照"培训机构基地化,培训内容系统化,从业人员专业化"的思路,以提高群众的"造血"能力为目标,把参加报名的农户打造成缙云烧饼产业发展中不可或缺的人力资源。截至2020年底,累计培训烧饼师傅10580人,其中约3000名贫困户,占接受培训总人数的28.4%。通过开设缙云烧饼师傅培训班,不仅使烤制烧饼技艺好的大师可以靠授课致富,培训班学员也获得了再就业或自主创业的能力。

　　采用"农户＋合作社基地＋协会"的模式。缙云县政府实施"农户＋合作社基地＋协会"的模式,通过开展一系列让人听得懂、学得会、上得了手的烧饼师傅培训班,聘请名师、编写教材、开展缙云烧饼相关的系统化培训,打造了一支制作技能过硬、带动能力强的缙云烧饼师傅队伍,让学员既能当烧饼师傅,又能做烧饼老板。

　　定期举办缙云烧饼师傅技能晋级选拔大赛,严格进行缙云烧饼师傅职业技能晋升与认定。由缙云烧饼品牌建设领导小组、县人力社保局、县农业农村局、缙云县缙云烧饼协会定期举办缙云烧饼师傅技能晋级选拔大赛,晋级选拔考试分为理论和操作考试,选拔中级、高级缙云烧饼师傅，不仅要求他们理论过关，更要求他们注重实际操作，提高职业技能的含金量。对比赛中评选产生的高级、中级缙云烧饼师傅，颁发国家职业资格证书中的中式面点师三级(高级技能)、四级(中级技能)证书，通过一次又一次的选拔赛，实现缙云烧饼师傅职业技能晋升与认定，从而激励广大烧饼师傅不断努力学习提升技能水平，也保证缙云烧饼品牌的可持续发展。

鼓励引导缙云烧饼师傅自主创业。缙云烧饼示范店经营者凭营业执照、身份证等证明材料，可向政府申请1万—3万元不等的补助，不够的，可向指定的金融机构提出小额贷款申请，经县烧饼办、保险公司确认同意后，金融机构按程序办理一年期5万元以内的小额贷款。保险费由政府承担，贷款到期清偿本息后，给予经营者贷款利息50%的补助。政府特别设立缙云烧饼品牌建设特别贡献奖，面向对缙云烧饼品牌建设工作贡献大的单位和个人评优表彰，并在缙云烧饼示范店中评出"五好示范店"(店容店貌、品种质量、卫生安全、文明服务、经济效益)给予表彰。对被列入各级非物质文化遗产名录的缙云烧饼传承人基地、缙云烧饼代表性传承人以及缙云烧饼传承人推广基地给予表彰。

延伸缙云烧饼上下游产业链。缙云烧饼在2022年总产值达到30.2亿元，从业人员超过4万人，从"小县城"迈向"大都市"，从"谋生计"转为"致富经"，缙云烧饼的持续走红，也带动了其上下游产业链的发展，包括缙云菜干、土猪、土麦，有效地带动了农民增产增收。

讲好缙云烧饼背后的故事。缙云县政府从2014年以来每年在缙云县火车站旁举办缙云烧饼节，给农户免费提供摊位，虽然缙云烧饼节时间有限,但是能够给参与的农户带来一笔很可观的收入。为了促进缙云烧饼产业的可持续发展,地方不仅出台了《"缙云烧饼"品牌战略和产业发展规划(2016—2030)》,还组织乡绅乡贤挖掘烧饼背后的文化故事,如黄帝文化、养生文化、民俗文化。

小烧饼大故事,小小的缙云烧饼,承载了沉甸甸的乡愁文化,成为缙云县走向全国的一张金名片!

小结:缙云烧饼的品牌建设与管理是一项系统工程,缙云县政府、烧饼协会、烧饼店铺共同参与其中。政府作为缙云区域品牌建设的主导者,大力支持烧饼协会和烧饼店铺;烧饼协会作为"缙云烧饼"品牌的持有者、经营与管理者,用心服务政府与烧饼店铺;烧饼店铺作为缙云烧饼行业的践行者,积极响应政府与协会。三大主体相互作用与规制,保障缙云烧饼产业蓬勃发展。缙云县政府统一产品标准、举办专业培训、安排专项资金、推出定向政策、打开晋升通道、建立人才梯队,筑巢引凤,营造专业人才稳定发展的氛围,做到了"我负责阳光雨露,你负责茁壮成长"。

栽下梧桐枝,引得凤凰来。长期以来,城乡二元结构的发展模式导致乡村的生产生活条件落后于城市。乡村吸引人才,不仅要营造良好的生活环境,更要营造宽厚包容、人尽其才的发展环境,用蒸蒸日上、大有可为的前程吸引人才,让愿意留在乡村、建设家乡的人留得安心,让愿意上山下乡、回报乡村的人更有信心,凝聚起乡村振兴所需的人才要素,让农民成为有吸引力的职业,让乡村成为安居乐业的家园。

(二)不求所有,但求可用

不可否认,由于城乡差异,优质的人才肯定会受到待遇、环境等因素的影响而产生流动性，如果强行将人才固定在乡村，难免会伤害他们的乡村情感，打消他们建设乡村的积极性。所以，"不求所有，但求可用"的柔性引进方式，是至关重要的，应树立"引才＋引智"并重思路，结合实际情况，灵活调整政策。

比如，受体制机制影响，部分高层次人才被单位、部门"捆绑"，自由流动受到限制。为充分发挥这些人才的作用，浙江省明确："以专家、教授、高级工程师等为代表的高层次人才可以在特定的时间、特定的生产环节或是特定的专业技术领域，通过灵活的流程提供智力支持和技术支持。"高层次人才提供的专业技术、科研成果、信息咨询等服务，可借助现代通信、互联网等手段，通过文字、视频、电话、网络会议等信息化"下乡"，实现"人""才"的相对分离，"才流而人不动"，最大限度地促进智力知识、技能经验的共享。

2018年，中共安吉县委办公室、安吉县人民政府办公室发布《关于进一步推进乡村振兴农村人才开发工作的实施意见（2018—2020年）》，意见指出，"开展特聘专家结对帮带行动。立足我县发展实际，加大与浙江大学、浙江农林大学、安徽农业大学、省农科院等各级各地高校院所联系力度，建立长期合作关系，以柔性聘用形式担任'安吉县特聘专家'，赴我县乡村和现代农业园技术指导，视指导成效给予为期3年、每年1万元的导师津贴，破解发展难题，推动农业高端智力向基层下沉"。

2022年4月，丽水市发布《丽水市关于加快新时代人才科技跨越式高质量发展的实施意见》，给予柔性引进人才、科技特派员、银龄人才相应补助奖励，对企业参与"揭榜挂帅"给予支持。

【案例2-10】　李彦漪:"白茶原",从"新"定义乡村生活①

龙溪乡作为中国白茶第一乡,一直以来以种植白茶、发展白茶全产业链闻名,在多方共同努力下探索出"先富帮后富"的模式。通过输出安吉白茶扶贫茶苗,不仅使该地区农民实现了脱贫致富,而且支援的中西部地区的贫困县也逐渐脱贫,续写"一片叶子富一方百姓"的佳话。但是龙溪乡政府并不止步于此,他们希望能够在茶旅融合的大背景下,继续尝试引入新产业。2018年5月,龙溪乡政府联合上海爱家集团,共同打造了茶旅融合综合体"白茶原",他们希望能够从"卖茶叶"转向"卖风景""卖文化""卖生活",用"模范生"的姿态继续书写乡村振兴、共同富裕的佳话。

李彦漪作为上海爱家投资(集团)有限公司总裁,和她的团队一起成为安吉白茶龙溪乡的专家顾问,共同参与了白茶原的设计和规划。李彦漪和她的团队从规划开始就坚持"共同富裕"的概念,致力于让当地原住民和未来新居民共同走向美好生活。

李彦漪和她的团队将白茶原的设计整合了安吉白茶的全产业链,同时打造现代农业、教育、康养、旅游四大板块,着力于乡村生态、产业振兴和美好生活,让世界看到中国乡村与社区之美。经过三年多的努力和投入,2022年初,白茶原先行区如期开放,选址区位距离长江三角洲仅两个小时的车程,拥有得天独厚的区位优势。

白茶原先行区中,安吉创意设计中心(ACDC)、安吉数字游民公社(DNA)、白茶客厅、一片叶子茶饮等多个创意业态,让人们对于中

---

① 案例参考资料:搜狐网. 2022安吉白茶开采节开幕,"白茶原"先行区正式亮相. (2022-03-24)[2024-01-11]. http://news.sohu.com/a/532608914_121247195.

国乡村建设有了全新的认识。"新基建·新物种""新人类·新社群""新产业·新生态""新生活·新乡村"，这些新理念，从"新"定义了白茶原。

李彦潹和她的团队希望从"新"定义白茶原，通过建设美好乡村来缩小城乡差距，让乡村和城市拥有一样的物资供应能力，拥有同等的信息通畅条件，同时还保留乡村美好的生态环境和文化底蕴。总结来看，白茶原有三个层面的"新"。

第一层"新"，打造创新创业基础设施，实现乡村地区的迭代。以ACDC为核心的新基建，在乡村环境中创造出激发创新和创意发生的基础条件，使得新产业的发生成为可能。

第二层"新"，开创乡村新生活，包括结合多元化新社群，让城市居民主动走进乡村，成为乡村新居民，催化乡村发展的加速。

第三层"新"，以营建创新生态、孵化创新产业作为出发点，吸引人才参与乡村建设，全心服务和贡献乡村的新产业，建立起一个根植乡村和服务乡村的新生态。

白茶原项目通过自身内部配套，以及依托整个白茶原区域的业态，解决了衣食住行等基本需求；提供丰富多彩的乡村休闲生活，包括唱K、打球、健身、看展览、逛市集、骑行野营等；这里更有不输一线城市的工作环境，包括共享办公空间、独立会议室、沙龙展厅、影音室等。更值得一提的是，ACDC作为中国乡村的"全新物种"、国内第一个根植于乡村的大型设计创意机构，不仅凭借其独特的建筑设计受到广泛关注，其复合化的功能空间设计，更是以人为容器，激发创意，以空间为载体，展示创意设计的成果价值。8324平方米，18个功能各异、气质迥然的功能空间,有公共开放的展厅和原创商店,也有专为会员定制的空间,包括中国最专业的设计图书馆、印刷主题实验室以及设备齐全的多功能厅。仅从物理规模看,ACDC 在创意设计领域的影响力已在国内首屈一指,而更不可估量的是,作为一个支持内容生产和信息流动的平台性空间,ACDC 能让更多属性的人在这里相遇,同行之间交流探讨;为供需双方提供桥梁,产生碰撞与合作的可能。①

李彦漪说:"我们建设白茶原文化创意产业园的核心目的,就是将数字游民作为种子用户,将更多人才吸引至乡村,为乡村振兴事业输送源源不断的人才。"

白茶原已经与数字游民启动了一系列的合作计划,包括"白茶原艺术市集"和"它们的生活节"萌宠主题活动,越来越多的数字游民投入白茶原的建设与运营中,有的成了独立业态的主理人,有的利用自己的专业参与其中,还有的通过在社交平台分享自身体验,吸引了更多对这里"心动"的创意人来到白茶原。

"全世界有趣的人联合起来。"李彦漪希望,能够帮助更多数字游民在乡村找到生活的乐趣和意义,并为乡村振兴、创意文化产业发展和乡村旅居生活找到新的模式,让更多志同道合的人,一起打造世界一流乡村,创造出理想生活的范本。

小结:通过创新培育特色产业集聚各类人才是当下浙江在人才振兴方面蹚出的一条新路子。安吉白茶原项目对中国创意与文化产业进行系

---

① 环球生活网.安吉白茶原:借力数字游民,助力乡村振兴.(2023-06-16)[2024-01-12]. https://baijiahao.baidu.com/s? id = 1768824827756088608&wfr = spider&for = pc.

统性在地孵化的尝试,在升级地方经济产业的同时,也吸引了各具专长的年轻人参与中国未来乡村的建设。白茶原不仅仅是一个项目,也是在同步打造乡村的人才生态,这个人才生态包括了各业态的主理人、社群、程序员、设计师、文字工作者、制造业和手工业者、自由职业者。他们一边旅居、一边工作,依靠互联网创造收入,并借此打破工作与工作地点间的强关系,达成地理位置自由和时间自由,且尽享地理套利,在生活成本较低的地区,赚取相对较高的收入,形成一种被数字信息技术赋能的全新生活方式。

"不求所有,但求所用",制定灵活的工作机制,对于博士、返乡创业青年、大学生、民工等不同人才类型给予不同的吸引政策,让每个人都能发挥自己的作用,实现在乡村发展中的个人价值和社会价值,增进他们的认同感。例如,通过乡村挂职、"博士服务团"、"职业院校企业行"、"院士专家地方行"等制度,鼓励人才周期化、滚动化服务乡村。通过地方与高校协同开发周期性培训课程,使乡村人才的知识与技能在服务过程中不断得到提升,更好地服务乡村。

2021年7月,浙江省发展改革委、省委组织部印发了《浙江省人才发展"十四五"规划》,其中明确提出,"加强乡村科技人才培育。选派一批农业科技、产业创新、金融服务等领域企业家、技术专家等领军人才'上山下乡'","加强农业农村科技推广人才培养,鼓励浙江大学、浙江农林大学等高校院所调整增设涉农专业,加大定向培养基层农技人员力度,支持职业院校加强涉农专业建设,培养基层急需专业技术人才。完善科技特派员制度。到2025年,省市县联动派遣科技特派员1万名以上,乡村科技人才达到 40 万人"。

【案例 2-11】 人才飞地:破除"引才难"困境的新思路①

国内一二线城市优质的医疗、教育、文化、学术资源对于优质的年轻人才具有强大的吸引力,他们往往被高铁等便捷的交通方式构成的"一小时生活圈"虹吸到了大城市,这也导致国内三四线城市和县城在吸引高端人才和海外高层次人才上困难重重。处在上海、苏州、南京、杭州等经济强市的夹缝中的嘉兴,在引进博士和海外高层次人才时,就面临着"吸引高端人才难、留住高端人才更难"的困境。

为了解决这个问题,嘉善县推出"人才飞地"模式。所谓的"人才飞地",就是在上海虹桥交通枢纽附近,购置办公场地,这块"飞地"成为嘉善企业在上海的研发中心、高校创新创业服务示范中心、高科技项目孵化中心、高端人才集聚中心等。嘉善县的"人才飞地"享受首期规模 5000 万元的天使基金,为入驻企业补助最高 150 万元的资助、每年最高 10 万元的科技银行贷款贴息、最高 30 万元的创新券。在入驻企业工作的全日制博士研究生,待企业在嘉善落地后,其在上海的缴纳社保年限可折算为嘉善的缴纳社保年限,申领面值 50 万元的嘉善人才住房券等。

嘉善县出台的支持"人才飞地"建议的十条意见提出,"符合支持范围的入驻企业,自实际业务开展三个月后,可享受一次性开办费补助,最高五万元,另有一个车位的补贴。入驻企业享受 50% 租金补贴,对于落户嘉善并实际发生投资、纳税以及吸引人才的企业,给予

---

① 案例参考资料:李剑平.浙江三四线城市抢设沪杭人才"飞地".中国青年报,2019-11-26(1).

最高100%租金奖、100%纳税地方贡献奖"。

享受这些政策的一个重要前提是，项目落地必须在嘉善，如果没有产值税收也拿不到政策支持。也就是说，如果不是落户嘉善的人才项目，在"人才飞地"上的办公室租金将是每天5元/平方米，商务成本高，人肯定待不住，不到一年就会搬走，这就是"人才飞地"上的市场淘汰机制。

本着"人才在哪里不重要，把聪明才智贡献给嘉兴才重要"的原则，嘉兴的"人才飞地"政策，值得国内三四线城市和县城借鉴。通过开放包容的态度，实现高层次人才的共享，为他们提供普惠性政策，有利于吸引和留住人才。

在浙江省的其他设区市，也有类似的做法。浙江舟山市已有六个"人才飞地"在上海、杭州、宁波等地投入使用；浙江丽水市在杭州、宁波等地建设三个"人才飞地"。在浙江，这样的飞地越来越多，汇聚效应迅速辐射和覆盖了更多地区。2022年4月，丽水市发布《丽水市关于加快新时代人才科技跨越式高质量发展的实施意见》，发布人才科创飞地扩量提能计划，海（境）外建设离岸人才科创飞地，提供最高500万元发展资助，对入驻人才科创飞地的人才和企业给予同城待遇。

小结："人才飞地"由"飞地"概念引申而来，指的是甲行政区位于乙行政区内用于招才引智、科技创新、项目孵化等功能的土地。乡村经济相对落后，人才吸附能力相对较弱，为改变这种状况，浙江多地采用"不求所有，但求可用"的理念，打破人才区域藩篱，探索出"飞地引才、借力创新"新模式。通过设立"人才飞地"，鼓励有条件的地方到国内发达地区设立研发中心、分支机构，就地使用人才资源，解决了人才吸附能力较弱的窘境。"人才飞地",借智借才,用"远水"解"近渴",转变了思路,实现了无论人才去哪里,聪明才智留在本地,也成为新形势下探索乡村地区灵活用人的"浙江方案"。

（三）用其所愿，用当其时

对人才,要用当其时,克服该用时不被用;要用当其长,克服该用好时不善用;要用当其所,克服该用对岗时不适用。各级党政部门负责人要有识才的眼光、鉴才的能力、容才的胸怀、用才的魄力,大胆使用、培养各方面优秀人才。为此,本部分提出乡村人才"三用"原则,即"恰用(用人选择)—效用(用人机制)—大用(用人导向)"。

恰用,就是在对人才合理评价和全面了解的基础上,获得对人才本身的优势和短板的清晰认知,要善待每一位人才,为用而备,用其所长,趋利避害。只要有一技之长、一得之见,就给人才发挥才能的机会和平台,让他们创业有机会、干事有舞台、发展有空间。这样,才能让人才更为顺利地创造实绩,在成就的喜悦中鼓足干劲,使人才的效用得到最大限度的发挥。

效用,就是在人才成长的不同阶段,对人才实时能力和水平及时掌握,适时对人才进行培育,适时而用,当用则用,提升人才的使用效用。"人才者,求之则愈出,置之则愈匮"。各类人才,特别是高层次人才,需要引进,更需要培养,要为各类人才创造更多成长的机会。

大用,就是以用为本,辨才、选才、用才,把有潜力的人才放到实践中进行培养锻炼。温室里养不出万年松,庭院里跑不出千里马,要用好用活人才,为人才干事创业和实现价值提供机会条件,最大限度激发人才内在活力。通过实绩这份答卷，对人才重新评判，得出更为科学合理的定位。突破成见，宽容失误，使得人才的实力和水平在急难险重的一线得到利用和提升。

【案例 2-12】　艺术大咖引领村庄变身"编剧村"①

2021 年 12 月 31 日，湖州德清结合市委"五谷丰登"计划和莫干"论剑谷"建设，专程邀请首批省级文艺家 63 名进驻莫干山镇仙潭、庙前、五四等三个村，并在这些村的基础上筹建了"编剧村""作家村""综合艺术村"，驻村的文艺家用艺术加快构建新时代文化高地，推进文艺乡建，助力乡村文化建设。

在莫干山镇仙潭村筹建编剧村时，德清县请来了一位来头不小的"村长"——马继红，她是一级编剧、作家，多次获飞天奖、金鹰奖、中宣部"五个一工程"奖、解放军文艺大奖及金星奖，是全国首届百佳电视艺术家、全国十佳制片人。聘任马继红为编剧村首任"村长"，是乡村人才"三用"原则在实践运用中的真实范本，也是德清县"恰用"人才的体现。

马继红的到来，不仅为德清的仙潭村带来了流量，而且真正为当地献策献智，做了实事。

挖掘乡村人文故事，塑造好德清形象。作为资深编剧，马继红的灵感来自深入乡间的走访和考察。请马继红担任"村长"，能够让她更大程度上了解仙潭村。马继红提到："我这次过来仙潭村，主要是和几位导演、编剧一起探讨《大运之河》的剧本，初稿已经完成了。"新

① 案例参考资料：德清发布."大咖"村长到位：耕耘好这片希望的田野.（2022-02-28）[2024-01-11]. https://mp.weixin.qq.com/s/yXoGZM6-bFWXHTia6MlcKw.

剧《大运之河》是向党的二十大献礼之作,也是近20年来中国对京杭大运河的治理以及沿岸人民生活沧桑巨变的记录之作,马继红还提到:"我在村子里转了一圈,也和书记聊了很多,我发现编剧村不但风景美,更有很多人文故事可以挖掘,能担任编剧村的'村长',我真的很荣幸。此次借着讨论新剧的机会来到仙潭村,也是来履行职责。"

培训更多优秀的青年编剧。对于村民委员会主任的职位,马继红也提出了她的设想:"当了'村长',在其位就要谋其职。将来有好的项目,我会召集我的朋友一起来这儿创作。同时,我们可以将编剧村作为一个培训平台,培养更多优秀的青年编剧。我希望若干年之后,在编剧村挂一块牌子,然后写上全国著名剧目——某某剧是从这里'生长'出来的。我觉得这儿是一片希望的田野,我愿意做一个为此耕耘的农夫!"

为编剧村引流,吸引更多艺术家来村里创作。德清的莫干山有百余幢各国风格的别墅,被称为西方各国别墅建筑的博物馆。这里留有众多历史名人、历史事件的印迹,蕴含十分丰厚的历史文化内涵,令中外文人骚客神往。这些丰富多彩的现实素材,为艺术创作提供源远流长的创作素材。这些驻村编剧在这里的美好回忆,会在文化圈内传播,进一步吸引其他艺术家到德清创作。

小结:将村庄定位于艺术村,自然而然就选择了邀请艺术大咖入驻,让专业的人做专业的事,让专业的人做自己喜欢的事。"生才贵适用,慎勿多苛求",既要注重人才的使用与其个人意愿相结合,又要找准人才的启用时机,将人才个人自身价值的实现和各项事业发展的目标相统一。

总之，对待人才，要用其所愿，用当其时。对人才，要能"识才""鉴才""容才""用才"，对有真才实学的人才，要大胆用，尽心培育，"不是一番寒彻骨，怎得梅花扑鼻香"，坚持"从实际出发、实事求是"的原则，为人才提供锤炼机会，安排人才深入乡村，去重要岗位磨炼，本着"恰用（用人选择）—效用（用人机制）—大用（用人导向）"的原则，让人才能发挥其最大效用。

（四）用养结合，宽以容才

对待人才，要用养结合，重视对人才的培养；要宽以容才，用一颗宽容的心来包容人才。来到乡村的人才，初来乍到时，对于乡村地区并不熟悉，遇到诸多困难和挑战，包括对乡村基本情况不甚了解、对村民不熟悉、信息渠道不通畅、不懂方言导致沟通有困难、缺乏联系群众的方法，外来人才短时间内很难听得懂、学得会，长此以往，人才就很难对乡村产生归属感。

让来到乡村的人才能够迅速进入角色。乡村年轻干部处在服务群众的"最后一公里"，其群众工作能力如何，是关系到乡村村民幸福感、获得感和安全感的关键。浙江作为吃"改革饭"的经济发展前沿地区，十分重视培养优秀的年轻干部，加快其健康成长。自2005年开始，浙江省各地的基层干部自发探索如何有效地为年轻干部提供帮助，让他们尽快地融入乡村发展的氛围中。从基层干部的摸索、局部地区实践，到如今有组织地开展、全域实行……十多年来，浙江省基层摸索出来一套"导师帮带制"，通过开展"一对一"结对式帮带，帮助上万名乡村干部尽快融入乡村的生活和工作实践中。

为乡村人才找好"导师"。"前浪"之勇，"后浪"之基；"后浪"之逐，

"前浪"之续。决定"帮带制"质量的关键一环,就是导师队伍的建设。经过多年的摸索,浙江省各地出台相关工作指南,颁布"两好两强"导师标准:政治素养好、综合素质好,业务能力强、工作责任心强。全省评选出300名"担当作为好支书"、三批共3000名"千名好支书",示范带动各市县两级评选村级导师1600余名①;采用组织推荐和个人自荐相结合的方式,从乡镇领导班子、经验丰富的"老乡镇"中择优推选导师……这支规模庞大、素质优良的导师队伍,为年轻干部树立起闪亮的前行标杆。

让"导师"做好传帮带。历经多年探索,浙江紧扣乡村年轻干部职责任务,逐渐形成了五个方面的帮带内容:带思想情怀助扎根、带群众工作优服务、带基层党建筑堡垒、带产业振兴强发展、带基层治理促和谐。通过这五个方面的帮带内容,帮带导师不断创新方式方法,根据年轻干部个体性格偏好、导师专业特长,为年轻干部匹配合适的导师,推行退职干部"老带新"、领导"师带徒"等方式,实现因材施教,有效提升干部的工作能力和职业素养。

利用"导师帮带制",浙江各地在实践的基础上拿出了"浙江方案"。不仅考察导师教得怎么样,也要考察青年人才干部学得怎么样,以更全面地看到导师帮带的效果,由此,在帮带之初,为年轻干部设立"帮带年度工作计划"、"日常德才表现情况"、"成长档案"、两年成长计划"一人一方案"等,通过集中学习、谈心谈话、举办论坛等,及时了解年轻干部思想动态,切实提高年轻干部独当一面开展工作的能力,同时制定规范标准,考察学习效果。

① 中国组织人事报. 浙江实施乡村干部"导师帮带制"16年——前浪带后浪 潮头唱大风. (2021-02-08)[2024-01-11]. https://mp.weixin.qq.com/s/uCq0Qo75s86GHnQqleg6SA.

按照米德和麦德在 1934 年提出的观点①，自我的本质属性是社会的，是一种社会结构，因此其形成主要来源于社会交互所产生的各种经验。因此，自我作为一种社会结构，其实现过程，必然受到社会关系的影响，只有得到他人（社会）的承认，自我才能够体现出其价值。在这一过程中，自我和社会之间存在相互作用：自我嵌入社会环境中，逐渐演变成社会性自我；而社会则不断塑造自我，使其具有社会性。

在乡村人才的使用中，如何在引人、育人的基础上，更好地发挥人才的作用，"用好""用活""用对"人才，是一门大学问，浙江省也用其多年的探索给出了"浙江方案"。浙江作为高质量发展建设共同富裕示范区，在乡村人才共引、共育和共用上，探索出一条新型道路：在浙江，以新型职业村民为主体的乡村实用人才队伍正不断壮大，2018 年培训乡村实用人才18 万人、培育新型职业村民 2 万人，3 人获"全国百名杰出新型职业村民"②；浙江率先开展新型职业村民高级职称评定，已评定 104 名。到2021 年，全省评选出 100 名"兴村（治社）名师"、300 名"担当作为好支书"、三批共 3000 名"千名好支书"，示范带动各市县两级评选村级导师1600 余名。③ 截至 2020 年，浙江杭州各级建立各类新乡贤联谊组织数量已超过 800 个，建成新乡贤馆、新乡贤工作室等新乡贤工作阵地 120 个，有8000 多名乡贤进入杭州数字统战平台④……人才共育，破解了共同富裕的关键密码。

---

① MEAD G H, MIND H. Self and society. Chicago：University of Chicago, 1934：173-175.
② 浙江在线. 培养乡村振兴本土人才 浙江是怎么做的？(2019-03-19)[2024-01-11]. https://town. zjol. com. cn/csgc/201903/t20190319_9695267. html.
③ 中国组织人事报. 浙江实施乡村干部"导师帮带制"16 年——前浪带后浪 潮头唱大风. (2021-02-08)[2024-01-11]. https://mp. weixin. qq. com/s/uCq0Qo75s86GHnQqleg6SA.
④ 姜方炳, 李传喜. "新乡贤带富"的浙江探索及其启示. 杭州日报, 2023-01-16(4).

实现乡村共同富裕,关键在人,让更多有才之人投身乡村振兴、共同富裕的建设,浙江大地上正在奏响人才"引、育、用"三部曲,真心引、用心育、放心用,切实培养造就一支懂农业、爱乡村、爱村民的"三农"工作队伍,让新时代"千里马"竞相奔腾在乡村共富的"主战场"。

第三章

文化共享

　　"仓廪实而知礼节,衣食足而知荣辱。"这句古语反映了共同富裕不仅涉及物质满足,也包含精神层面的丰富。作为社会主义的核心追求,共同富裕涵盖人民对优质生活的全面向往,追求物质上的丰足和精神上的充实。在这里,文化作为精神文明建设的关键途径,是实现精神层面共同富裕的基石,需深度培育和推广先进文化。

　　自提出"八八战略"以来,浙江省已从"文化大省"迈向"文化强省"的目标。习近平总书记在任浙江的五年期间,扎实推进浙江文化大省建设各项工作,构建了"3 + 8 + 4"这一加快推进文化大省建设的整体框架。"3"指的是增强先进文化凝聚力、解放和发展文化生产力、提高社会公共服务能力。而"8"则代表八大文化建设项目,包括文明素质、文化精品、文化研究、文化保护、文化产业促进、文化阵地、文化传播和文化人才等工程,这些工程共同促进了浙江文化的全面繁荣和发展。"4"就是实现"四个强省"的目标,即建设教育强省、科技强省、卫生强省、体育强省,这个框架撑起了浙江文化建设宏伟大厦的"四梁八柱"。习近平总书记还亲自主持省委关于文化大省建设的调研课题,推进历史文化遗产的保护与申报,积极推进浙江各项文化工作的开展,浙江文化发展状况发生历史性转折,文化大省建设取得丰硕成果。2021 年的浙江省委文化工作会议指出,要坚定不移沿着习近平总书记指出的路子,坚持一张蓝图绘到底,积极建设文化精品与文化地标,创新优化公共文化服务供给,发挥文化在高质量建设共同富裕示范区过程中铸魂塑形赋能的强大力量和功能。

多年来,浙江以"提升浙江软实力,文化树人、引领社会新风尚"为目标,按照"城乡一体、全面覆盖、共建共享"原则,全面实施新时代文化浙江工程,努力打造与社会主义现代化先行省相适应的新时代文化高地。2021 年,浙江省文化和旅游厅印发《推进文化和旅游高质量发展促进共同富裕示范区建设行动计划(2021—2025 年)》,吹响了将文化和旅游产业打造成为共同富裕示范区建设牵引性载体和标志性成果的号角。计划指出,到 2025 年,要基本建成新时代文化高地、中国最佳旅游目的地、全国文化和旅游融合发展样板地,探索形成文化和旅游高质量发展模式和推动共同富裕的有效路径,要让文化和旅游促进共同富裕示范区建设取得明显实质性进展,文化和旅游产业成为人民群众致富增收的重要渠道,人民群众的文化和旅游权益得到有效保障,共同富裕的内生动力有效激发。

乡村是传统文化的原生地,也是乡土文化的集聚地。浙江乡村坐拥文化富矿,阳明心学、传统戏曲等中华文化古典文明,红船精神宝藏和新时代浙江精神等优质文化资源在浙江实践文旅融合推动乡村振兴和精神共富的过程中发挥了支撑性作用。乡村文化资源具有稀缺性和不可再生性,但在我国城镇化发展过程中受到了不可估量的忽视与冲击。针对乡村文化资源普遍存在的代际交接危险、受众面窄化、发展疲软,以及文化记忆濒临消亡的问题,浙江从以下三个方面着手,深刻并有效推进了乡村文化的活化与传承,共育与共享:(1)构建高品质、全覆盖的乡村公共文化服务体系;(2)去芜存菁,对优秀传统文化进行创造性转化;(3)别开生面,大力支持和推动中华优秀文化创新性发展。

一、最后一公里：打通乡村文化服务通路

（一）营造空间：完善文化服务体系

公共文化服务体系的全面建设是满足人民群众日益增长的精神文化需求的基本性任务,也是顺应当今经济社会发展水平的体现。建立这一现代化体系对于确保民生福祉、深化文化体制改革、促进文化事业进步、弘扬社会主义核心价值观和构建文化强国都至关重要。

2015年1月,中共中央办公厅和国务院办公厅出台《关于加快构建现代公共文化服务体系的意见》,提出以基层为核心构建与中国国情、市场经济和文化发展相适应的现代公共文化服务体系,旨在实现公共文化服务的标准化和均等化,并促进城乡文化资源的整合与共享。

2016年6月,浙江省人民政府办公厅发布《关于推进基层综合性文化服务中心建设的实施意见》,强调基层综合性文化服务中心的建立、改建和组织管理,要满足基本服务项目、硬件设施和人员配备等各项标准。这些中心通常依托现有的农村文化场所或其他公共空间,以服务村民。2021年8月,浙江省委办公厅、省政府办公厅发布的实施意见旨在到2025年建成以人为本的高质量公共文化服务现代化体系。目标是实现三级公

共文化设施全覆盖,建立城乡一体的"15 分钟文化生活圈"。浙江省还致力于实施文化惠民工程,完善从省到村的五级公共文化服务网络,确保文化服务资源的广泛覆盖和高品质。

【案例 3-1】　浙江温州"文化驿站"活动"配送"下乡①

2020 年 11 月 18 日,浙江省温州市永嘉县南城街道文化驿站内座无虚席,50 多位声乐爱好者早早地聚集在一起。当日,温州市音乐家学会声乐学会副会长刘婕以分享互动的方式,为大家带来期待已久的声乐沙龙。

王民乐是这场活动的发起人,也是南城文化驿站的负责人。过去,想要邀请专业的声乐老师与当地爱好者互动交流,在王民乐看来,有些难以实现:"主要受限有二,既没有可以开展活动的场地,也没有资源邀请专业的老师。"如今,随着街道文化驿站的开通,两个难题都得到了解决。"文化驿站成了我们的活动'舞台',特色课程只需要跟文广旅局'点单',他们就能从资源库中调配,将声乐分享活动'配送'到我们身边。"王民乐说。随着温州各县(市、区)一批乡镇和村级站点挂牌,温州文化驿站扩大至 210 个,正式实现全市乡镇全覆盖。

文化驿站实质上是市区主文化馆的分支,是老百姓身边的文化馆。温州以打造文化馆总分馆的形式,在温州城乡各地探索出了文化驿站的建设思路,继"城市书房"之后打造了"文化驿站"这一公共文化创新品牌,让文化服务能够触及乡镇村的广大群众。

---

① 案例参考资料:浙江温州:210 个"文化驿站"将文化活动"配送"到乡镇村. 农民日报,2020-11-18(5).

搭建"1 + 10 + N + X"高质量公共文化活动服务网。温州市文广旅局出台文化驿站实施方案22条,将文化驿站建设从城市延伸到乡镇村,构建起"1 + 10 + N + X"的高质量公共文化活动服务网,即1个龙头驿站、10个特色文化驿站、N个社会力量参与文化驿站、X个乡镇和村级文化驿站,在服务领域上实现从城市到乡镇、农村的全覆盖,打造"15分钟文化服务圈"。

合理利用社会资源。温州市文广旅局在利用已有的文化中心自建文化驿站的同时,引入社会资源共同加入,将文化驿站植入书店、咖啡吧、影剧院内,加速、拓宽了文化驿站的布点。这种模式既规避了新建场馆所要面临的土地审批、资金筹措等棘手问题,又能有效活跃文化驿站承载地的人气,增加承载地之间的有机联系。对于不具备建站条件但有开展活动需求的旅游景区景点、民宿客栈、街道社区等,温州还将采取"流动驿站"的形式开展活动。

整合文化资源,构建公共文化服务资源库。除了硬性条件上的驿站建设,温州还通过文化驿站建立起了公共文化服务资源库,在软实力上把全市优秀的资源整合在一起,补上了基层文化资源匮乏的短板。各站点既是文化资源的提供者,又是文化资源的受惠者,各站点举办的活动可以相互学习、互通有无,使得文化驿站成为全市最大的文化活动集成平台。"1 + 10 + N + X"网络"软硬兼施",展现出了其强大的承载力、输送力和汇聚力,提高了从城市到乡村的公共文化服务效能。

大大小小的文化驿站的建立,让乡镇的文化活动有了平台。平日里,各个文化驿站会根据自身特色与定位,推出或优质高雅、或休闲娱乐的文化艺术活动,包括交响乐演出、戏曲演出、电影鉴赏、音乐视听、话剧沙龙、书画交流、摄影等等。温州市文广旅局局长朱云华说道:"文化驿站是一个时尚的艺术分享空间,很受年轻人的欢迎,我们把文化驿站覆盖到农村,就是想用优质文化资源来丰富乡村文化生活,成为乡村一道亮丽的风景线。"

温州文化驿站在2021年一年内便开展了线上线下活动共计500余场,参与直播、转播及线下活动人数达40余万人次,其中70次服务由资源库"配送"完成。

【案例3-2】 临安上田村共建文化礼堂,打造农村文化新地标①

从临安区政府出发驱车大约20分钟,从小山脚一路上坡,便是上田村界内。上田村党支部书记潘曙龙等在文化礼堂旁说:"快进来看看,这就是我们的文化礼堂!"

上田村文化礼堂,不是一幢单独的房子,而是白墙黑瓦的徽派建筑群。"我小时候,村里基本上都是徽派建筑,后来慢慢消失了。"潘曙龙说,恢复徽派建筑就是找寻老底子的味道,让年长的村民回味从前,也让年轻人了解和传承上田文化。

2005年,外出做运输生意的潘曙龙回村任职。他认为要改变村里的现状,不能头痛医头、脚痛医脚,而是要从根本上扭转村民的观念。他决定从文化入手,重新捡起传统文化这块招牌。

于是,他和村里的文化人一起翻开家谱,梳理上田村的历史脉络和文化渊源,搜集村里的文化遗存。好不容易有了不少成果,才发现

---

① 案例参考资料:浙江第一家文化礼堂诞生地 临安上田村:回看东风第一枝. 浙江日报,2019-01-24(8).

村里根本没有地方陈列、展示这些"宝贝"。"总不能菜都要出锅了，才发现连个盘子都没有吧!"潘曙龙这才回过神来，牵头建设了村文化广场和特色农业展陈馆。"喏，这个就是当年的特色农业展陈馆，后来成了文化礼堂最早的多功能室。"潘曙龙指着不远处的一间屋子说。

2012年，为了满足群众越来越多样化的精神文化需求，临安提出建设"文化礼堂"。已经建成不少文化设施的上田村，理所当然成了首批试点村。当年12月，经过改建，上田村文化礼堂露出真容，宽敞的文化广场加上一间不到30平方米的多功能活动室，引得村民纷至沓来。

文化礼堂最中间的位置是村文化广场，旁边依次坐落着乡治馆、荣誉室等。东边的一片建筑则囊括了剧场、文武馆、文昌阁等，来回走一趟，少说也要七八分钟。"室内部分有2700多平方米，室外广场有上千平方米。"说起文化礼堂，潘曙龙如数家珍，"下雨了，村民想要有更大的室内活动场所；放假了，小孩子要有地方可去……我们就边想边建，慢慢把各种功能都整合进来。"

从无到有，从小到大，由点到面，由盆景到风景，2013年起，"农村文化礼堂建设"连续被写入省政府十方面民生实事，省里还相继出台了农村文化礼堂建设的指导意见、计划、标准等文件，成立了省市县农村文化礼堂建设工作领导小组，整合利用农村各类建设项目资金。100家、1000家、1万家……目前，全省农村文化礼堂数量已经超过1.1万家，遍布乡野大地，星星之火，呈现燎原之势。捎着家常味、带着泥土气的文化礼堂，已成为乡村的精神文化地标。

　　农村文化礼堂是浙江乡村以"文化地标、精神家园"为主题建设的集教学、礼仪、娱乐于一体的农村综合性文化场所。礼堂选址通常在方便村民聚集、环境相对优美的主要村居区块，配备有议事厅、舞台、展览厅、图书阅览室等多重空间，承担着村民举办文化节庆、文化仪式及开展村务议事集会、志愿服务等公共事项的活动载体功能。

　　截至2020年5月，浙江全省已建成农村文化礼堂14341家，500人以上行政村覆盖率超74.5%。农村文化礼堂作为新时代文明实践的基层站点，已成为浙江基层文化工作的一张名片，让村民有了实实在在的获得感和幸福感。

　　小结：实现乡村文化共享、满足村民日益增长的文化需求离不开公共文化服务体系的全方位布阵。农村公共文化服务体系建设，一要制度上的开拓创新，高效协调已有资源，开拓各个备用空间；二离不开基层工作人员的奋进与争取，需要他们怀揣对乡土文化的深厚感情与对人民群众赤诚的服务意识，积极投入农村基础文化设施建设的行动中。此外，公共文化服务体系的建设是硬件与软件的结合，空有场地而无人气的基础文化设施是对资源的极大浪费，也不能实现促进文化繁荣共享的目标。为此，要深入整合本地文化资源，建立系统文化资源库与文化资源流通体系，将乡土文化内涵嵌入文化服务体系通路之中。

（二）丰富供给：对接百姓文化需求

　　2015年，浙江省文化和旅游厅印发的《关于加快构建现代公共文化服务体系的实施意见》提出，健全群众文化供需对接平台，准确把握群众文化需求，制定公共文化服务供需目录，开展"菜单式""订单式"服务。

深化"浙江文化通""文化有约""淘文化"等公共文化品牌建设,促进公共文化资源跨部门、跨行业、跨地域融合,形成规模更大、成本更低,特色鲜明、层次丰富的服务项目体系。要丰富优秀公共文化产品供给,并深入实施流动文化服务,建立流动文化服务供给目录,深化和提升"流动文化加油站"等富有浙江特色的流动文化样式。

打通乡村公共文化服务体系的网络通路以后,优质公共文化产品和服务供给便可以源源不断输送。从文化馆到文化驿站的基层联络服务机制实现了文化需求订单的"精准配送",各个村级站点或文化礼堂可以根据自身的文化需求定向"点餐",由资源库统一调动和配送,乡村文化活动由此变得越来越丰富。

上述模式就是浙江特色创新的"大菜单"制度,政府整合全省文化资源,将可以提供的文化服务制成清单,既涵盖政府部门公益性免费产品,也提供市场化付费产品,农民群众可以根据喜好与需求自主选择所需要的文化产品与服务,文化服务供需对接平台则根据订单配送电影、戏剧、书画、图书、非遗表演等各类文化活动。平台除了配送城市文化资源到农村基层站点,也让非遗传承体验、乡村"草根艺术"等民间活动登上城市舞台,有力促进了城乡文化资源互通共享,推动公共文化城乡一体发展。

公共文化服务体系的建设为优质文化产品的诞生创造了条件。农村文化礼堂作为农民自办文化团体的根据地,衍生了一大批优秀的地方文化团体与乡村文化产品,激发了乡村群众的内生式文化生活能力,目前已打造出"我们的村晚""我们的村歌""我们的节日""我们的传统"等系列文化品牌。每逢文艺演出,许多村都能编演出一台完整的节目,从过去的政府"送文化",变成了现在的农民自主"秀文化"。

　　网络通路上产品和服务的配送离不开运送队伍,乡村文化队伍便是这样的"承运人"。浙江不断深入实施"耕山播海"农村文艺骨干免费培训,助推群众文化品牌活动和人才队伍培育。"民星"孵化机制以展示推动创作,以帮带促进成长,以交流助力提升,培育了基层文化分享者1600余人,乡村艺术团队2700余个。此外,浙江支持公共文化机构业务干部兼任驻村(社区)文化策划师,建立基层服务点,并持续推进乡村文艺团队"三团三社"(合唱团、民乐团、艺术团、文学社、摄影社、书画社)建设,计划到"十四五"末数量会达到40000个。与此同时,还开展了文化示范户和乡村文化能人培育行动,从个人、家庭到团体,构建了全方位的乡村文化人才队伍体系。

【案例3-3】 **"礼堂＋送餐":长兴县派送文化产品助力城乡文化共享**①

　　提起浙江省湖州市长兴县渚山村,很多人都会不自觉流口水,因为渚山的杨梅实在是太好吃了。不过,鲜为人知的是,渚山的文化礼堂和当地的文化活动也非常有特色、有亮点。2017年2月3日,浙江省委书记夏宝龙来到渚山文化礼堂,见证了一场"文化大集"。

　　当天下午,渚山村文化礼堂热闹非凡。长兴县剧协的艺术家演唱滩簧戏,县书协的书法家教村民写书法,县民协的艺术家向长兴和平唐宫阁签约艺术家传授剪纸技艺,县茶文化研究会的高级茶艺师为村民讲解茶艺,给大家奉上了按陆羽《茶经》制作的长兴紫笋茶,百叶龙艺术团还为乡亲们献上了一场红红火火的文艺演出。夏宝龙和

① 案例参考资料:文化礼堂＋文化点餐——浙江省长兴县文联助力美丽乡村建设.中国艺术报,2017-02-10(2).

湖州市、长兴县有关负责人为村民们送来新春祝福，并与村民们一起观看了长兴本土艺术家表演的精彩节目。

渚山文化礼堂建设得红火，与长兴县文联启动的文艺家"八进"礼堂和县委宣传部"全程服务"的建管用模式密不可分。2013年以来，长兴县文艺界积极响应浙江省文联、湖州市文联的相关部署，根据长兴县委宣传部的统一安排，紧密结合美丽乡村建设，围绕打造"乡村客厅、精神家园"的目标，大力推进农村文化礼堂建设，取得了一定成效，得到了广大干部群众的一致认可。

挖掘乡村特色文化资源，打造文化礼堂示范带。长兴县明确了"在文化礼堂建设初期就制定了5年规划建设110家、重点打造3条示范带的目标任务"。长兴文化礼堂太湖风情实验示范带围绕太湖文化，陆续规划并完成了小沉渎村"在水一方"、太湖村"太湖人家"、沉渎港村"红船启航"、新开河村"不沉的土地"、彭城村"农业部落的守望者"、丁新村"臧懋循文化"等六个重点特色村的建设。

实行文艺家和文化礼堂的一对一结对制。为了让文化礼堂更接地气、更具特色，长兴县文联组织下属的八个文艺家协会80多名文艺家，细分为文化挖掘、图片摄影、村歌楹联创作、书法题字、文艺辅导五个小组，每个组派出一名文艺家结对指导服务一家文化礼堂，深入挖掘各村文化特色，四年来已为各文化礼堂创建村现场服务指导600次以上，创作用于展览展示、文艺活动、主题宣传的文艺作品400件以上。

充分发挥村内群众与干部的主人翁意识。推进上下联动，充分调动基层的积极性，发挥村干部群众的主体作用，对建筑规划、主题确定、资料收集、设计方案四个环节全程跟踪,以座谈会、评审会的形式,通过群众提出意见、专家审核提炼、干部执行落实的互动,使文化礼堂建设接地气、显特色,在创建中培育基层文化人才。

贯彻落实文艺活动"订餐送餐制"。长兴县文联全面整合县、乡两级社会文化服务资源,推出农村文化礼堂"文化点餐制"活动,打造"文化服务项目大平台",把长兴县各部门可以送到文化礼堂的服务项目按类别制成菜单,供基层群众点选。目前,各文化礼堂已通过点选开展各类活动700多场。此外,长兴文艺家组成了五个专业文艺辅导团,开展各类培训210多场,包括160多场特色文艺创作培训。专业文艺辅导团在原创童谣大赛、原创村歌大赛等比赛中,也对基层作品创作进行了全面辅导。

小结:基层搭台,文化唱戏。为充分发挥现有公共文化设施的作用,浙江省在积极开展公益性活动的同时,也引入了市场化运作模式,给予人民群众充分的自由选择权利,也解决了专业文艺事业从业者的生计问题,保证了文化产品和服务传送的双向可持续性。此外,百姓不仅仅有接受文化输入的需求,也有参与文化创新与输出的需求。充分调动群众参与文化建设的积极性,离不开对群众文化活动的引导与支持,农民自办文化通常也更为适合他们的偏好[1],因此要走将公共文化引进来和送出去的结合之路,识别、挖掘并激发农村人民群众的各种文化需求,丰富其精神文化生活。

---

① 刘华兰.探索农村公共文化服务体系建设的新路子.理论学习,2008(2):35-36.

二、创造性转化：赋予传统文化现代解读

习近平总书记在联合国教科文组织总部的演讲中指出："每一种文明都延续着一个国家和民族的精神血脉，既需要薪火相传、代代守护，更需要与时俱进、勇于创新。中国人民在实现中国梦的进程中，将按照时代的新进步，推动中华文明创造性转化和创新性发展，激活其生命力，把跨越时空、超越国度、富有永恒魅力、具有当代价值的文化精神弘扬起来，让收藏在博物馆里的文物、陈列在广阔大地上的遗产、书写在古籍里的文字都活起来，让中华文明同世界各国人民创造的丰富多彩的文明一道，为人类提供正确的精神指引和强大的精神动力。"[1]

习近平总书记在党的十九大报告中提出，要"推动中华优秀传统文化创造性转化、创新性发展"[2]。中华优秀传统文化创造性转化，就是要按照时代特点和要求，对那些至今仍有借鉴价值的内涵和陈旧的表现形式加以改造，赋予其新的时代内涵和现代表达形式，激活其生命力；中华优秀传统文化的创新性发展，就是要按照时代的新进步新进展，对中华优秀传统文化的内涵加以补充、拓展、完善，增强其影响力和感召力。[3]

对优秀传统文化的创造性转化和创新性发展需要坚持运用发散性思维谋求文化创新，以全方位和多角度的思考与实践不断摸索，将传统文化中富有当代意义、具有充分价值的文化要素以当代文化的形式加以呈现，

---

[1] 习近平. 论党的宣传思想工作. 北京：中央文献出版社，2020：68-69.

[2] 创造性转化 创新性发展. 光明日报，2018-03-29（2）.

[3] 进一步激发中华优秀传统文化的生机与活力（深入学习贯彻习近平新时代中国特色社会主义思想）. 人民日报，2022-06-15（9）.

从而有效推进优秀传统文化的传承和发展。

（一）遗产保护：唤醒乡土文化记忆

村落是我们古老的家园，世代中华儿女孕育在村落的土地之上，中华文明的大树扎根于千万村落之中。中国的古村落因地域多样、民族众多、历史悠久和文化多元呈现出千姿百态之势，无比优美。

传统村落具有易损性、脆弱性和不可再生性，统计数据显示，在 2004年到 2010 年间，具有历史、民族、地域文化和建筑艺术研究价值的传统村落从 9707 个减少到了 5709 个，平均每年递减 7.3%，每天平均消亡 1.6个传统村落。[①] 传统村落的"人、房、地、村"四要素构成了村落的物质与非物质文化系统，任何一个要素被破坏，都会导致村落逐渐走向衰亡。

传统古村落的价值无可比拟，对传统村落的保护亦是刻不容缓。留住乡愁，落实古村落的活态传承，促进传统村落的可持续发展，是保护我们的物质文明与精神文明双重遗产、弘扬中华优秀传统文化的必然选择，是实现共同富裕的必经之路。

自 2012 年首次全国性的传统村落界定工作完成后，住房和城乡建设部、原文化部及财政部共同发布了《关于加强传统村落保护发展工作的指导意见》。该意见旨在尽可能保持传统村落的完整性、真实性和连续性，标志着全面保护传统村落工作的启动。将村落纳入国家级和地方级的保护名录是一项关键的保护措施，名录涵盖中国历史文化名村和中国传统村落两个类别。政府部门还对传统村落保护给予资金支持，如国家级传

[①]　中农富通长三角规划所.【行业分析】关于中国传统村落的保护与发展.（2020-12-04）[2022-04-08].https://www.sohu.com/a/436193298_120537338.

统村落会得到国家财政的 300 万元补贴。同时,指导意见也要求各地进行传统村落的补充调查,完善其信息档案,并建立地方传统村落名录。

2012 年至 2019 年,相关部门共公布了五批共计 6819 个重要的中国传统村落,并有 3000 多个村落纳入中央财政支持范围。2013 年,住房城乡建设部发布了有关传统村落保护发展规划的指导性文件,指导各地进行村落档案的建立、资源调查和保护规划。2016 年,住房城乡建设部等部门印发规定,明确列出可能导致传统村落被除名的具体情况。2017 年,住房城乡建设部响应中央关于中华优秀传统文化传承发展工程的要求,启动中国传统村落数字博物馆建设工作。

2016 年 10 月,浙江省政府印发《浙江省人民政府办公厅关于加强传统村落保护发展的指导意见》,在识别浙江省传统村落保护工作现存问题的基础上,明确了全省传统村落保护发展的工作目标、重点任务和配套政策措施,要求实施全面普查建档和分级名录保护行动,开展规划设计和风貌保护提升行动,着力保持传统村落的选址格局、肌理脉络和风貌特色,全面改善原住村民的生产生活条件,让传统村落见人、见物、见生活。同时,发挥传统村落资源禀赋,大力扶持发展特色产业,不断提高村民和村集体经济收入,着力激发传统村落的生机与活力。

【案例3-4】 浙江松阳从"拯救老屋"到建设优质村落品牌①

"拯救老屋行动"是中国文物保护基金会最先提出和推行的一项

---

① 案例参考资料:新京报.浙江松阳"拯救老屋行动"四年修 211 栋老屋 专家:可全国推广. (2021-06-01) [2024-05-06]. https://www.bjnews.com.cn/detail/162253430414257.html;光明网.浙江松阳:一场拯救老屋的行动,唤醒乡村文旅发展的希望. (2021-05-14) [2022-04-12]. https://m.gmw.cn/baijia/2021-05/14/34845492.html.

修缮保护中国古建筑的项目,"老屋"指的是中国传统村落中各级文物保护单位和尚未核定公布为文物保护单位的一般不可移动文物中的私人产权民居。2016年4月,松阳县正式开展了本地的"拯救老屋行动"项目,与中国文物保护基金会一同形成了"政府+社会力量"的合力。

在"拯救老屋行动"推进过程中,村民是老屋保护的行为主体,也是老屋改造的直接受益人,对老屋的修缮和改造都是建立在村民自愿的基础之上的。老屋要不要修、谁来修、怎么修,完全由屋主自己决定、自行申报、自我监理。松阳县杨家堂村是较早进行传统村落保护利用的村落之一,如今,村里还保留着清代时期建造的土坯墙和马头墙老屋,其中七栋老屋经过了修缮保护,每栋老屋涉及四五户村民。修缮老屋的费用中60%由政府出资,另外的40%由农户出资。村民蔡锋在得知有老屋修缮保护项目后,主动联系村里修缮自家的老房子,他说道:"修缮前老房子二楼已经破损,根本上不去,经过修缮后,现在二楼也可以居住了,父母至今住在老房子里。"

在"拯救老屋行动"中,松阳县在确立分级保护名单的基础上,从组织、技术和人才多方面着手,扎实推进老屋修缮行动,维系并留存古村落的原始风貌。

成立专门工作小组。在组织方面,松阳县成立了"拯救老屋行动"领导小组,下设县老屋办,并委托省古建筑设计研究院作为技术团队。征得国家有关部门同意后,松阳简化项目程序,优化工程管理。老屋产权人自主申报后,提出修缮方案,找工匠施工,相关部门提供技术支撑和审核把关。领导小组还专门出台了巡查机制,对修缮方案的合理性、修缮和改造进度、是否破坏传统村落风貌进行跟进与审查。每个历史文化村落确定一名联系责任领导，不定时地组织专家委员会成员、电视台、督查室等单位工作人员组成督查巡查组随机检查在建村庄项目，查找存在问题。要求严格根据村落原始风貌、设计图纸进行建设。

编制维修准则，招募和培训修缮人才。 文物专家专门编制了《老屋维修导则》，对修缮过程进行精细的技术指导，使得老屋的一砖一瓦、一梁一柱都能"修旧如旧"。在省古建院的指导下，松阳培养了30多支素质和技能过硬的工匠队伍，从业人员多达700余人，他们为松阳乡村古建筑的修复和保护立下了汗马功劳。木工、雕工、彩绘工等传统工匠放下了手中的活计，重拾尘封的手艺，细致耐心地帮老屋"延年益寿"。拥有现代技术的工匠则帮助老屋新增了洗手间、下水道等便利设施。

邀请专家学者参与村落公共建筑改建，提升文化品位。 2013年伊始，松阳县政府邀请清华大学建筑系与住建部乡村建筑评委会的专家加入松阳的乡村建设活动。建筑专家在走访调研过程中提出了"建筑针灸"的设计概念，旨在每个村庄布局一个具有公共功能的小尺度文化建筑，有别于在每个村庄都建设同质化的图书馆或茶室，而是像问诊把脉一般有针对性地设计与改建公共建筑，结合本地的特色产业或历史文化，重塑每个村庄的身份标识，重建乡村文化自信。

截至2020年底，松阳共修缮211栋老屋，其中有69栋老屋植入艺术家工作室、民宿、展览馆、村集体服务用房等业态。"拯救老屋行动"还列入《乡村振兴战略规划（2018—2022年）》，荣获浙江省公共管理创新案例"十佳创新奖"，浙江省政府工作报告提出全面推广"拯救老屋"松阳模式。

"老屋"得以修缮,稳固了乡村风貌的"根",而因地制宜引进与培育特色产业,才能填充乡村可持续发展的"魂"。松阳县以产业培育为重点任务,探索出"老屋+"模式,走出了一条立体多方位的古村落活态保护与传承之路,将松阳古村落打造成为一个响亮的品牌。

"老屋+工坊"模式:建筑针灸的概念被广泛运用到"老屋+工坊"模式之中,用小而美的老屋承载乡村特色产业,积极发展乡村工业旅游,促进二三产业深度融合。

位于樟溪乡兴村的红糖工坊,是集传统红糖加工、技艺体验、产品展卖、建筑艺术等于一体的综合性文旅项目。工坊不仅延续了传统文化,也保证了当地居民就业,红糖价格由每公斤 4 元提高到 11 元,产值增加近 3 倍,带动了当地农民增收。

"老屋+民宿"模式:松阳县的村庄在修复老屋的基础上,大力培育民宿业态,从完善政策供给、协调提供技术支持、推动民宿产业投资市场化三个方面着手,将松阳半数以上的行政村打造成为"田园风光+传统村落+文化民宿"的美丽乡村。

一是完善政策供给,规范乡村民宿产业发展。松阳县政府在2013 年出台了《关于开展传统民居改造利用工作的实施意见》,要求民居改造要传承原真性、和谐性及遗产价值,维护乡村传统风貌,以乡村旅游和民宿业发展来促进保护。2016 年 2 月,《松阳县关于推进民宿经济发展实施意见(试行)》明确了民宿发展的目标任务。为进一步规范松阳各地区民宿行业的发展,松阳县政府于 2017 年印发《松阳县民宿经营服务规范》,为业主提供了有章可循的经营规范与服务规范。

二是提供金融扶持。松阳还出台了《关于金融支持民宿经济发展的指导意见》，积极深入开展农村金融改革，加大对民宿发展的信贷投入，发挥金融要素对民宿产业的保障作用。

三是多方协调，为民宿发展提供技术支持。松阳县政府先后邀请国内外知名团队参与乡村民宿规划建设，与台湾绿十字生态文化传播中心、清华大学、中央美院、香港大学等12个设计团队建立合作协议，建立传统村落数据库，为传统村落发展民宿经济提供智力支持和技术保障。此外，县交通部门于2017年开通了007路公交线路，重点连接各个景点和民宿，为松阳县乡村民宿的进一步发展提供了交通支持。

四是招商引资，推动民宿产业投资市场化。松阳县政府推出《松阳县古村落招商手册》和高端民宿重点招商项目库，开展多场民宿招商推介会，扩大民宿旅游招商对外宣传。一方面提升品牌认知度，另一方面充分发挥外来资本的"鲶鱼效应"，推动了乡村民宿业整体水平的提升，一系列举措使得松阳成为名副其实的"民宿大县"。

"老屋＋工作室"模式：松阳实施"百名艺术家入驻乡村"计划，吸引国际国内较高知名度艺术家在松阳常态化驻场创作、交流研讨、交易拍卖，有效破解村庄发展的要素资源瓶颈，实现艺术赋能乡村发展，实现了松阳古村落品牌的进一步巩固。

小结：中国的传统村落中沉睡着古老而灿烂的乡土文化，需要以坚定的文化自信去唤醒、激活和保护这些优秀传统文化。为此，要在保护的基础上最大限度还原其物质形态，尊重、重视和培养文化遗产传承人员，确保文化遗产本身的存续。同时,要树立品牌意识,重视品牌建设工作,以系统化思维培育文化遗产 IP 与标志性品牌,拓展多业态联动机制,开辟优秀传统文化创造性发展的乡土文化推进之路。

(二)传统活化:推动传统文化蝶变

乡土文化和历史遗存背后蕴含着丰厚的哲学思想、人文精神、价值理念和道德规范。推动乡村文化的传承与共享需要重视在地文化,坚定文化自信,铸牢中华民族共同体意识。浙江省深入推进浙江文化基因解码,在传承创新中使这些沉淀的资源激发活力,绽放光彩,转化为强大现实生产力,为实现中华民族伟大复兴的中国梦凝聚精神力量。

浙江的乡土文化多元而灿烂,既有距今几千年前的史前文化遗址,如跨湖桥文化、河姆渡文化、马家浜文化和良渚文化,也涵盖贯穿古今的书画艺术;浙江还是古老南戏的诞生地和昆曲艺术的发祥地,拥有越剧、婺剧、绍剧、瓯剧、甬剧、姚剧、湖剧等多个剧种。星罗棋布的民俗文化也描绘着浙江多彩的乡村生活,如海宁的皮影戏、古琴、蚕桑丝织、龙泉青瓷传统烧制技艺、西泠印社金石篆刻,等等。

2018 年 1 月,《中共中央 国务院关于实施乡村振兴战略的意见》强调了农村道德建设、传承提升农村优秀传统文化、加强农村公共文化建设和开展移风易俗行动的重要性。要求在保护优秀农耕文化遗产、合理利用的同时,划定乡村建设的历史文化保护线,保护好文物古迹等,支持农村戏曲曲艺、少数民族文化和民间文化的传承发展。同年 5 月,浙江省政府发布《浙江省传承发展浙江优秀传统文化行动计划》,强调要以习近平新时代中国特色社会主义思想为指导,以人民需求为核心,挖掘和弘扬浙江优秀传统文化。该计划旨在加快浙江省优秀传统文化保护事业的高质量发展、竞争力提升和现代化建设,凸显浙江文脉和浙江元素,打造浙江文化金名片,推进文化浙江建设。明确要推进良渚遗址保护申遗、海上丝绸之路申遗与各项非物质文化遗产申遗项目,同时实施非物质文化遗产展示体验工程和浙江优秀传统文化研究阐释工程。通过实施六大工程,使浙江成为新时代中华优秀传统文化传承发展新高地。

2020 年,宁波市推出《宁波市非物质文化遗产保护条例》,修订《宁波市非物质文化遗产"三位一体"保护与管理办法》,全面开展省级非遗代表性传承人评估工作。推进"温故"展览品牌和"阿拉非遗汇"活动品牌建设,依托文化遗产日举办非遗系列活动、非遗故事大赛。宁波还以非遗课堂、展览展示等形式,开展非遗进礼堂、进学校、进社区、进民宿活动,建设百家非遗实践基地。戏曲方面,落实《曲艺传承发展计划》,办好全国非遗曲艺展。通过充分挖掘乡土非遗资源,实施非物质文化遗产代表性项目保护记录工程,推进市级非遗数据库建设与维护工作。

2021 年 7 月,嘉兴市秀洲区发展和改革局印发《嘉兴市秀洲区文化遗产保护"十四五"规划》,指出要坚持社会主义先进文化发展方向,深入挖掘文化遗产精神内涵,推进文旅进一步深度融合,加快文化遗产增量提质,巩固秀洲区农民画 IP,立足油车港"中国农民画小镇"平台,以运河古镇及美丽乡村为载体,在全区范围推出运河文化、水乡风情文化、嘉禾文化、军事战争遗迹、名人文化、古桥文化、考古研学文化、红色文化等文化旅游主题经典线路,传承和弘扬秀洲区多彩的马家浜文化、运河文化、江南文化、红色文化。

【案例3-5】　缙云打造"轩辕祭典"，传承黄帝文化①

"黄帝有熊国君，乃少典国君之次子，号曰有熊氏，又曰缙云氏。"《史记》中有这样一段记载，也让轩辕黄帝的名号与浙江缙云结下不解之缘。

在缙云仙都，高达170.8米的鼎湖峰状如春笋，直刺云天。相传黄帝在峰巅置鼎炼丹，后驭龙升天。鼎湖峰一旁，"天下第一祠"黄帝祠宇坐东南朝西北，与陕西黄帝陵遥相呼应，形成"北陵南祠"的格局。

浙江省历史学会理事项一中介绍，据考证，缙云仙都祭祀轩辕黄帝始于东晋年间，距今已有1600多年的历史。东晋年间，缙云山鼎湖峰下已建有"缙云堂"，是祭祀轩辕黄帝的场所。唐天宝七年，唐玄宗李隆基敕封"缙云山"为"仙都山"，改"缙云堂"为"黄帝祠宇"，从此，地方官员每年举行祭祀轩辕黄帝活动。宋时，宋真宗、宋仁宗等都曾派大臣到缙云祭拜轩辕黄帝，并将祈求国运昌盛的"金龙玉简"投放到金龙洞，1997年"金龙玉简"出土，印证了历史文献的记载和缙云黄帝祭祀的鼎盛。

清末，黄帝祠宇毁于战火，但到黄帝祠宇旧址拜祭的百姓仍络绎不绝。直到1998年，缙云重建了盛唐风貌的黄帝祠宇并恢复公祭轩辕黄帝典礼。恢复祭典以来，每年清明、重阳分别举行民祭和公祭轩辕黄帝活动，23年从未间断。

仙都祭祀轩辕黄帝活动在传承的过程中，形成了一定的礼制和

---

① 案例参考资料：光明网.浙江缙云传统文化"蝶变"新生 点亮继承发展之光.（2022-03-23）[2022-04-18］. https://m.gmw.cn/baijia/2022-03/23/35605836.html.

规格,2011 年,"缙云轩辕祭典"入选第三批国家级非物质文化遗产名录。

2021 年 7 月,全国清理和规范庆典研讨会论坛活动工作领导小组同意中国仙都祭祀轩辕黄帝大典主办单位变更为浙江省人民政府,一年一届。传承千百年来,缙云已成为史学界公认的"中国南方黄帝祭祀中心""中国南方黄帝文化辐射中心"和"中国南方黄帝文化研究中心"。

近年来,缙云持续深耕黄帝文化、祭祖文化,积极促进产业与文化相互融合,实现文化有形化。目前,缙云以黄帝文化为主题的文创产品已有 50 多种,并推出"黄帝养生游"等康养游线路、"黄帝文化游"等研学游线路,实现经济效益与社会效益的双赢,为缙云在传统文化继承发展道路上的迈进注入蓬勃生机。

小结:乡村旅游方兴未艾,中国人对于乡土的眷恋与向往已在千百年的生活中融进了血脉,以乡土文化资源为依托发展起来的各类乡村旅游大有可为。以文融旅,以旅促文,是推动优秀传统乡土文化创造性发展的一大重要途径。对乡土文化的探寻嵌套在国人的乡土旅游体验之中,而乡土旅游活动又促成了传统文化的继承、传播与蝶变。乡村应充分挖掘本地优质文化资源,打造系列品牌与旅游活动,通过现代人与乡土文化资源的交互构建文化共享、共富的环境氛围,推动我国优秀传统文化的继承和发展。

（三）根脉挖掘：倡导红色文化精神

近年来,全国革命老区充分运用红色资源,深化党史教育,赓续红色血脉。红色体验带热乡村游,从空间来看,红色旅游资源80%集中在乡村,且资源组合度高,为发展"红色 +"全域旅游提供了天然条件。

2018年,文化和旅游部等17个部门印发了《关于促进乡村旅游可持续发展的指导意见》,支持在乡村地区开展红色旅游、研学旅游。次年文化和旅游部通过《中华人民共和国文化和旅游部2018年文化和旅游发展统计公报》指出,要继续大力推进红色旅游工作,召开全国红色旅游五好讲解员建设行动推进会,在部分省份开展试点工作。

2019年12月,国务院印发的《长江三角洲区域一体化发展规划纲要》要求整合区域内红色旅游资源,开发互联互通的红色旅游线路。2020年11月,浙江省文化和旅游厅印发《浙江省红色旅游教育基地管理办法(试行)》,要求充分发挥浙江省"三个地"政治优势,进一步加强红色旅游教育基地建设和管理,就红色旅游教育基地申报与命名、管理办法与评价机制做出了详细规范。

2021年2月,国务院印发的《关于新时代支持革命老区振兴发展的意见》就进一步推动红色旅游高质量发展、建设红色旅游融合发展示范区提出意见,支持中央和地方各类媒体通过新闻报道、公益广告等多种方式宣传推广红色旅游。同年5月,中共中央办公厅在《关于在全社会开展党史、新中国史、改革开放史、社会主义发展史宣传教育的通知》中指出,要继续深入挖掘红色文化内涵,精心设计推出一批精品展览、红色旅游精品线路、学习体验线路。同时,为庆祝中国共产党成立100周年,深入贯彻落实习近平总书记关于发展红色旅游的重要论述,国家发展改革委、文化和旅游部在前期广泛征集、地方申报、专家评审的基础上,共同编辑出版了《红色旅游发展典型案例汇编》,致力于把红色资源利用好、红色传统发扬好、红色基因传承好,助力全面建成小康社会、乡村振兴与共同富裕。

【案例3-6】　嘉兴弘扬红船精神,打造红色旅游标杆①

嘉兴拥有得天独厚的红色资源禀赋,被文化和旅游部确定为全国仅两家的先行红色旅游资源普查试点工作城市之一,参与起草了《红色旅游资源分类、调查与评价》《全域红色旅游示范城市标准》等标准。为了进一步做好示范工作,嘉兴全方位地展开了红色旅游城市建设行动,擦亮了红色文化地的名片。

统计红色旅游资源,形成资源数据库。嘉兴全面征询了本地城乡的红色资源,共收集到红色旅游资源173个,其他红色旅游资源点33个,形成了《嘉兴市红色旅游资源普查报告》,并开展革命文物专题调查,登录不可移动革命文物82处、可移动革命文物1048件。

打造红色旅游精品路线。实施"新时代重走一大路"工程,重点协调老火车站片区、狮子汇渡口、兰溪会馆等工程,重现"一大路"历史场景。南湖景区依次串联狮子汇渡口、湖心岛(来许亭、鉴亭)、"一大"纪念船、水上课堂、南湖初心邮局等景点,推出的"南湖清风行"主题党日活动深受追捧。《嘉兴红色旅游》2.0版宣传册更是将重点红色旅游景区(点)从42个拓展至70个,规划了"首创之旅""奋斗之旅""奉献之旅"三大主题12条精品游线。

依托城乡一体化公共图书馆服务体系建设,建设"红船·书苑"。在嘉兴市委组织部和宣传部的指导下,市图书馆依托城乡一体化公共图书馆服务体系积极探索如何让红色文化通过图书馆传播得更

---

① 案例参考资料:嘉兴日报.嘉兴文旅融合打造红色旅游标杆城市.(2020-07-01)[2024-05-06].https://www.jiaxing.gov.cn/art/2020/7/1/art_1578777_49549584.html.

远。无论是嘉兴市图书馆总馆,还是乡镇图书馆分馆、农村书屋,都多了一抹亮眼的红色。在全市重要旅游景区和游客较多的新农村中建设"红船·书苑",提供6000册以上图书,其中与党建和地方文化相关的图书不少于3000册。通过空间打造、资源典藏与展示、服务配套,让市民、村民和游客在休闲旅游、欣赏自然美景的同时,走入图书馆,了解嘉兴的历史文化和红船精神,用文化丰富旅游的内涵。

积极推出红色文创产品。随着全市红色旅游发展,旅游产业链不断延伸,各类文创企业开发红色"周边产品"的热情高涨,涌现了大量寓意美好、制作精良的红色旅游文创产品。南湖红船船模系列、"红色禾城"丝巾、"红船精神我最红"伴手礼盒……融合了红色文化元素的文创产品,往往能让市民游客更深刻地体会红色文化的魅力,引起他们的共鸣。在2019年的全国红色旅游文创产品和红色旅游演艺创新成果展上,九件来自嘉兴的文创作品入选全国优秀奖,实现在红色旅游文创产品开发与推广上的新突破。

【案例3-7】　湖州安吉推动红色根脉与文旅共富有机结合①

学习"两山"精神,追寻红色足迹。"七一"建党节前,安吉余村迎来大批党员、游客参观学习。山东淄博、浙江绍兴、安徽蚌埠……中午12点,余村"两山"景点负责人黄金初步统计了上午的参观客源情况。

黄金说,余村凭借党建和村庄发展,已经成为红色旅游景点,2018年上半年,余村旅游收入超过2000万元:"我们上半年接待30

---

① 案例参考资料:浙江之声.学习"两山"精神,追寻红色足迹,今天,安吉余村有一片"红色的海".(2018-06-30)[2022-05-18]. https://www.sohu.com/a/238622586_349109.

万人次左右,平均每天接待50多批次。"

土生土长的余村人李熙庭是一名退休教师,曾经因为村里矿山污染举家搬到城里居住,如今,他又回到了余村,吸引他的正是余村的绿水青山。李熙庭告诉记者:"回到余村的时候,感觉很舒服,有感而发写了一首《家居余村》:家住余村里,门开见两山。路宽风习习,竹翠水潺潺。

余村村民委员会主任俞小平说,来自全国各地的党员前来参观学习,对余村而言,是动力,更是一种压力,作为党员,必须肩担重任,以身作则,努力把余村打造成"两山"理念实践的样板地。深入开展红色旅游以来,村集体经济收入400多万元,老百姓人均收入41378元,已经回到了开矿山时的集体收入水平,但是环境已经发生了质的变化,"山是青的,天是蓝的,小动物也越来越多"。

"绿水青山就是金山银山"改变了天荒坪余村的旧貌,牢记嘱托,践行绿色发展理念,现如今的余村已经探索出了一条生态美、产业兴、百姓富的发展路子。

小结: 红色文化根植于党同人民群众的革命史、新中国建设史,是以爱国主义为核心的民族精神和以革命英雄主义为核心的革命精神的集中反映,体现着党同革命群众的内在品质、精神风貌、价值取向及追求。红色文化反映了鲜明的革命道德,以集体主义为原则,以全心全意为人民服务为核心,是党和人民群众判断其行为得失、确定价值取向的基本准则、价值标准和行为规范。[1] 红色文化有助于广大青少年群体树立正确的革

---

[1] 李水弟,傅小清,杨艳春. 历史与现实:红色文化的传承价值探析. 江西社会科学,2008(6):159-162.

命观、价值观,也有助于告知各个年龄层次人民群众红色文化的发展近况,因此传承和弘扬红色文化是我们的历史使命和必然追求。乡村作为红色文化资源的集中场所,应充分发挥红色文化资源的禀赋,积极开展文旅融合活动,创新表达方式,充分发挥出宣传教育的积极作用,助力红色文化的创造性转化。

三、创新性发展：助力传统文化面向未来

对传统文化的创造性转化、创新性发展不仅关乎传统文化本身的存续状态,也深刻影响着中华民族伟大复兴的精神动力,具有丰富内涵的"两创"概念是马克思主义文化传承观在当代中国新的理论表达。

在时间维度上,创造性转化侧重于面向过去,对传统文化资源进行辩证客观的批判,将传统文化中"囿于封建时代的东西剔除出去,把超越其时代的精神解放出来";创新性发展强调面向未来,侧重于思考和挖掘优秀传统文化在"新时代"的"新进步"和"新进展",探索"中国文化向何处去""中华文脉如何延续"等问题的解答方案。

在空间维度上,创造性转化是在中国范畴内进行传统文化的整理、筛选和现代化解读,而创新性发展强调立足于中国,放眼于世界,准确定位中华文化在世界文化系统中的地位与价值,探索"世界向何处去""人类命运如何抉择"等问题的未来路径。①

近年来,浙江从文旅融合的角度积极探索乡土优秀文化的创新性发

---

① 范鹏,李新潮.界定与辨析:"创造性转化""创新性发展"的内涵解读.兰州大学学报(社会科学版),2021,49(2):110-118.

展路径,推动根植于乡村土壤的传统文化面向未来、面向世界。

（一）创新开发：推动文化代际传承

"有什么样的下一代,就有什么样的未来。"中小学研学旅行是由教育部门和学校有计划地组织安排,通过集体旅行、集中食宿方式开展的研究性学习和旅行体验相结合的校外教育活动,是学校教育和校外教育衔接的创新形式,也是综合实践育人的有效途径。通过前往博物馆、红色旅游目的地和文化遗产地等目的地,学生们能够获取知识,提高历史文化修养。"乡村＋研学旅游"和"乡村＋亲子游"的模式,使得学生们不仅能够亲近自然,还能切身接触到原本仅存在于课本中的传统乡土文化。扶持和培养"乡村＋研学旅游""乡村＋亲子游",既有助于乡村旅游业的发展,又能推动乡土文化在下一代中华儿女心中的扎根与培育,保证中华文化薪火相传,生生不息。

2013年2月,随着《国民旅游休闲纲要(2013—2020年)》的发布,我国首次提出逐步实施中小学研学旅行的概念。2014年8月,《关于促进旅游业改革发展的若干意见》具体阐明了研学旅行应融入中小学日常教育之中,旨在通过实地学习提升学生对自然、社会和历史的理解,同时培养其社会责任感和实际操作能力。该意见提议构建一个分阶段的研学旅行体系,针对不同学段的学生关注点进行专门设计。到了2016年,《关于推进中小学生研学旅行的意见》进一步阐述了研学旅行的目的,即通过亲身体验国家的自然美景和文化遗产,加强学生对国家自信心的建立,同时在实践中学习生活技能,为培育综合素质高的新时代建设者奠定基础。同年,国家旅游局标志性地公布了首批"中国研学旅游目的地"和"全国研学旅游示范基地",标志着研学旅游向标准化和系统化发展迈进。2017 年,教育部进一步明确了这一方向,公布了"全国中小学生研学实践教育基地或营地"的名单,为研学旅行提供了更加丰富和专业的选择。

2018 年,浙江省教育厅等 10 部门联合出台《关于推进中小学生研学旅行的实施意见》,明确研学旅行活动开展的基本原则、路线设计和课程开发要求、经费落实和优惠举措及各类保障体系的要求。2020 年,杭州市临安区、湖州市德清县、金华市义乌市、温州市等区县陆续推出研学营地申报认定和管理细则,为浙江省内中小学研学旅行的有序开展提供政策支持。

【案例3-8】　传承民俗文化,云龙村"蚕乡丝韵"乡村研学之旅①

看到孩子们的笑脸,就知道他们又度过了一个充实、有趣又涨知识的周末。2020 年 10 月的一个周末,来自杭州、嘉兴等地的 60 名 1—4 年级小学生走进周王庙云龙村了解蚕桑文化,感受小小蚕宝宝的大魅力。

位于海宁市周王庙镇的云龙村,因传闻是"金龙降落的地方"而得名,这里有着悠久的种桑养蚕历史和深厚的文化底蕴。20 世纪七八十年代,云龙村曾因蚕茧的高产而成为全国"农业先进"的典型,三次受到国务院嘉奖。2009 年,云龙村蚕桑生产民俗被列为世界非物质文化遗产。

把民俗文化与旅游结合,是周王庙镇实现乡村振兴的一大发展

---

① 案例参考资料:海宁旅游. 有趣涨知识,一天玩不够! 海宁这个地方一定要带孩子去一次. (2020-10-19)[2022-05-20]. https://www. sohu. com/a/425780610_687092;浙江日报."蚕乡丝韵"乡村研学旅游精品路线发布. (2018-05-10)[2024-05-06]. https://baijiahao. baidu. com/s? id =1600087159514026153.

思路。云龙村在成功创建省3A级景区村落(示范村)和省级非遗旅游景点景区(民俗文化村)的基础上,定期举办蚕俗文化旅游节,以宣传、保护和传承非遗,展示乡村之美。2018年,云龙村发布了以"蚕乡丝韵"为主题的乡村研学旅游精品路线,下面请感受小朋友们在该路线上一天的体验。

(1)云龙蚕桑记忆馆。听讲解员姐姐介绍云龙的蚕桑历史,近距离观察软软白白的蚕茧,参观"蚕"字文化墙,并学着用毛笔书写"蚕"字。

(2)蚕俗文化园。蚕俗文化园陈列了古老蚕具、织绵机、踏丝车等传统养蚕缫丝器具,这里也是收藏海宁养蚕老工具最全的地方。在老师的带领下,孩子们体验了剥丝绵、编蚕网等丝织项目,感受到蚕俗文化的精华。

(3)云龙蝶园。云龙蝶园被称为"隐藏的装置艺术园",上百件创意艺术品在这里安家落户,非常壮观,小朋友们在这里用午餐并学习流体画创作。

(4)桑蚕生态饲养馆。进行桑叶采摘体验,孩子们亲手采摘桑叶、喂养蚕宝宝,倾听并感受一只春蚕40天短暂而特别的成长历程。

(5)VR馆。进行VR体验后,讲解员姐姐进行关于蚕宝宝饲养、云龙村特色等问题的抽答,中国美院教授为评选出的六幅优秀流体画作品颁奖。同时,每位参与研学的小朋友都能领取研学体验游证书及研学纪念品。

云龙村至今仍有桑园一千多亩,种桑养蚕、缫丝织绸是村里人沿袭至今的生产方式。随着时代的发展,如今蚕桑文化开始赋予云龙村新的经济形态,拥有古老手艺的黄发与前来研学的垂髫共同绘制出传统文化代际相传的美好画卷,"乡村 + 研学旅游"已成为当地传承蚕俗记忆的一种新方式。

【案例3-9】 巧打三张文化牌,安吉鄣吴村树立亲子游典范[①]

鄣吴村位于湖州市安吉县西北部,村后高山林立,村前溪边古木参天,素有"半日村"的雅名。基于本地地理优势,鄣吴村培育了白茶与制扇业两大特色产业。鄣吴村建于南宋时期,历史悠久,文化内涵丰富,自明清起,村内耕读之风盛行,诞生了"吴氏父子四进士"、藏书家吴五凤等,以及以"诗、书、画、印"四绝闻名中外的近代艺术大师吴昌硕。2014 年,鄣吴村入选第六批中国历史文化名村。

依托于独特的历史文化资源禀赋,鄣吴村自 2014 年开始着力发展绿色生态的乡村游,并积极引入亲子游模式,从以下几个方面将村庄打造成为亲子游标杆乡村。

开展农房改造示范村建设。2013 年,鄣吴村在保留吴昌硕故居、状元桥、修谱大屋、金家大院、双进士门楼、甲第联芳坊、归仁里老街、八府九弄十二巷等乡土民迹的基础上,改建了文化大礼堂、中国电影海报博物馆、金石馆、扇子馆、百艺馆、知青馆、山屿海度假·安吉学休院等建筑,杭派与徽派建筑相映成趣,营造了具有历史文化底蕴的美丽乡村环境。

---

① 案例参考资料:浙江之声.国庆带娃去哪儿? 亲子网红聚集到了这儿! 亲子 + 文化! 这里就是行走的课堂——安吉县鄣吴镇.(2018-09-30)[2022-05-20].https://www.sohu.com/a/257104871_349109;朱智.乡村研学旅游产品策划与研究——以浙江安吉鄣吴村为例.湖北农业科学,2020,59(19):140-143.

将特色本土文化嵌入亲子游线路。邀请非物质文化遗产传承大师，指导亲子绘制手工扇面、竹编等活动；在竹林中设置可供家长选择的品竹酒活动，孩子们可以了解隐藏在竹子里的酿酒奥秘；在景坞村设置知青文化"穿越点"，生动的场景带领家长与孩子走进老一辈人的过往，让老一辈人追忆风华正茂时的知青岁月。

贴牢亲子游标签，积极营销打造品牌优势。好酒也怕巷子深，2017—2019 年，郫吴村连续承办了三届中国亲子旅游节，邀请"浙江之声"主播参与"亲子朗诵团"的表演，突出"郫吴金龙"文化表演项目，同时邀请亲子类自媒体参与节日，着力为郫吴村亲子游项目增加曝光度与知名度。

令读书人尊崇的昌硕文化、全国首屈一指的扇艺文化、追忆过去的知青文化，郫吴村打出的这三大文化牌成为当地亲子游项目的亮点。2018 年以来，与郫吴村签订旅行体验合作计划的亲子联盟机构络绎不绝，带有文化传承与教育性质的郫吴乡村亲子游打出了属于自己的响亮名号。

小结：研学旅行已逐渐成为中小学校鼓励学生开展社会实践学习的重要途径，需要重视传统文化在研学旅行路线中的嵌入，让学生们在新奇与乐趣中耳濡目染地感受中华优秀传统文化的魅力，体会乡土文化的风味。乡土研学旅游路线的设计需要注重与课本的结合与区别，同时应抓牢一个文化主题，重点围绕该文化主题展开多方位的旅游活动系统设计。此外，在研学旅行路线设计中还应着重关注互动环节的丰富性与可达性，加入一定的反馈评估机制进行效果回溯，方便路线中活动设计的迭代。

（二）品牌传播：助力文化对外交流

文明交流互鉴是推动人类文明进步和世界和平发展的重要动力。通过文化对话促进世界文明交流互鉴,可以深入展现各国深厚的历史文化底蕴,凝聚和发掘人类共同利益、共同价值、共同意愿、共同理想,以文化为纽带,使各国和平友好相处,在开放包容、合作共赢中共同发展。

2011 年,党的十七届六中全会通过的《中共中央关于深化文化体制改革推动社会主义文化大发展大繁荣若干重大问题的决定》突出强调了推动中华文化走向世界的重要意义,指出要开展多渠道多形式多层次对外文化交流,广泛参与世界文明对话,促进文化相互借鉴,增强中华文化在世界上的感召力和影响力,共同维护文化多样性。

2013 年,党的十八届三中全会审议通过的《中共中央关于全面深化改革若干重大问题的决定》进一步指出,以改革创新精神推动中华文化走向世界,应该迈出更大的步伐,尽快形成与社会经济发展水平和大国地位相适应的国家文化软实力。

2016 年,浙江省政府办公厅发布了《浙江省文化产业发展“十三五”规划》,凸显“一带一路”倡议为文化产业提供了新的发展机遇。作为一个以外向型经济为主的省份,浙江在“一带一路”倡议中具有关键地位。在此背景下,文化产品和服务出口的规模将不断扩大,文化企业在海外竞争合作中的机会也将增加。为此,浙江省需坚定开放融入的立场,拓展国内外文化市场,促进文化资源整合和高端要素集聚,加强产业链上下游及区域间的分工与协作。同时,积极对接“一带一路”倡议，坚持"走出去"与"引进来"并重，大力发展对外文化贸易，不断提升文化产业的国际竞争力。

2021年8月，浙江省文化和旅游厅印发的《浙江省文化和旅游厅推进文化和旅游高质量发展促进共同富裕示范区建设行动计划（2021—2025年）》指出，要完善交流传播合作机制，提升合作平台，拓展交流渠道，加快形成"世界看浙江"文化对外交流传播的特色与优势。计划还明确了浙江文化的"出海计划"，提出设立浙江省对外文化和旅游交流精品项目库、打造100项供海外交流推广的精品的目标。在对外交流平台方面，要求建设国际丝绸之路与跨文化交流中心、丝绸之路文化研究院，以及建设30个左右省内国际人文交流基地。此外，计划指出要打造"丝路之绸""丝路之茶""丝路之瓷"三大交流品牌，做强"浙江文化旅游年（节）""诗画浙江与世界对话"等一批品牌交流活动，推进浙江"文化印记"海外宣传，积极创建东亚文化之都和亚洲最佳旅游城市。

【案例3-10】　丽水龙泉讲述中国技艺，书写新时代文化自信①

丽水有"三宝"，龙泉青瓷、龙泉宝剑和青田石雕。在推动扎根于乡土的非遗与世界其他文明进行对话的事业上，丽水当仁不让，主动出击，通过系列行动让本地文化金名片走向世界。

环球举办青瓷展。2017年，日本东京中国文化中心开展"日本·浙江文化年"展览项目，丽水设立了浙江龙泉青瓷生活主题展并对外展示；2018年9月，浙江省文化厅、丽水市政府和龙泉市政府在美国

---

① 案例参考资料："丽水三宝"文化金名片走向世界.丽水日报,2020-10-19(1)；中国新闻网.书写新时代文化自信浙江丽水"定格"中国好故事.（2017-11-15）[2022-06-30]. https://www.chinanews.com.cn/cul/2017/11-15/8377058.shtml.

纽约曼哈顿区联合国总部大厦举办"人类非遗·中华经典——龙泉青瓷巡展"。2020 年,丽水在韩国首尔中国文化中心设立海外首个丽水龙泉青瓷展示角,通过展览活动与学术对话等互动项目构造了一张以青瓷体现中国传统文化内涵与薪火相传技艺的文化网络。

踏足国际摄影领域,植入丽水印象。2014 年,丽水依托老厂房建立了丽水摄影文化产业园,在摄影创作中深入实践"绿水青山就是金山银山"理念,让乡村的自然风光与人文风物呈现原始状态。2016 年开始,丽水举办了摄影节暨国际摄影研讨会,通过艺术的交流,向外宾生动讲述中国故事与中国传统文化的内涵。

从丽水坚实的步伐中能够看到,面向世界,展望未来,丽水的国际化之路汇聚着更多期待,也打开了更为广阔的空间。

小结:推动优秀乡土文化对外交流是传统文化创新性发展在面向世界维度的主要体现,应当创新与世界其他文明交流对话的互动机制,利用"线下 + 线上"的形式,拓展全方位的信息交流渠道。此外,集中式、广泛性输出更有助于打响国家级文化名片,塑造优质国家文化形象。建议先筛选出适合中国优秀乡土文化"走出去"的文化资源,打造特色品牌。

(三)数字赋能:保障文化全民共享

随着现代信息技术和新材料的迅猛发展,信息传递方式经历了根本性的变革。数字化技术赋予了传统文化一种新的再生与传播方式,对于促进传统文化资源的保护、提升文化的传播面和影响力具有重要作用。数字化还可助力整个文化产业,通过激发创新和创造活力,延伸文化产业链,优化结构,实现线上线下融合,为文化产业的转型注入了新动力。数字化技术以其开放性、低门槛和互动性,有效缩小了文化表达的差距,使得更多优秀文化产品能够惠及更广泛的群体。

2017年,《关于实施中华优秀传统文化传承发展工程的意见》发布,该意见将中国传统村落保护工程作为重点项目,并推动其数字化。同年,关于中国传统村落数字博物馆建设的通知印发,标志着这项工作的正式启动。2018年,中国传统村落数字博物馆正式上线,目前浙江省已有衢州市龙游县三门源村、宁波市宁海县许民村、金华市孝顺镇中柔村等33个传统村落上线数字博物馆。数字博物馆对传统村落中物质和非物质文化遗产的各方面信息进行线上保存、展示和管理,并为公众提供数字化展示、教育和研究等各种服务。

2021年,浙江省文化和旅游厅发布了推进文化和旅游高质量发展的行动计划,强调了加快数字化改革的重要性,旨在利用数字手段减小城乡及地区间的发展差距,放大共同富裕的影响力。该计划通过构建"1+4+N"全面的数字化改革框架,旨在全面实现文化和旅游领域的智能治理,同时升级"智慧文化云"功能,并构建多元的公共文化应用场景。在乡村场域内,着重打造"文E家""文化礼堂家"等应用场景,加强网上文化产品供给。

【案例3-11】 绍兴柯桥——数字赋能乡村智慧文化礼堂①

2021年5月,著名绍兴莲花落表演艺术家倪齐全来到湖塘街道宾舍村的古戏台,为村民现场表演流传在该村的一个美丽传说——蔡邕与赵五娘的爱情故事。村里文化礼堂智慧平台管理员钱军在现

---

① 案例参考资料:数智赋能文化礼堂.柯桥日报,2021-05-21.

场全程拍摄,随后回到文化礼堂,把视频资料上传到了村里新连上的柯桥区农村文化礼堂智慧平台。他说,节目入库后,全区的老百姓,只要想看倪老师的莲花落节目,随时随地点进去就可以看了。

据了解,"十三五"期间,柯桥区投入巨资在全区实现了文化礼堂全覆盖,但也存在节目供给途径单一、内容跟不上时代等问题。2020年以来,柯桥区通过搭建智慧化内容供给平台,实现了从实体礼堂,到智慧礼堂,再到掌上礼堂的转型。

柯桥区数智文化礼堂的智慧平台集纳各方资源,集成网络技术,集聚新兴媒体,通过纳入政府各部门和社会优质网络内容,接入现代数智终端系统、导入App、小程序等功能,全区300个数智文化礼堂为群众提供方方面面的精准服务。在这个系统里,全区百姓轻点鼠标,就能网上办理审批事项、看最新大片、共享喜马拉雅"有声图书馆"、实时了解交通信息等,特别是在新冠疫情期间,柯桥区依托文化礼堂智慧平台举行的全区农村直播带货比赛,不仅决出了一批直播带货网红达人,也为柯桥区的农产品销售开辟了新的渠道。活动期间的智慧平台点击量超过900万,农产品直播销售额超过5.3亿元。

"作为农村文化礼堂在数字时代的升级版,柯桥区通过系统性重塑智慧平台,提升了农村基层宣传思想文化阵地的落地功能和服务能力,拓展了文化礼堂的外延,也探索了新时代文明实践的新途径。"区委宣传部有关负责人说,柯桥区将进一步深化完善数智赋能文化礼堂工作,从而为全区群众提供更加精准、更加便捷、更符合时代发展的服务。

小结:数字技术是文化有机传承的重要载体,其日新月异的变化也为文化的数字化进程带来了无限的可能性。应及时关注数字技术最新进展，积极与技术供应商探讨应用型方案，大力推进文化领域的数字基础设施建设工作。同时，要注意数字素养差异对于文化共富传播可能产生的阻碍，积极消解和破除此类问题，最大限度地发挥数字技术在文化创新性发展上的能量，最大范围地使数字化赋能的优秀文化惠及普罗大众。

第四章

生态共美

2022年6月,浙江省第十五次党代会报告中正式发布了"诗画江南、活力浙江"作为省域品牌的主题词,这是浙江首次确立省域品牌关键词。"诗画江南"体现了浙江厚重的历史底蕴、优美的山水风光,"活力浙江"则展示了改革开放以来浙江经济社会的发展状态。"诗画"与"活力"并行,展现的是生态共美与健康经济的和谐统一,是"绿水青山就是金山银山"理论的凝练刻画。

现代人在物质生活得到极大满足之后回归对自然、健康、精神的追求,生态保护和绿色可持续发展的意识不断加强,人和自然和谐相处成为越来越多人的共识。习近平总书记曾强调,只有坚持生态文明建设,才能实现真正的可持续发展,"走老路,去消耗资源,去污染环境,难以为继"[1]!良好的生态环境和人居环境是最普惠的民生福祉,也是实施乡村全面振兴、实现城乡共同富裕、建设美丽中国、做大做强乡村旅游的基本支撑和重要组成。

---

[1] 让绿水青山造福人民泽被子孙——习近平总书记关于生态文明建设重要论述综述. 人民日报, 2021-06-03(2).

　　狭义的生态指自然生态,但广义的生态概念则包含人伦生态、政治生态、文化生态、经济生态、金融生态等内容。因此,乡村生态振兴不仅关乎自然环境,还涉及人文、政治、文化、经济等多方面的生态系统。全面的乡村振兴包括产业、人才、组织和文化振兴,这些共同构成了生态振兴的基础。

　　当前,我国乡村环境依然面临巨大挑战:一是农业生产中的水土污染问题严重。农业生产过程中过度使用农药、化肥等现象屡见不鲜,极大地破坏了自然生态,并对人类健康造成潜在威胁。二是乡村人居环境依然有待提升。由于农村生产生活和土地建设较为分散,生活垃圾、污水处理等基础设施配套成本较高,垃圾分类工作推进相对缓慢。三是一些环境污染较大的企业进驻乡村,严重破坏了原有的乡村生态,对乡村的生态环境带来极大的威胁。① 认识到上述问题的重要性之后,2005 年在浙江湖州的考察中,习近平总书记提出了"绿水青山就是金山银山"的理念②,即"两山"理论。该理论认为,虽然金山银山代表经济利益,但它们不能替代宝贵的自然资源。在面临环境保护与经济利益的选择时,我们应当做出明智的决策,实现经济发展与生态保护的平衡。这一理论是习近平生态文明思想的重要内容,在该理论的指引下,我国近年来大力推动基于自然生态保护修复的乡村环境治理和"美丽乡村"建设工作。

　　根据生态环境部的数据,中央政府自 2008 年起不断加大农村环境综合整治力度。截至 2019 年,已累计投入 537 亿元的专项资金用于全国农

---

① 郭晓彪. 新时代美丽乡村建设研究. 农家参谋, 2022 (5):16-18.
② 新华网. "两山"理论:新时代生态文明建设的根本遵循. (2020-05-06)［2024-01-11］. http:// www.xinhuanet.com/politics/2020/05/06/c_1125947142.htm.

村环境的综合整治,促成了 17.9 万个村庄的环境改善,直接惠及约 2 亿人的生活。[①] 同时,在"十三五"规划期间,中央政府拨付了 222 亿元资金继续支持 10.1 万个村庄的环境治理工作。据农业农村部发布的数据,截至 2020 年底,农村生活垃圾收运处置体系已覆盖全国 90% 以上的行政村,全国排查出的 2.4 万个非正规垃圾堆放点整治基本完成。[②] 这些措施显著提升了乡村环境质量。

　　"两山"理论始于浙江且兴于浙江,"两山"理论指导下的浙江省在乡村环境治理和生态振兴方面积极探索、勇于实践、成果显著,涌现出一批生态、经济和社会效益比较突出的优秀典范:通过推进"五水共治""三改一拆""四边三化""811 环境整治行动"等工程,对危害环境的行为进行了集中整治和修复;优化国土空间规划布局,促进了绿水青山与金山银山的长期协调发展。通过有效利用乡村的自然生态资源,浙江省推进了旅游休闲、创意农业、文化产业和绿色工业的发展,致力于将每个村庄转化为景区,这一策略被称为"万村景区化"。同时,通过实施生态补偿制度促进生态产业与环境保护的共同进步。2018 年,浙江的"千村示范、万村整治"工程因其在农村环境整治方面的显著成效,荣获联合国"地球卫士奖",这标志着其努力获得了国际社会的广泛认可。此外,2022 年 12 月,浙江省美丽河湖建设五年行动圆满收官,创建了一系列美丽的河湖,美丽生态廊道基本形成,进一步强化了城乡之间的和谐连接。浙江"七山一水二分田",山水资源丰富,实现"诗画江南"的背后,是浙江年复一年、久久

---

① 中华人民共和国生态环境部. 生态环境部 11 月例行新闻发布会实录. (2019-11-29)［2024-01-11］. https://www.mee.gov.cn/xxgk2018/xxgk/xxgk15/201911/t20191129_744897.html.

② 国家乡村振兴局. 加快补上农村发展短板 持续推进美丽宜居乡村建设. (2021-08-20)［2024-01-11］. https://nrra.gov.cn/art/2021/8/20/art_624_191346.html.

为功的付出。浙江对乡村生态振兴的不断探索是对"两山"理论的最佳实践，也是对"两座山"之间如何实现矛盾统一的最佳诠释。

一、绿色家园：宁要绿水青山，不要金山银山

作为"两山"理论发源地的浙江安吉余村，早年发展理念以经济优先为导向，然而在经济效益显著提升的同时，生态环境却受到了严重的破坏。因此，是否要以牺牲生态环境为前提换取经济效益成为余村亟待抉择的难题，到底是要"钱袋子"还是要"绿叶子"？"两山"理论给余村的发展指明了方向，这一新的发展理念，强调的是改善生态环境和发展生产力并不是非此即彼，而是相互成就的关系。保护自然环境是可持续发展、保障人类文明长存及履行我们人类的使命与责任的关键，和谐的人地关系不仅是可持续发展的基础，也为经济的稳固增长打下了坚实的基础。因此，守护好我们的绿色家园，就是守护好最基础性和本真性的财富。

"两山"理论代表了自然资本理论在中国特定发展背景下的再阐释和创新。自然资本（natural capital）或称自然财富，于1973年由舒马赫于其所著的《微少即美丽》中首次使用①，并由科斯坦萨和戴利进一步在辨析资源环境和经济问题中阐明，即自然资本是以生态系统服务作用于人类福祉的来源，而生态系统对于人类的价值难以用经济估量。② 自然资本不仅对经济增长具有直接作用，还具有非经济方面的影响。通常，拥有更多

---

① SCHUMACHER E F. Small is beautiful: a study of economics as if people mattered. London: Blond & Briggs, 1973.
② COSTANZA R, DALY H E. Natural capital and sustainable development. Conservation biology, 1992, 6(1): 37-46.

的自然资本意味着更明朗的经济安全和发展前景。自然资本理论强调了自然生态的双重价值：外在价值体现在其对人类、事物和活动的影响，而内在价值则关乎其自我维持的能力，包括其稳定性、和谐性、良性循环及平衡发展。因而，自然的价值由其内在价值和外在价值共同构成。

我们应当同时重视自然资本满足人类需求的外在价值和其不可替代的内在价值。这是因为，人类生存依赖于生态系统的完整、平衡和稳定，以及与其他物种和整个生态系统之间的相互适应关系，人与自然之间存在互惠共生的关系。人类文明的发展虽依赖于对自然资源的利用，但这种利用应当在尊重和保护自然资本的内在价值的前提下进行。理解并妥善管理自然资本对于推动经济、社会和生态环境的和谐共赢具有极其重要的意义。

自然资本理论的发展对传统的经济学和经济价值测量都提出了挑战。戴利认为，20世纪以来的经济快速发展已经让人类社会从空洞的世界经济学（empty-world economics）进入完整的世界经济学（full-world economics）。[1] 在前一阶段，经济规模较小，经济系统扩张较慢，还不足以挤压和侵占生态系统，经济活动对自然资源的开发可以不受太多的资源和环境限制，更多是受到有限的人造资本约束；而到了完整的世界经济学阶段，经济系统的扩张已经对生态系统造成了威胁，如果不注重对自然资源的保护，环境退化和资源耗竭将使经济活动失去基础。所以，如今我们需要用长期可持续性的理念看待经济系统和生态系统的关系：保护自然，

---

① DALY H E. From empty-world economics to full-world economics: recognizing an historical turning point in economic development. Population, technology and lifestyle. Washington, D. C.: Island Press, 1992: 23-37.

就是培植自然价值和自然资本的过程,就是保护和发展生产力。需要特别重视生态资源内在的、不可替代以及不可经济量化的价值。

"两山"理论强调了人与自然和谐共处的关系,是我国经济发展方向变化最直观的体现,为新时代生态文明建设提供重要指导。"两山"理论让我们从全新的视角认识到:生态保护与经济发展并非处于对立层面,它们的关系是辩证的,两者可以协同共生。生产力的发展并非以牺牲生态环境为前提;实际上,当生态环境得到有效改善时,生产力往往能得到显著提升。自"十四五"规划实施以来,浙江省致力于深入实施"两山"理论,坚定不移地以生态文明的先进性引领发展,全方位推进生态恢复与生物多样性的保护。此外,浙江还全面促进经济和社会的绿色转型,不断推进生态文明建设的深入,努力实现从"美丽浙江"到"诗画浙江"的战略转变。在此进程中,一方面开启了人与自然和谐共生、生态文明高度发达的"重要窗口",另一方面充实了新时代的审美和文化内涵。

（一）生态修复，还原特色生态底色

生态修复构成了生态保护和生态文明建设的根本。2015 年,中共中央、国务院印发的《生态文明体制改革总体方案》首先确立了建设美丽中国的宏伟目标,旨在优化人与自然的关系,解决显著的生态环境问题,确保国家的生态安全,改善环境质量,提升资源使用效率,促进人与自然和谐共生的现代化新格局的形成。同年,《加快推进生态文明建设的意见》进一步指出,生态建设和修复应主要采用自然恢复方法,并适当配合人工修复,这具有深远的意义。党的十九大报告进一步强调"坚持人与自然和谐共生""统筹山水林田湖草系统治理"等议题,顶层设计和工作指导都高度重视生态重建。2023 年 7 月,习近平总书记在全国生态环境保护大会上指出,坚持山水林田湖草沙一体化保护和系统治理,构建从山顶到海洋的保护治理大格局,综合运用自然恢复和人工修复两种手段,因地因时制宜、分区分类施策,努力找到生态保护修复的最佳解决方案。① 对生态建设与修复工作的多次强调,充分体现了我国对生态环境保护、全面推进美丽中国建设的高度重视与深谋远虑。

实施生态修复政策需要建立完整的绿色思想体系。这包括六大核心理念:尊重、顺应、保护自然;发展与保护的统一;绿水青山就是金山银山;自然价值与资本的结合;空间均衡;生命共同体的维护。此外,基本方针应侧重节约和保护,并以自然恢复为主来应对生态问题,保障生态安全,并促进人与自然的和谐共生。最终,系统论的综合治理理念应被采用,以增加自然资本的价值,全面增强生态系统的服务能力,保护构成生命共同体的山水林田湖。

遵循以上准则,我国近年来将"修复一方土地,守护绿色生态"作为生态修复工作的总体纲领,全面推进山水林田湖草沙系统的综合治理工作,在维护绿色生态的道路上摸索前进、不断创新,取得了优异的治理成绩,为社会的可持续发展持续蓄力,浙江省在其中发挥了重要的先锋模范作用。2023 年,浙江省自然资源厅组织编制了《浙江省国土空间生态修复规划(2021—2035 年)(征求意见稿)》,加快推进国土空间生态修复提升,强化山水林田湖草等各种生态要素的协同治理,重点提升人居环境,打造一个天蓝水澈、海清岛秀、土净田洁、绿色循环、环境友好、诗意宜居的现代化生态浙江。

---

① 新华网. 习近平在全国生态环境保护大会上强调 全面推进美丽中国建设 加快推进人与自然和谐共生的现代化. (2023-07-18)[2024-05-06]. http://jhsjk.people.cn/article/40038459.

【案例4-1】 温州洞头生态养海、拥海而兴①

温州洞头地区近年来依靠着海洋资源积极发展海洋经济,然而,如何平衡资源的合理开发与有效保护依然是一个棘手的难题:在近岸海域污染趋势尚未得到有效遏制的大环境下,滨海景观沙滩受台风、风暴潮等灾害频发以及人为干扰的影响,受损程度日益加剧,岸线景观破碎化较为明显,海湾整体面貌凌乱不堪。

旅游的导入让问题逐步迎刃而解。洞头海湾的沙滩经过文化旅游公司的管理、维护和营销,被成功打造为"网红"沙滩,吸引了大批游客。每到周末,这里几乎爆满,游客的车辆停满了停车场,周边区域的商贩生意兴旺。此举不仅让周边企业享受到了海洋旅游发展的红利,还降低了沙滩后期维护的成本。

那么,洞头是如何实现蓝湾生态的"华丽逆袭"的呢?

顺应自然,修复海洋生态系统。洞头本着尊重自然、顺应自然的原则对海洋生态系统进行修复。首先,全力复原沙滩岸线,共修复了10个被过度挖掘、侵蚀退化的沙砾滩,面积达15万平方米,累计修复岸线22.76公里,还原了岸线亲水功能。其次,洞头筑巢引鸟、保护鸟类,采用假鸟模型和鸟叫声回放招引鸟类,修复鸟类栖息地,吸引了黄嘴白鹭等79种鸟类栖息繁衍。总的来说,洞头实施的"破堤通海"和"退养还海"工作,不仅改善了渔港水质和通航能力,更激发了渔港经济活力。

---

① 案例参考资料:浙江省自然资源厅. 中国生态修复典型案例|温州洞头蓝色海湾整治行动. (2021-10-19)[2024-01-11]. https://zrzyt. zj. gov. cn/art/2021/10/19/art_1289955_58944893. html.

　　民资参投,探索社会资本共建模式。凭政府的一己之力是无法持续进行海洋生态修复项目的,因此洞头发挥温州民营经济优势,按照"谁修复、谁受益"的原则,共吸引 10 多家民企参与,实现了从政府"孤军奋战"到引入社会资本"共同参与"的深刻转变。例如韭菜呑沙滩修复采用"村企共建"模式,村民通过参与陆域配套设施建设、后续运营等方式获取收益,实现了政企双赢。

　　数字赋能,设立蓝色海湾修复标准。洞头率先出台了蓝色海湾整治修复评价指数体系,构建了共 8 个方面 16 个指标。同时,通过海上生态浮标、碳通量观测塔、海洋牧场水下监控系统等监测平台,实时监控蓝色海湾指数,实现生态系统数字化。

　　法治护航,构建全民参与体制机制。洞头构建蓝湾生态司法保护机制,联动三地法检两院,发布浙江省首个海湾生态司法保护协作机制,扩大了海湾保护圈。落实湾滩长制度,68 个湾滩全面覆盖,"两代表一委员"参评"最美""最脏"湾滩。

【案例 4-2】　双浦镇全域土地综合整治①

　　"西湖除去西子湖,还留湖埠十景图。"从清代《定乡小识》的文述中,今人能领略百年前张道笔下"湖埠十景"的美景和铜鉴湖公馆山下驿馆的车马云集。张道所记叙的这片土地就是如今的双浦。

　　双浦镇地处钱塘江、富春江、浦阳江三江交汇口,西面与西山山脉相连。然而,谁曾想,在解放前,双浦饱受江潮和山洪的摧残。新

---

① 案例参考资料:浙江省自然资源厅. 中国生态修复典型案例丨浙江杭州西湖区双浦镇全域土地综合整治与生态修复. (2021-10-21)［2024-01-12］. https://zrzyt. zj. gov. cn/art/2021/10/21/art_1289955_58944973. html.

中国成立以后，在党和政府的领导下，南北大塘先后历经 7 次大型修筑，从土塘代代演进最终成为如今雄镇江潮的巍巍大塘。同时，双浦地区自 20 世纪 60 年代起先后建造了板壁山水库、沿山南渠、白茅湖和三阳排灌站等一系列水利工程。解决钱塘江水患之后，在过去 40 余年时间里，双浦镇又逐渐面临因下游潮水顶托和上游大坝拦截，导致富春江北支江淤积断流、区域内水生态破坏等问题。

双浦镇近年采用了"内涵综合、目标综合、手段综合、效益综合"的策略，实施了全域规划和整体设计，推动了生态修复工程。基于本地独特自然资源，该镇采纳了"全面保护、积极恢复、加强管理、合理利用、迅速实施"的策略，坚持全域规划以优化生产、生活和生态空间；实行全要素整治，激发以生态共同体为核心的乡村振兴活力；并推进全产业链发展，采取创新的土地整治模式。这一系列措施致力于解决土地使用的一系列问题，产生了环境保护、生态改善、社区发展和经济增长的综合效益。

2021 年，双浦镇全域土地综合整治工作成功入选联合国生物多样性大会发布的《中国生态修复典型案例集》，实现了从零到一的跨越，为助力乡村振兴、促进城乡共同富裕添砖加瓦。其具体成就表现在以下几个方面：

农村人居环境提升。实施了 21 个村的美丽乡村建设，通过综合环境整治，包括立面整治、庭院改造、道路升级以及基础设施建设等，每个村落因此展现出独特的风貌和特色，彰显"一村一品、一村一景、一村一业、一村一韵"。

农田生态系统改造。采取了多项措施清理农田周围的堆场和废品收购点,拆除不合规的养殖场,消除乱建现象,并推进高标准农田建设、旱地改造为水田等基础设施建设,确保农田生态系统的平衡和改善。

河道水系整治。采取治水剿劣行动,打通23条断头河,提升改造30条劣 V 类河道;实施富春江北支江疏浚工程,建成社井配水泵站及沉砂池、沿山南渠输水渠道;采用生态护岸,种植各种水生、湿生植物,营造有利于鸟类及陆生动物生存繁衍的水生生态环境,改善包括动物、微生物和无机环境在内的整个自然环境结构。

废弃矿山生态修复治理。开展废弃矿山生态修复治理,采用修整、复绿、挂网保护等手段,完成西山、下羊废弃矿山及新塘废弃矿山治理,展现出山青水绿、人与自然和谐共生的迷人风采,初步形成了生态环境和生态经济良性互动的生态建设保障体系,实现生态效益、社会效益、经济效益"三赢"。

小结:保护生态环境就是保护生产力,改善生态环境就是发展生产力。良好的生态环境是最公平的公共产品,是最普惠的民生福祉。生态资源不可替代,用之不觉,失之难存,因此我们绝不能以牺牲生态环境为代价换取短暂的经济发展,必须以可持续发展的理念看待生态和经济的关系。我国提出的美丽中国建设旨在给子孙后代留下天蓝、地绿、水净的美好家园。在此过程中,需要坚持节约资源和保护环境,推动绿色发展方式和生活方式的转变,协同推进人与自然和谐共生,保障人民富裕、国家强盛。乡村作为推进生态文明建设的一个抓手,更应引起我们的重视。然而,社会经济发展过程中肆意开发资源、破坏乡村生态的行为依然屡见不鲜。提高乡村活力的关键就在于不损害其可持续发展能力,生态保护就是其中重要的一环,农村的生态环境保护和修复工作依然任重道远。

（二）环境整治,擦亮美丽乡村本色

2018 年中央一号文件明确提出:"乡村振兴,生态宜居是关键。"对于乡村而言,优良的生态环境不仅是宝贵的自然资产,也是推动发展的重要动力。实现乡村振兴战略的核心在于优化农村居住环境和创建宜居乡村,这关乎村民的经济利益和乡村的持续发展。具体而言,对农村生活垃圾、污水和厕所粪便的综合治理,不仅是解决目前环境问题的紧迫任务,也是实现长远生态保护目标的必然选择。

根据《全国农村环境综合整治"十三五"规划》的统计数据,我国许多乡村在卫生保障基础设施方面存在严重缺陷。约 40% 的建制村缺乏垃圾收集和处理设施,78% 的建制村没有建立污水处理设施,同时大量的畜禽养殖废弃物未得到有效的资源化利用或无害化处理。这一状况导致了农村环境"脏乱差"的普遍问题,38% 的农村饮用水水源地缺乏划定的保护区或范围,近半数农村未设置规范的警示标识,部分地区的农村饮用水水源甚至面临安全风险。每年农村产生的超过 90 亿吨生活污水和 2.8 亿吨生活垃圾,由于处理不足,造成了广泛的环境污染。

2003 年 6 月,浙江省从农村居民最关心的村庄环境方面入手,旨在解决农村人居环境脏、乱、差等问题,在全省范围内推进"千村示范、万村整治"工作。这项工程在同年 7 月被作为重要内容纳入浙江省"八八战略"重大决策部署中。2017 年,"千村示范、万村整治"工程取得了阶段性成果。在此基础上,浙江省另辟蹊径、勇于创新,在全省范围内推出了"万村景区化"工程,目标是将省内一万个村创建为 A 级景区村庄。四年时间

里,以"万村景区化"展开的工程不仅让浙江省一万余个乡村完成了景区村庄创建,还让它们超标实现了发展层次的提升,最终呈现出集自然、产业、文化景色于一体的"万村皆景"的美丽景象,为全国美丽乡村建设树立起了标杆。作为经济发展大省,浙江也曾尝过"粗放发展"的苦果,生态环境经受过较大的考验,发展与保护的矛盾在农村尤为突出。"'万村景区化'是对'千万工程'的延续和深化,是浙江在'八八战略'引领下践行'两山'理念,努力改善农村人居环境、守护绿水青山的一场接续奋斗。"根据孔祥智和卢洋啸提出的生态宜居模式①,浙江的"万村景区化"模式属于农业旅游业融合带动型,即依托大城市的客流量,打造农业旅游业融合发展的新业态,使乡村成为城市居民休闲、观光、度假的"后花园"。这既能提升乡村的整洁程度、环境优美度,吸引更多的游客,又能壮大村集体经济,吸引社会资本进入乡村助推其发展。

【案例4-3】 王坛定制"生态洗衣房"②

水,泽被万物,是生态之魂、环境之核,关系经济发展,关乎百姓民生。地处小舜江饮用水源头的绍兴王坛镇,南北两溪环绕集镇而过。为了更好地保护绍兴人民的"大水缸",近年来,王坛镇以源头治理为治本之策,以截污纳管建设为基础支撑,先后关停搬迁工业企业39家、畜禽养殖场16家,对企业和农业污染实行全面搬迁,但生活污水的治理依然是难题。镇上年长的居民已形成了常年在河边洗衣裳

---

① 孔祥智,卢洋啸. 建设生态宜居美丽乡村的五大模式及对策建议——来自5省20村调研的启示. 经济纵横, 2019 (1):19-28.
② 案例参考资料:绍兴网. 柯桥区王坛镇保护小舜江水源有了新"动作". (2019-07-14)[2024-01-12]. https://www.shaoxing.com.cn/news/content/2019/07/14/content_2708295.htm.

的习惯，但是含磷的洗涤剂直排河溪极易造成水污染。如何让村民们改变习惯，不再在溪边洗衣？沿河洗涤是南北溪治理的痛点和难点。

2019年，王坛镇以洗衣房为起点，从自身情况出发，制定生态洗衣房建设方案，实现污水零直排。对于新建的六个生态洗衣房，在选址时充分考虑到居民的就近需求，而且非常注重和王坛镇优美的生态环境、悠久的历史文化结合起来，使它们成为家门口的一道风景。每一个生态洗衣房俨然是一条"景观休闲长廊"，外面古色古香、黑瓦红柱，里面村民一边唠嗑一边洗衣，儿童在长椅上嬉戏玩耍，一片其乐融融的景象。长廊一边设置了12个花岗岩洗衣槽，另一边则是供人休憩的长椅。这些洗衣槽、洗衣池的污水都实行外排，全部纳入王坛镇生活污水外排管网系统。

不染琴池水，仍闻衣杵声。"生态景观洗衣房"不仅洗掉了河水洗衣旧俗，洗出了文明新俗，还成了当地的一道文明景观。如今，王坛镇的溪水，如同一条绸带，将美丽经济、美丽产业、美好生活串联起来，使绿水青山逐步过渡到金山银山，八方游客在小桥流水间体验乡村生活，百姓在粉墙黛瓦下收获"旅游红利"。这样的生态环境，源于牺牲暂时利益，但换来的却是王坛做好"生态+"文章、造福一方百姓的巨大贡献。

【案例4-4】 三门"美丽庭院"革命①

2018年，围绕庭院革命、垃圾革命、厕所革命等"三大革命"，三门县启动了"百村万院海上大花园建设"行动，并将其作为实施乡村振兴战略的一项重要内容。这场海上大花园行动，不仅仅是砖头、水泥、绿植等元素组合奏出的一首农村工程协奏曲，更重要的是使看不见的变化正发生在这些被改造得如园林般精致的海边农村里——"蔬菜是盆景，茶树是篱笆，一院一风景、一院一主题、一院一特色"。

在"庭院革命"中，三门鼓励发展"庭院农业""森林人家"等庭院经济，引导农户在自家庭院种植果蔬、盆景等植物，做到季季有花、月月见绿；在"垃圾革命"中，发动农户开展垃圾分类、推进城乡环卫一体化、因地制宜建设终端处理设施，推进垃圾分类投放、分类收集、分类运输、分类处理，努力实现垃圾不落地；在"厕所革命"中，有序拆除全县5000多座露天粪坑，以村为单位，通过新建、改造提升等方式，做好污水处理、改厕规划设计等工作，并新建、改造公厕474座。

同时，三门县全面建立以县、乡镇(街道)两级财政投入为主、多渠道筹资为辅的经费保障机制，并积极开展全县"十佳"美丽村竞赛、部门结对竞赛、乡镇(街道)竞赛、美丽庭院竞赛、文创竞赛等多种竞赛活动，使得美丽乡村建设工作更加丰富多彩。未来，三门县将通过更多的活动，统筹推进村庄环境整治、基础设施建设、特色农家乐发展，通过几年努力，实现农村垃圾分类处理全覆盖，全面消除露天粪坑，建100个村、10000户美丽庭院，打造美丽乡村升级版，为全省大

---

① 案例参考资料：浙江在线. 打造秀美庭院 扮靓美丽三门. (2017-06-03)［2024-01-11］. https://zjnews. zjol. cnm. cn/zjnews/tznews/201706/t20170603_4160372. shtml.

花园建设提供三门样本。

小结："美丽就是经济，乡村就是风景。"近年来，全国各地将"美丽乡村建设"上升为统筹城乡发展、促进经济转型的重大战略举措并全面推进，致力于把农村打造成为美丽、生态、宜居的"新"家园。美丽乡村建设，不仅是深化农村改革的题中之义，也是关乎民生福祉的重要工作，它涵盖了广大农村地区经济建设、政治建设、文化建设、社会建设、生态文明建设的各领域各环节，而一切发展的基础都在于要保障生态文明建设的平稳发展。在美丽乡村建设工作推进的过程中，涌现出一批又一批具有特色的典型乡村。走在乡村振兴之路前列的浙江省应抓住这个发展契机，积极转变发展方式，优化人居环境，促进农村美丽宜居。

（三）低碳节能，扮演引领健康角色

党的十八大以来，我国居住环境质量显著提高，主要体现在人居环境和住房水平方面，但是也存在系统性欠缺、整体性不足等问题。其中，大量建设、消耗、排放的建设方式没有得到根本性改善，因此环保低碳理念受到越来越多的重视。总体目标是在 2025 年之前，基础性地确立城乡共同繁荣的绿色发展体制、机制与政策架构。此举旨在显著增强建设模式的绿色转型效率，有效推动减碳行动，减缓城市化进程中的各类问题，全面提升城乡生态环境质量。此外，该目标还包括提升城乡发展的整体质量、资源与环境的承载能力及综合治理能力，并大力倡导绿色生活方式。

自党的十九大以来，习近平生态文明思想进一步强调了绿色发展的重要性。该思想以民众福祉为核心，坚持生态、节约与保护优先策略，并秉持系统化方法，协调发展与安全，同时推动物质与生态文明的同步建

设。这一思想致力于实现碳达峰和碳中和,推动城市与乡村建设模式转型,促进全方位的绿色转型。2020 年 9 月,中国在第 75 届联合国大会上宣布的目标是在 2030 年前达到碳排放峰值,并努力在 2060 年前达成碳中和。随着中国在国际舞台上作出承诺,碳中和理念逐渐被大众关注,乡村建设也逐步体现这一理念。

在碳中和理念推动下,低碳节能、绿色发展已成为乡村建设的新理念。然而,低碳绿色乡村具体概念、实现途径、路径选择和技术模式等问题仍需进一步探讨和研究。此外,创建标准、评价方法、政策及策略等方面也需要深入研究。生态环境问题实际上可以归结为发展方式和生活方式问题。在绿色发展理念的引领下,将人的各类活动限制在资源和环境所能承受的限度内,推广绿色发展方式和生活模式至关重要。随着生态环境的改善以及经济收入的提高,人民群众保护生态环境的积极性和主动性会得到充分调动,进而形成良性循环。因此,低碳绿色乡村的建设,必须人、地、村三者整体联动,生产生活两手抓。

浙江目前在全力推进碳达峰,以低碳理念引领乡村产业转型及升级,遵循建设成本最小化和综合效益最大化原则,充分提高资源利用率和居民参与度,提倡健康绿色的生活方式,最终实现农村可持续绿色发展。[1]

【案例 4-5】　安吉余村书写绿色低碳新答卷[2]

浙江省安吉县余村坐落于天目山北麓。三面青山环绕,村口的石碑上刻着"绿水青山就是金山银山"。石碑背后,是青山和绿水交

---

[1]　李梅, 苗润莲. 韩国低碳绿色乡村建设现状及对我国的启示. 环境保护与循环经济, 2011, 31 (11):24-27.

[2]　案例参考资料:浙江余村奋力书写绿色低碳共富答卷. 中国环境报, 2022-04-18(1).

相环绕,生态与经济携手并进。石碑旁,前来参访余村的游客争相拍照留念;村里道路两边,"世界最佳旅游乡村"标志引人注目;各家门口,景观小品装饰一新,余村人热情地与来往的人们打着招呼。

作为"两山"理论的发源地,十多年来,余村人坚定不移地沿着这条道路,孜孜不倦地探索着"两山"转化的密码。在乡村振兴的号角声中,在高质量发展建设共同富裕示范区的征程上,余村都留下了自己的足迹。眼下,最吸引余村人的是"双碳"。聊天中,他们常常蹦出不少时髦的名词:"零碳村""碳汇"……

作为浙江省省级近零碳排放社区试点,2019年余村直接碳排放强度仅为0.04吨/万元,趋近于零。同时,2021年全村农民人均纯收入超六万元。在这里,以智慧农业、家庭农场、休闲观光为重点的乡村低碳产业体系正不断拓展"两山"转化通道,2021年共接待游客近90万人次,村集体经济年收入超800万元,走出了一条生态美、产业兴、百姓富的可持续发展之路。余村坚定不移地走绿色发展路线,致力让绿水青山实现经济效益、社会效益、生态效益的同步提升。

产业发展是前提。余村深入谋划布局彰显"两山"理论的乡村产业体系,在农业产业方面,着力打造智慧农场、家庭农场、休闲观光三大农业板块。在林下经济培育方面,与天林合作社共同经营全村6000亩山林,种植食用菌、中草药、珍稀乔木等,创建了国家级林下经济示范基地。同时,村里大力推动旅游观光,通过游憩地农产品展示中心等乡村经营点建设带动村休闲旅游业态日益丰富。

碳汇创收新举措。余村把6000亩竹林改造提升,流转给村集体,由村集体统一与安吉县生态资源交易平台签订了碳汇合作协议。

原来,竹林对二氧化碳有极强的吸收能力,只要管理得当,就能持续产生碳汇。按照当下每吨约56元的碳汇市场价,收益不容小觑。余村人对这一新发展模式充满期待,除了能收到租金外,还能以竹林管理员的身份拿到工资,更让人动心的是,他们还可以把将来产生的碳汇收益以股金形式入股。这样一来,一片竹林,就可以让余村人实现租金、股金、薪金"三收益"。

旅游带动共富裕。 余村人大胆地辟出一条11公里长的山体绿道,像是一条"空中走廊",将连绵的青山重新铺排,直通天荒坪电站、云上草原等周边优质旅游项目。构建"1+1+4"区域抱团发展机制,推进余村同集镇及周边村庄的产业互补、联动发展,同时加强绿道建设、绿色农房建设、废弃物处置,打造零碳、低碳的无废村庄。

低碳生活人人行。 余村广泛宣传低碳生活的理念,每年组织村庄志愿者进行植树增绿,倡导低碳生活从我做起、从小事做起、从现在做起,构筑低碳生活的绿色图景。同时搭建碳排放信息管理平台,通过大数据全面掌握全村生产、生活、生态变化态势,及时了解并解决低碳发展面临的制约因素,逐步建立起低碳发展的制度体系。

【案例4-6】　定海"净零碳"描绘健康生活新图景[①]

近年来,定海推进全区生态文明建设顶层设计,立足资源禀赋与基础优势,把净零碳理念贯穿乡村振兴工作始终,积极探索净零碳乡村建设的道路。早在2019年联合国人居署推进可持续发展项目时,定海的新建村就入选了净零碳乡村典型案例。2020年起,定海又与

[①] 案例参考资料:浙江省人民政府网.定海探索净零碳目标下的乡村振兴.(2021-09-25)[2024-01-12].https://www.zj.gov.cn/art/2021/9/25/art_1554470_59129552.html.

同济大学团队合作,全面开启对净零碳乡村的技术、产业、规范以及全域推动等系统研究。2021年9月,定海又正式启动了联合国人居署中国首个净零碳目标下的乡村振兴项目,并制定了以《净零碳乡村规划指南》为遵循的定海净零碳乡村十项导则,系统推进能源、建筑、交通等重点领域绿色低碳转型,立足当地海岛条件,逐一开展落地改造、转化和创新运用。

在应对气候变化的大时代背景下,向低能耗、低排放、低污染的低碳经济转型已成为以海洋经济为主导的海岛地区发展大趋势。定海位于长江口与杭州湾的交汇处,共有大小岛屿128个,地处海岛让定海处于应对气候变化和海平面上升挑战的前沿。同时,随着国家战略目光更多地投向海洋,海岛作为开发海洋资源的重要基地,在城乡发展中的重要性日益显现。在此双重背景下,定海探索净零碳乡村建设,既是响应国家的战略目标,也是本身发展的迫切需要。兼具海岛和乡村两大特征的特殊区位也赋予了定海实践先行的示范意义,通过净零碳发展推动乡村振兴,符合定海丰富自然资源禀赋特征、自身产业结构特征及未来发展目标。

目前定海乡村所有的开发项目都立足生态环境优势、遵循绿色低碳循环发展方向,体现在建筑节能、发展清洁能源、水和废弃物循环等方面。但同时,定海共有79个农渔村,不同类型的乡村发展模式有所差异,因此所采取的减排策略富有针对性。定海借助专业化力量,通过实地考察和深入研究,根据各乡村产业发展的趋势和人口发展特征,将乡村分为综合发展型、生态农业型、特色保护型及生活服务型,"一村一策"制定净零碳乡村建设实施方案,明确各村需要推进的各类项目。

净零碳实践还成了定海乡村旅游发展建设的助推剂。2021年，定海推出以净零碳乡村为特点的文化旅游，建成净零碳展厅，开馆两个月吸引市内外游客两万余人次。同时，还修建了全国首条海岛国家登山健身步道，用传统工法修复破损的古道、古驿道及相关设施，催生"步道经济"，推动低碳生活方式。

定海在规划美丽乡村建设之路、发展旅游经济的过程中，时刻保持绿色先行：布局建设骑行步道、旅游驿站、生态停车场等"零碳型"基础设施，完善绿色出行体系，构建15分钟全村可达慢行交通圈和高效公共服务圈。各类民宿规划从初期便明确了保持建筑与生态平衡、凸显自然野趣的经营理念和方向，建筑在保留原有特色的基础上，细细打磨、增绿补绿、独立成趣。民宿建造的过程中大多使用闲置老木头、石材等材料，减少运输，减少碳排放量。民宿还采用双层中空玻璃、新风系统等工艺以减少能耗。民宿的吸引力不仅体现在绿水青山上，更体现在净零碳理念里，打造招揽游客的一大亮点。

净零碳实践为定海的美丽乡村建设和乡村旅游带来了长远发展。如今闲庭信步于定海的乡村，人们不仅能欣赏到青山环抱和秀丽的田园风光，更能感受到这些乡村在经过净零碳理念洗礼后焕发的生机。

小结：在"碳中和"推动下，建设低碳绿色乡村是乡村振兴的必要选择。但各个乡村条件各异，能否兼顾居民意愿及需求，能否带动相关产业发展，需要因地制宜、精准施策，结合区位优势、资源条件、基建配套等，先做好顶层设计，再找准发展方向，从而引领乡村建设，促进乡村振兴。低碳发展理念的普及更是离不开人民群众对低碳生活方式的接纳和践行。因此低碳绿色的乡村发展,需要人、地、村系统整体考虑、联动,做好前期规划设计,该改造的改造、该保护的保护、该融合的融合,质量优先、农民为主、久久为功。

二、绿色财富：既要绿水青山，也要金山银山

绿水青山本身就蕴含着经济价值,并可以源源不断产出金山银山。马克思主义认为,自然资源作为劳动资料,是构成生产力的基本要素。在实际的社会生产活动中,人和自然是不能割裂开的。人的创造活动是不能脱离自然界而产生的。因此,保护自然生态就意味着保护自然资本,对经济社会的发展也是一种保障。时至今日,社会发展和生态的关系更加密不可分,两者之间的相互依存关系日益密切。"鱼逐水草而居,鸟择良木而栖。"在其他条件不变的情况下,人们更愿意到有着良好自然生态的地方投资、发展、工作、生活和旅游。基于这样的背景,我们要把产业培育当作生态振兴的动力源,因地制宜发展生态农业、乡村旅游、休闲养老等多种新型业态,不断挖掘生态价值,发展美丽经济,变"输血"为"造血",促进乡村的可持续发展。

在工业文明的语境下,不论是专家学者还是普通群众都有着环境与发展会相互阻碍的刻板印象。人们普遍认为,经济的高速增长往往会导致环境的恶化。然而,在生态文明的语境下,经济发展和生态文明建设都被认为是不可或缺的部分,二者统一而非互相对立。唯有尊重自然、顺应自然、保护自然,才能让"绿水青山"向"金山银山"转化,最终实现人与自

然和谐共生。"绿水青山就是金山银山",就是正确处理环境与发展的关系,这是"绿水青山就是金山银山"理论对环境和发展问题在新时代的科学定义。

从资源基础观(resourced-based view)理论来看,生态资源不应该被看作企业的发展阻碍和负担,而是可以内化为企业的无形或有形资源,能够转变为独特的能力。伊迪斯·彭罗斯(Edith Penrose)在 1959 年提出的"企业不仅仅是一个行政管理单位,企业更重要的存在形式是生产资源的集合"观点,为资源基础观的发展奠定了基础。[①] 20 世纪 80 年代,资源基础观受到了学者的大量关注而得以快速发展,代表性学者有伯格·沃纳菲尔特(Birger Wernerfelt)[②],杰伊·巴尼(Jay Barney)[③]和玛格丽特·彼得罗夫(Margerat Peteraf)[④]等。沃纳菲尔特从战略管理的视角研究和发展了企业的资源观,从资源的角度来解读企业,认为企业能够识别使其获得高额利润的资源类型,并相对于"进入壁垒"提出了"资源位置壁垒"的概念。他认为企业注重维持现有资源的开发和发展新资源之间的平衡,以及企业可以利用市场的不完全性,将购买廉价资源获得丰厚回报的机会最大化。彼得罗夫进一步阐述了资源基础观的经济基础,指出企业维持竞争优势需要同时满足资源的异质性、事后限制竞争、资源流动性

① KOR Y Y, MAHONEY J T. Edith Penrose's (1959) contributions to the resource-based view of strategic management. Journal of management studies, 2004, 41 (1): 183-191.

② WERNERFELT B A. Resource-based view of the firm. Strategic management journal, 1984, 5 (2): 171-180.

③ BARNEY J. Firm resources and sustained competitive advantage. Journal of management, 1991, 17 (1): 99-120.

④ PETERAF M A. The cornerstones of competitive advantage: a resource-based view. Strategic management journal, 1993, 14 (3): 179-191.

受限和事前限制竞争四个条件。资源的异质性意味着拥有边际资源的公司能够使企业经营保持盈亏平衡，而拥有优势资源的公司才能够赚取租金。事后限制竞争指企业在获得优势地位后需要设置竞争限制才能够维持租金收益，不可模仿性和不可替代性是事后限制竞争的两个关键要素。资源流动性受限指使资源为企业所留用，这类资源可以是完全不可流动的，也可以是用于其他用途、会降低其价值的资源，如企业员工。事前限制竞争能够防止成本抵消租金，一方面，企业在具有竞争优势之前，可以限制事前竞争以获取优势资源；另一方面，企业获取优势资源的事后价值与获得资源的事前成本之间存在差异，从而可以获得净收益。

从资源基础观角度出发，企业和政府在面对"既要绿水青山，又要金山银山"的问题时，需要将绿水青山转化为自己的内在资源，从而实现异质性市场竞争优势，实现"绿水青山就是金山银山"的转化。

（一）乡野内涵，创造美丽乡土经济

乡村文化区别于城市文化并扎根在乡村生活里。它是村民在长期进行农业生产、生活的过程中创造的物质和精神成果的总和，蕴含着浓厚的乡土人文气息。乡村文化并不仅仅是流于表面的文化形式，而更大程度上是一种深度内涵的体现——乡村居民淳朴敦厚、勤恳劳作的价值观和生活意象。文化有物质与非物质之分，乡村文化也不例外。首先，地域和资源决定了村民从自然界中获取生存材料的生产方式，进而决定村民的生活方式以及最终形成的乡村景观。地域根基的不同，使得乡村间的生产方式、生活方式和乡村景观形成差异，体现在文化上就是乡村文化的原真性和独特性。其次，每个村落的发展起源各不相同，它们背后的历史传说是其漫长发展历程中的重要符号。乡村因为这些独特的符号而具备了自身特色,并在时间长河里留下自己的足迹。最重要的是,乡村,对于当地居民来讲,是一种生活环境和生命印记。①

　　以上种种,构成了乡村意象、乡土精神的文化内核和精髓,也是吸引现代快节奏社会中游客向往乡村、返璞归真的核心吸引力。乡村并不意味着"土"和"俗",和城市现代文明相比也并不意味着落后和愚昧,乡村意象折射出的城乡差异是吸引外来游客参访的关键所在。这些意象,是乡村在长期的历史发展过程中在人们脑海里形成的"共同的心理图像",主要表现为乡村的景观意象和乡村的文化意象,隐藏在原汁原味的乡野背景中,蕴含在我们需要守护的绿水青山中。倘若抓住了乡村文化的主题独特性,并以乡村意象为氛围基调,与开发主题相呼应,将大大增强乡村的整体感染力和吸引力。相反,如果仅仅是对乡村的物化表象进行单一的复制,而非深挖其文化内涵,就容易陷入"千村一面"的尴尬境地,使得乡村意象丧失其原真性和独特性。

【案例 4-7】　原汁原味的乡韵乌村,桃花源般的度假村落②

　　乌村位于乌镇西栅历史街区北侧 500 米,紧依京杭大运河而立,总面积 450 亩(1 亩约 667 平方米)。以江南原有的农村风情为主题元素,保留了原有老房屋建筑面积 1600 平方米;全村围绕村落特点,内设酒店、餐饮、娱乐、休闲活动等一系列的配套服务设施,与乌镇东

---

① 博雅方略. 文化"活"起来,乡村生活才能旺起来. (2018-10-24)［2024-01-12］. https://www.onpku.com/research/perspectives/2018/1024/602.html.
② 案例参考资料:地道农旅. 乌村是中国乡村旅游开发的最高水准? 她是乡村振兴的另一种可能. (2020-10-13)［2024-01-12］. https://baijiahao.baidu.com/s? id＝1680447742084695062.

西栅景区联袂互补。

乌村是以传统的乡土生活为原型，在此基础上用"休闲度假村落"的方法打造的一个高端乡村旅游度假区。游客在这里可以安然无忧地静享乡村恬静时光，走在村里的道路上，所经之处都是真正的耕地，绝不是城里人家象征性的小菜园，这里百分之百符合费孝通先生《乡土中国》对传统中国农村的形容——自给自足的乡村生产景象。乌村的真实乡村底色向游客完全展现。这些看似平常的乡野景观，却是乌村特意希望展现的原真性。看似简单的安排，却处处精心设计。

以水为脉。乌村田园风情规划遵循以水为脉的空间生长模式，水体脉络、水系分支是空间布局的基础性结构骨架，由它再串联聚合出应有的活力内核。乌村至今还留有运河闸口的遗址、京杭大运河的两个典型港湾——望津湾和乌村湾。除了古代漕运物流文化，水网平原还关联着农耕文化和民俗文化。

自给自足的农庄经济。乌村农庄经济的主力方向主要有三部分：发展精品农产品种植加工的生产型农业、观光农业以及养殖业。乌村保留了耕地，村民采用的也是纯人工的耕作方式。凡此种种都展现出桐乡普通农村的面貌。产业的发展没有改变乌村的乡村底色，自给自足依旧是乌村生产层面的本质特征。

原乡原野的农作物景观基调。在具体的规划过程中，乌村回归了原乡的主题民宿设计。原先的房屋建筑得以保存，对民宿的改造主要体现在连廊的设计、主题的渲染和景观的点缀，建筑外立面都没有做过多的整修。通透自然的连廊使得原有的几个院落形成一个主题住宿单元,每个住宿单元都通过院落景观、房间内饰和景观小品,实现体验主题的差异化。院落景观以景怡人,如竹屋的竹林、桃园的桃林等;房间内饰以巧引人,如渔家的鱼灯、磨坊的石盘茶几等;景观小品以情动人,如渔家的小舟蓑衣、酒巷的酒瓶景观及灯饰、磨坊的磨盘等。过去村落的老物件,如今成为酒店的装饰品,比如渔家主题房的老渔具、磨坊主题房的老石磨,还有竹编的手工艺品、栽种的桃树、知青房上的标语等。

可读性村落的原生生活与现代休闲体验结合。乌村是一种"小而美"的存在,追求的不是规模,而是惬意的生活空间。村社民房都是由20世纪八九十年代建造的农村宅院改建而来,楼房结构大多是一楼一底。房间外围前场后竹的构造、黑色的瓦片,房间内白色的墙壁,无不充满着生活气息。这些在当地被称为"组团"的空间,形成了乌村独具特色的民宿区域。被称为"村委会"的前台,也是大堂、展厅和接待处所在。乌村在功能引导方面,拥有手工艺制作、文化创意、民俗体验、田野游憩等体验活动;在建设引导方面,拥有小型特色博物馆、特色酒店、有机农业园等建筑设施,延续了乡村原有的特色和肌理。占地450亩的乌村,一期所有餐饮住宿部分已投入运营,二期美食中心、活动中心还有户外活动比如篝火晚会的场地、演艺吧还在建设之中,未来将成为对 Club Med 模式的一个升级。

"社区式"的村落公共活动空间及和谐的"村民关系"。在中国传统的农村,村民的活动仅限于村内,邻里互帮互助,本族本家的集体化思想深深印在骨子里,"个体化"的概念并不突出。而如今农村的集体劳作和集体经济淡出历史,小家庭概念更加流行,人与人之间的合作逐渐减少，农村人们的感情纽带不如以往那么紧密，人情自然而然也越发淡薄。基于此背景，乌村的商业模式做出了调整，旨在还原传统的走家串户的习俗，让游客有一种亲切感和归属感。当游客戴上专属的"村民"手环，他们就自动成为村里的一员，可以在乌村管理者的指引下自由参加村里的各项活动。每天都有各样的休闲活动可供游客选择，让他们得以充分体会乌村劳作之人的日常，感受最淳朴的勤劳与快乐。在此过程中，游客可以真正地进入村民的角色，体验诸如采菱角、捕鱼、下地等农事活动。

【案例4-8】 生态赋能，丽水"山"字系品牌创造新价值①

丽水"九山半水半分田"，曾是浙江贫困人口最多的地区之一。丽水以山水清丽闻名，生态资源异常优越，森林覆盖率超过80%，生态环境状况指数连续17年在浙江省领先，素有"浙江绿谷"之称。

2013年12月，浙江省不考核丽水GDP和工业增加值后，丽水提出打造全国生态保护和生态经济发展"双示范区"。2014年，丽水入选首批国家生态文明先行示范区。丽水经济并未因此放缓，而是驶上了一条绿色发展的快车道。丽水2006年的GDP为362亿元，2013年增至983亿元，到2020年增长到1540.02亿元。此后，丽水探索建立新的价值核算评估应用机制，2018年，《丽水市生态系统生产总值(GEP)和生态资产核算研究报告》发布，破解"绿水青山"变成"金山银山"的可量化问题。GEP是指一个地区生态系统提供的产品和服务的经济价值总和。形象地说，GDP反映的就是一个地方"金山银

---

① 案例参考资料：澎湃新闻.丽水"红绿"融合发展探路老区共同富裕，让生态产品价值实现.(2021-06-21)[2024-01-12]. https://www.thepaper.cn/newsDetail_forward_13232410.

山"的价值总量,GEP 反映的就是"绿水青山"的价值总量。

在建立健全生态产品价值实现机制上先行一步的丽水,通过生态赋能、提升附加值的打法,让生态的价值得以实现。"丽水山耕"是以政府主导、协会注册、国资公司运营的模式创立的国内首个覆盖全区域、全品类、全产业链的地级市农产品区域公用品牌。2018—2020年,"丽水山耕"品牌生态农产品连续三年蝉联中国区域农业品牌影响力排行榜区域农业形象品牌类榜首。

贴有"丽水山耕"标志的农产品,市价平均提升 30%,溢出部分就是生态附加值。让生态为农产品赋能,综合提高农产品的市场价值,使得"两山"转化进程更加具象化。

在"丽水山耕"成功的基础上,当地又陆续推出以农家乐民宿为主的"丽水山居"公用品牌,这是全国首个地级市民宿区域公用品牌,政府通过制定放心民宿服务标准,标准化、差异化、产业化地推进民宿发展。丽水莲都区古堰画乡"驻 85"民宿,即便客房定价为 1000—2000 元一晚,也时常会被抢订一空。作为经营者,叶丽芳认为,窗外一览无遗的绿水青山美丽景色就是自己民宿的核心价值所在。

"丽水山景""丽水山居""丽水山泉"……越来越多的以"山"字系品牌为核心的特色品牌得以萌芽,发展态势越来越好。2020 年,全市生态服务业增加值 880.22 亿元,同比增长 5.4%,增速位居全省第一。丽水正随着生态价值转化为财富而走向共同富裕。

小结:将生态价值转化为可供消费的经济价值,实现"两山"转化,需要在乡村众多的生态资源中提炼出既让村民认同又会给消费者留下深刻印象的文化符号。而这些正是一个乡村文化的独特内涵和意象品牌。这些符号既可能是本土的建筑材料，又可能是民族图腾或生活素材……这种文化符号，可被用于村落的景观环境、交通指引、建筑形态、文化演艺、产品包装等乡村系统，亦可以被用于在乡村旅游中塑造原真性的旅游体验和环境氛围，还可以被物质化为具体的商品。对乡村的意象进行认真的阅读和提炼，准确而深刻地总结乡村的内涵，才能让游客和消费者获得真正的乡土情和乡野趣。通过文旅融合，实现乡村生态价值向经济价值的转变。

（二）红绿融合，激活绿色发展潜能

2019年，习近平总书记在河南考察时指出，"依托丰富的红色文化资源和绿色生态资源发展乡村旅游，搞活了农村经济，是振兴乡村的好做法"①。党的十九届五中全会进一步提出推动文化和旅游融合发展，发展红色旅游和乡村旅游。中国革命是从乡村走出来的，乡村承载了中国革命的红色记忆，推动红色旅游和乡村振兴融合发展，具有天然的基础。进入新发展阶段，要接续推进红色旅游健康稳步发展，传承红色基因、弘扬革命文化、凝聚奋进力量，助力乡村全面振兴。

一方面，随着爱国主义教育呈现大众化、常态化趋势，加之红色旅游体验质量持续提高、产品类型持续丰富，红色旅游的受众不再仅仅局限于传统的团队游客和政务群体，当代年轻群体参与和认同红色旅游的热情在逐渐提升。红色旅游的市场受众进一步扩大，市场机会也更为多样。

另一方面，发展红色旅游的重要性主要体现在以下两点：一是"红绿"

---

① 坚定信心埋头苦干奋勇争先 谱写新时代中原更加出彩的绚丽篇章. 人民日报, 2019-09-19(1).

融合有助于推动产业兴旺。红色文化资源为红色旅游发展奠定了基础，也为发展产业提供了新思路。二是通过红色旅游增收可有效提高村民的幸福感与认同感。从地理空间来看，红色资源大多分布在革命老区和乡村地区，因此以发展红色旅游带动经济发展具备良好的基础条件。

在"红色热土"上做好"绿色文章"，就是要努力将从属于境内的红色资源转变为绿色产业高质量发展的动力，最终绘出"红绿"融合发展的画卷。当前"红绿文化"资源具有物质文化和精神文化两种形态，物质形态是载体，精神文化是内涵。当前，"把红色资源利用好、把红色传统发扬好、把红色基因传承好"已成为很多地方尤其是革命老区的发展目标。然而，传统的开发手段容易忽视其内涵的延展和带来的社会效益、经济效益，这也是目前很多红色旅游景区面临的问题。因此，在经济发展和产业开发中，我们要坚持社会效益优先的原则，统筹好经济效益和社会效益的关系，留存好红色文物的原真性，同时提升红色景区公共服务，加强基础设施建设，在保护和开发之间找到平衡点，尽量降低对红色文化资源和绿色资源的破坏程度，同时避免过度商业化、娱乐化，让"红色基因"真正变成可持续的"发展基因"。

【案例4-9】　余姚四明山打造"红＋绿"体育品牌赛事①

2021年，浙江省体育局评定了十条寻访"红色根脉"运动线路。其中余姚的"寻访浙东抗日根据地·四明山户外越野"运动线路是宁波市唯一入选的线路。这条运动线路在户外运动员和爱好者中保持着极好的口碑，即使在2020年新冠疫情期间依然吸引了数百位专业

---

① 案例参考资料：浙江余姚四明山："红"与"绿"相得益彰　"文体旅农"融合发展. 中国旅游报，2020-11-17（7）.

户外爱好者和众多市民参与。到底是什么样的魅力让这条运动线路"出圈"呢？

余姚地貌结构素有"五山二水三分田"之称，南部的四明山区山峦起伏，散布大小不等的盆地和谷地，这里林深水清，生态环境优美，拥有"中国第二庐山"的美称。这里整体海拔不超过 1000 米，特别适合开展登山、越野、骑行等休闲户外体育运动。同时，区域内有红色根据地梁弄镇、丹山赤水等旅游景点，特别是梁弄镇，属于全国十九块抗日根据地之一，有"浙东小延安"美誉，是全国百个红色旅游经典景区和中国十大红色旅游景区之一。"寻访浙东抗日根据地·四明山户外越野"运动线路一方面利用四明山区良好的绿色山地资源，另一方面结合四明山区作为曾经的浙东革命根据地的红色旅游资源，将"红"与"绿"有机融合，共同演绎余姚文旅业态融合的新思路，发挥余姚"体育＋旅游"的双重优势，让红色文化与绿色资源相得益彰。

绿色环境和红色精神共同助力运动赛事。曾经的浙东抗日根据地梁弄镇是这条运动比赛线路的重要一站，有别于一般比赛在赛道设计中将各类自然景观纳入比赛线路中，"四明山户外越野"运动线路将余姚的众多红色文化遗迹串联起来，让运动员在参加比赛的过程中，既能感受到余姚的自然山水之美，也能在曾经的革命老区体会到革命先辈不屈不挠、勇往直前的红色精神。不少运动员赛后表示，在赛事中感受到的革命老区人民的热情以及沿途红色文化的精神激励，让自己在运动中获得了额外的前进动力。

文化资源与旅游经济融合打造区域品牌。余姚人文荟萃，经济富庶，不仅有以河姆渡文化为代表的远古文明，还是王阳明、虞世南、黄宗羲等名人的故里。但长期以来余姚的知名度不高,文化景观和资源并没有和城市品牌有效结合起来。通过举办"寻访浙东抗日根据地·四明山户外越野"这样的全国性运动赛事和活动,提升旅游景区的全国知名度,将这些文化符号传播出去,最终实现文化、体育、旅游等业态融合发展,助力城市形象和品牌的再升级。

【案例4-10】　温州平阳洞头红绿融合兴旅游①

浙江省温州市平阳县素有"浙南红都""浙江延安"之美誉,同时也是中共浙江省一大召开地。平阳境内革命遗迹众多,拥有巨大红色优势,因此如何讲好红色故事、增强文化内涵,如何创新发展形式、促进业态融合,是其推动文化旅游高质量发展的关键所在。

近年来,平阳县积极发展红色产业,以"红色文旅"为引线带动县域乡村振兴,探索全面小康新路径。通过开辟"红色＋绿色""红色＋研学""红色＋文化遗产"等特色旅游线路,实现了"红蓝绿古"旅游资源深度融合。2016年,平阳启动"红色旅游文化节";2017年,浙江省一大纪念园创成国家3A级旅游景区;2018年,投用水头至凤卧红旅主干道、垟头至红军桥红旅漫步道、冠尖至马头岗红旅记忆道等旅游道路,通过丰富旅游形式、聚焦绿色产业发展、完善旅游配套等多条路径,完善平阳"红色旅游"体系。

平阳县持续加大以省一大会址为核心的红色旅游经典景区建设,完善游客中心、标识系统、旅游厕所、停车场等基础设施,谋划"浙江红都"红色旅游文化产业区等系列项目,加快打造长三角知名的红

① 温州市文化广电旅游局.平阳:以红色为底色 推动文旅资源四色融合.(2021-03-04)〔2024-01-12〕.https://wl.wenzhou.gov.cn/art/2021/3/4/art_1660367_58886006.html.

色旅游目的地。目前,浙南(平阳)工农红军挺进师纪念园、中共浙江省一大纪念园已创成国家3A级旅游景区,凤卧镇凤林村等一批红色主题村庄创成省3A级旅游景区村。

除了完善景区基础设施建设,落子红色节会活动、打造"红色文旅名片",也是平阳县推动红色文旅又好又快发展的重要抓手之一。平阳县组织开展"省一大召开80周年纪念系列活动",还通过举办重走红军路、红色文化旅游节、红色旅游系列宣传推介等活动,持续带火红色旅游和红色教育。浙江省委党校平阳分校自投用以来,承接的培训班就有158期、10000余人。浙南抗日根据地旧址群获评全国爱国主义教育示范基地,被列入国家30条"红色旅游精品线路"。

红色教育、红色旅游的持续发展,有效激发了社会资本参与红色产业发展的积极性,平阳被列入温州市西部生态休闲产业带的26个重点项目,综合投资完成率100%,排名并列全市第一。位于鳌江镇的仙池庄园,是浙江省100个"最美田园"之一、省果蔬采摘旅游基地、省无公害果蔬生产基地,庄园内栽有杨梅树一万多株,总占地1200亩,风景秀丽、环境幽雅,建有CS、拓展、攀岩、射箭等训练基地和草坪露营基地。2020年,平阳推出寻味平阳二日游、畲乡风情二日游、"漫步红村"二日游、"山海之约"二日游、休养怡情三日游等五条乡村旅游精品线路,让游客浏览美丽乡村、品尝乡村美食、感受乡村文化。

随着知名度的打响,游客数量越来越多,平阳积极完善红色旅游配套设施,加快推进总投资14.6亿元、总里程116.4公里的12个红旅公路项目建设,推进游憩设施全覆盖。平阳县文旅部门积极联合交通、农业部门在旅游交通沿线的驿站、绿道等节点开展休憩设施建设,专门设置亭、廊、椅等供游客休息、观景。公共服务品质的提升,带来了丰厚的经济和社会效益。

小结:"红绿融合"是当下的热点问题,如何将红色资源更好地镶嵌在绿色图景中?赓续红色精神、弘扬红色文化,走文旅发展特色道路无疑是最适宜的路径。通过打造红色经典旅游特色乡村,让藏在"深闺"的美景、土特产变成人民群众致富增收的"动力源"是红色旅游景区发展的目标。要推动革命老区的可持续发展,不仅需要保持乡村原本的绿色,更要让那些镌刻在历史中的红色故事重焕异彩,谱写乡村振兴新的篇章。

第五章

组织共创

　　构建"共建、共享、共治"的新型社会共同体是推进协调发展、实现共同富裕的组织基础。在新的历史发展阶段，马克思主义的共同体理念和习近平总书记关于共同体的重要理论反映了人与自然、人与人、社会与社会之间相互依赖、命运与共的客观趋势。随着城市化进程的加快，基于亲缘和地缘关系的传统乡村社会的逐渐解体是乡村社会的基本趋势，探索替代性的乡村组织形式、构建新型乡村社会共同体是乡村发展的必然要求。

　　乡村振兴是政府、企业、社会组织、农户等不同主体协同共建的系统性工程，是资源、市场、品牌、人才、创业能力等多种要素融合共生的综合性工程，更是区域内、跨区域协作联动的战略性工程。《中共中央关于坚持和完善中国特色社会主义制度 推进国家治理体系和治理能力现代化若干重大问题的决定》提出要"健全党组织领导的自治、法治、德治相结合的城乡基层治理体系"。这意味着长久有力的组织保障是实现乡村振兴的基础，也是基层社会治理新格局的核心内容。

　　多年来，在共同富裕的理念引领下，浙江省积极开展乡村多元主体协同、多种要素融合和多边区域协作的乡村基层组织和治理模式创新,并形成了包括桐乡"三治融合""枫桥经验"在内的乡村组织和治理品牌。在文旅融合的大背景下,浙江省乡村振兴的组织形式更加灵活,包容性和参与性更加明显,在实践中已经创造出不少行之有效的柔性组织模式。本章将系统阐释这些组织创新的主要特点和最佳实践。

一、多元主体协同共建

从"盼温饱"到"盼环保",从"求生存"到"求生态",群众对美好生态的需求正不断推动浙江省探索乡村旅游发展的新范式。改革开放以来,浙江省在乡村旅游发展模式的探索上一直走在全国前列。从"千村示范、万村整治"的新农村建设,到"万村景区化"的全域旅游,再到大花园建设,"美丽乡村"的内涵被不断充实,"三美融合"——美丽生态、美丽经济和美丽生活,也让浙江的乡村焕发勃勃生机。2020 年,《中共浙江省委关于制定浙江省国民经济和社会发展第十四个五年规划和二○三五年远景目标的建议》明确提出高质量建成美丽中国先行示范区的目标,浙江省的乡村旅游发展至此进入新阶段。

乡村旅游在发展的过程中,涉及企业、行业协会、村民等多方利益主体。近年来,浙江省积极响应《国务院办公厅关于支持返乡下乡人员创业创新促进农村一二三产业融合发展的意见》精神,推动"两进"(科技进乡村、资金进乡村)、"两回"(青年回农村、乡贤回农村)。大量回流乡贤、返乡创业和入乡创业人员使得乡村旅游主体更加多样化,利益关系格局更加复杂。在此背景下,传统的农户为主体,"分散经营,各自为政"的组织模式已经难以适应新的发展需要。如何在新的发展格局下,有效整合外来主体,使其更好地融入乡村文旅发展过程,是乡村组织和治理面临的关键课题,这也关系到乡村振兴的质量和可持续性。

(一)乡村运营职业化

经过 40 余载的风雨岁月,浙江省在发展乡村旅游上只争朝夕,不负韶华,迈入新阶段,面临难得的发展机遇。浙江省第十三次党代会提出"建设物质富裕精神富有的现代化浙江"目标,为乡村旅游发展规划了新的图景。新的阶段也意味着新的挑战,最突出的问题是粗放型的经营管理方式。在村镇和农户的基础上发展起来的传统乡村旅游,长期面临产品层次粗浅、品牌定位趋同、统筹规划与布局不足等问题;大多数乡村目的地尤其缺少专业人才,在管理、运营和招商上都面临困境。

从管理角度来说,旅游目的地市场的竞争力核心在于经营管理能力。乡村文旅项目以村为基本单元,对于乡村振兴的效果及其可持续性主要取决于职业化的运营。因此,一种新的思路诞生了——把乡村振兴视作一个商业大项目,将乡村视为企业,在摸透乡村振兴的产业、市场、产品、营销、收益关系的基础上,通过系统的策划和规划,实现产品和运营的市场化和标准化,并由此进一步实现乡村资产化、农民股民化、运营职业化。因此,将乡村旅游交给专业的乡村经理人管理,是实现乡村旅游走向市场化和企业化的必然选择。

将乡村带进市场,以市场换前景,在浙江,有类似想法的村子不在少数。然而职业化的乡村运营需要一批吃苦肯干、富有情怀的能人。过去几年间,浙江的大小乡村涌入了一批又一批具备专业知识和技能的"乡村经理人"。他们大部分是现代企业管理体系中久经锻炼的经理人,他们的到来将使得乡村更好地对接市场,从而终结分散经营的"小农经营"。职业乡村经理人不仅掌握农村和农业生产的基本知识,还熟悉农业农村政策,更有敏锐的商业头脑和沟通技巧,能协调处理农村人际关系,进一步调动农村主体积极性。

【案例 5-1】　绍兴棠棣村迎来"乡村经理人"①

棠棣村隶属柯桥区漓渚镇,是知名的花卉特色村,获得"全国最具特色魅力村""全国乡村振兴示范村"等众多荣誉。得益于 2017 年启动的"五星达标、3A 争创"创建工作,棠棣村的面貌焕然一新,但在挖掘村庄资源、激发内生动力上仍面临瓶颈。

2021 年,绍兴市开始探索乡村振兴新模式,推出了包括棠棣村在内的 13 个"乡村振兴先行村"培育单位。13 个村联合起来在全国范围内发布"英雄帖",意在招募优秀的乡村职业经理人组建运营团队,全面负责各村落景区的整体运营,包括全域旅游策划、人才培养、产品打造、市场营销,借此构建具有较强盈利能力的乡村业态体系,从而增强村庄发展的生命力。

棠棣村经过严格筛选,最终与浙江立尚文化传播有限公司签订运营协议,按股份比例共同组建运营公司。运营团队基于浪漫花居的想象,积极拓宽思路,进行崭新的运营规划。基于棠棣的产业和生态特点,运营团队确定了棠棣村的主题 IP 为"花满棠棣,兰沁渚山",并将运营公司取名为"花满棠文旅研学有限公司",与主题相呼应,亦

---

① 绍兴网. 花乡蝶变,绍兴棠棣打造美丽乡村 2.0 版本!(2021-05-01)[2024-01-12]. https://www.shaoxing.com.cn/p/2865307.html.

取谐音"花满堂"，表达棠棣无处不飞花、产业兴旺遍地开的美好寓意。同时，为棠棣设计了卡通形象"兰小花"，以可爱的春兰花瓣造型变异而成。

围绕"花满棠棣"的主题，运营公司在棠棣村重点打造了三大场景："艺术村落、花居生活""花乡棠棣、人勤春早"和"花间趣玩、田园研学"。

"艺术村落、花居生活"打造的是乡村生活场景，主要是沿棠棣村居主干道，以乡村生活美学为主题，引进艺术名家入驻，优化村庄艺术布景，营造诗意生活场景和网红街区。

"花乡棠棣、人勤春早"打造的是花木产业场景。在现有兰花培育基地和花木种植基地板块基础上，进行整合提升，打造以兰花产业为主的花木培育、展销、研学和互动体验基地。

"花间趣玩、田园研学"打造的是亲子研学场景。通过在田间地头布点一批亲子游玩项目，打造一个好玩、好看，有趣、有益的田园研学游玩场景。

花满棠棣，浪漫花居，未来的棠棣将是一个集自然风光、人文历史、休闲娱乐、生态教育于一体的山居生活旅游目的地。在这里，可以与松竹交朋友，与花鸟称弟兄，睡帐篷听昆虫吟唱，育花木悟万物生长，在农村课堂一起劳作，创造原生艺术任遐想……

小结：乡村振兴的必要性及乡村资源的社会稀缺性正推动乡村成为一个新的社会经济空间，文旅产业、养老休闲等新业态正成为驱动乡村振兴的新动能。由乡村职业经理人组成的管理团队很大程度上解决了乡村人才匮乏的问题，在乡村基层治理、集体资产运营、推动乡村产业的转型增值与连接市场、带动村民共同富裕等方面发挥着重要作用。高素质的职业经理人能够通过整合资源、发展品牌、变革技术、运用资金等要素配置,扎根乡土产业,面向一线市场需求,帮助村民打通从田间地头到市场终端的通道,进而增加村民经济收益,助力乡村振兴。

(二)乡村创业"社群化"

随着"乡村经理人""乡村运营师"的引入,乡村振兴的运营管理逐步走上职业化、标准化的道路,由此进一步吸引一大批青年人才回归故里,返乡、入乡创业。2016 年,浙江省桐庐、庆元、云和、龙泉、松阳五县市成为全国首批开展返乡创业试点的地区。2020 年发布的《浙江省人民政府关于推进乡村产业高质量发展的若干意见》中进一步明确要积极引导农民工、大中专毕业生、退役军人、科技人员等返乡入乡人员和新乡贤回乡创新创业。

然而,在返乡入乡创业人员融合的过程中也存在很多现实问题:参与主体多元而复杂,分散经营各自为政,年轻劳动力不足,等等。如何将传统优势产业更好地嫁接到现代消费需求?如何吸引青年返乡、入乡创业?如何整合多元主体,共同参与乡村创新创业?如何做好"农业+"……

针对这些问题,一些"乡村创客"已经提前开始了探索,创造性地提出了"社群支持乡村"模式。这是一条创新组织形式和治理模式、整合多元主体、协同共建乡村美好生活的新途径,它简明全面地将多元复杂的参与主体划分为三个部分——生产端、分享端和消费端,协同各个主体共同参与乡村创新创业。

在社群创业理论的指引下,浙江省多地乡村开始打造集生态农业、创意农业、智慧农业于一体,以人才和技术为支撑的乡村创新创业孵化平台。这些平台主要有以下几个特征。

1.青创理念引领

充满活力与智慧的青年创业者是乡村振兴的引领者。他们致力于延伸农业产业,创新乡创模式,深入推动一二三产融合,让农业拥有更多可能。由此,乡村发展的定位得到更新,以"产业 + 旅游""科创区 + 风景区"为主要的发展特色。

2.创业导师助力

农业、农场的发展依托国家农业科技园区,定位为生态化、高效化、文旅化。通过加大与高校合作的广度和深度,推广示范新品种和新技术,实现科技成果转化。同时,通过聘任高校的教授、博士生导师、专家、企业家担任创业导师,形成一支强大而稳定的创业导师团队。

3.服务与设施配套

通过旅游元素融入,对乡村基础主干道进行美化,形成乡村文旅综合体的基础。配套设施建设的关键在于为乡村创客提供一个创业空间,充分满足其多样的工作商务需求以及日常生活需求。基础的配套设施和服务空间,为融合"农文旅"提供了新的平台。通过挖掘地方特色文化资源,结合地方生态资源,在展现田野风光魅力的同时,还能充分呈现乡村农耕文化,并以此为基础开展多元艺术活动,传承乡村传统的民间艺术。

【案例 5-2】 喜悦公社孵化"乡创合伙人"[①]

位于嘉兴国家农业科技园区核心区的"喜悦公社",隶属嘉兴喜悦农业科技有限公司的"未来乡创中心"。喜悦公社的空间构成以江

---

① 中国江苏网.喜悦公社:"一农一创一展览",共创美好新生活.(2020-09-18)[2024-01-13].https://jsnews.jschina.com.cn/shms/202009/t20200918_2631834.shtml.

南山水景观为典型，即以"一田一坪一山"进行功能划分，在保护自然资源的同时充分融入周边的生态景观。喜悦公社项目以占地2000平方米的农业玻璃大棚为改造基础，摇身一变成为一个融合绿色农业、休闲观光和文化创意的田园综合体。

喜悦公社在全球率先提出 CSC（Community Supported Country，社群支持乡村）理论，旨在探索一条中国乡村振兴新道路。其提出的社群分为三个部分。

生产端是一群具有美好生活品位的农场主社群，这些人是美好生活的创造者。喜悦公社设立的市集参考了传统市集形式，贸易点散落在农场的各个角落，可售琳琅满目的有机农产品，以及精加工的农副产品。喜悦农场通过呈现美丽乡村的田野风光、农耕文化等，以文化艺术为内涵开展各种艺术活动，传承传统手工艺、曲艺等民间艺术，以文化延伸农业并丰富旅游内涵，不断促进"农文旅"的融合发展。

分享端是一群热爱生活、传播健康、注重自然与生态的粉丝社群。例如，喜悦公社"调柔地"创客空间负责人马微萍于2019年将"调柔地"品牌搬进公社，既为访客提供服饰、棉织、茶室等线下体验活动，又在喜悦公社线上商城销售自选的有机蔬果干、茶叶等农产品，一般每天收入在1000元左右，多的时候能到几千元。创新、高质的服务也为喜悦公社带来了不少人气，无论是生产端还是消费端，都成了喜悦公社天然的"粉丝群"。

消费端是对品质生活有需求的消费社群。轻食文化节等活动，带给人们全新的消费和互动体验。喜悦公社对农业的发展不只靠做农产品,还强调发挥农业的想象空间,实现农业场景化,延长农业产业链,创新农业发展新模式。喜悦公社的理念是节能、环保、生态、模块化。公社将现代农业的发展与生态农业、创意农业、休闲农业结合起来,融入市集、食集、艺集,集展销、会议、办公于一体,为人们带来吃、喝、玩、乐、购一站式田园生活体验。

独创社群营销模式的喜悦公社,构建了线上线下良性互动的新零售场景:线上流量下沉到门店,线下门店流量导流至线上。通过社群营销,不仅向全国的创客提供了乡村创业空间和展演平台,还提供了体验活动和策划服务,比如针织、印染、木雕等非遗研学游项目,充分满足人们"游中学"的消费需求。有机产品是喜悦公社社群营销的另一亮点——产品食材均来自场外田地里天然无公害的有机原料,通过简洁的工序,让人们第一时间体验到有机农产品的美味。

2020年11月16日,共青团浙江省委发文公布2020年浙江省省级示范性青创农场,喜悦公社位列其中。作为浙江省经济发达地区农业孵化器建设的示范项目,喜悦公社已有创业青年八人,在孵企业五个,带动周边农业企业、合作社、家庭农场等30多家,解决周边农村青年劳动就业100多人。

天时、地利、人和,喜悦公社的"CSC社群支持乡村,乡村反哺社群"的理念为中国乡村振兴开辟了一条新道路。

小结:社群不仅是人的集聚,更是人与人之间的互动和交流。"农产品+社群"的营销模式能够将生产者与消费者联系起来,消费者为农产品的生产提供资金和智慧,进而引导乡村生产出令其满意的优质农产品。数字化时代的社群营销需在流量、管理、活动和内容四个方面下功夫。也即,通过线上线下渠道挖掘和导入客户流量,通过管理运营维持日常互动与社群活跃度,通过线上线下社群活动提高用户黏性,通过提升产品质量与丰富产品内容提高客户认可度并促进购买转化。"农产品＋社群"营销的模式成功将消费者变为主动参与者,不仅打通农产品流通环节并提升农产品附加值,还成功实现了生产者与用户的共创共赢。

二、多种要素融合共生

乡村资源要素具有明显的多样性,相比城市,乡村社会经济的特点决定了其产业发展更具资源依赖性,依赖于自然资源、空间资源以及人文资源。因此乡村振兴需要整合多种要素资源,包括人、地、钱、技术等。然而,如何融合不同要素的特点、选择合适的整合模式成了亟待解决的难题。乡村区位、资源禀赋及发展环境的差异化和碎片化主要体现在以下几个方面。

首先是人力资源碎片化。城市化进程的不断加快导致"虹吸效应"日益明显,农村年轻的劳动力逐渐外流,使得乡村本土劳动力结构面临老龄化、教育水平低的困境。同时,分散在广袤乡村地区的人口资源也难以整合。

其次是土地资源碎片化。在山村地形等自然条件以及传统小农经济的影响下,乡村土地资源的碎片化问题尤为严重,致使以土地资源为基础的乡村产业无法形成规模化经营,更无法形成规模化的现代农业。最为严峻的情况是,由于城市化导致的农村劳动力"主体"缺失,乡村土地抛荒、低效利用的问题进一步恶化。

最后是资金和资本的碎片化。"撒胡椒面"式的涉农资金扶助政策，特别是落实到不同机构的资金名目复杂，导致了乡村资金的碎片化。在乡村，本就匮乏的资本还分散在不同的家庭中，加上不完善的金融体系，使得乡村资本难以形成统一的投资方向。

结合以上乡村资源碎片化的具体表现可知，高效利用乡村资源的核心在于通过设计一定的机制，整合串联分散的资源，使乡村获得规模经济效益。

（一）碎片资源"聚沙成塔"

生态产品价值高质量转化是实现长三角高质量绿色发展的重要路径。近年来，浙江省各地以建立健全生态产品价值实现机制为目标，科学谋划生态文明建设与融入长三角一体化发展战略相衔接，加快推动绿水青山碎片化资源要素的整合，聚沙成塔，使其转化为金山银山。

浙江省多地践行的"两山"理论在应对"碎片资源整合"问题中成效显著。在省委、省政府的政策引导下，浙江省各地乡村陆续寻求与专业化公司的合作机会，由公司负责平台搭建和后期运营，并广泛吸纳多元主体参与建设"碎片资源整合"项目，实现对乡村全域生态资源的统一收储、统一规划、统一开发的共治模式。

通过探索灵活多样的资源收储项目开发模式，浙江多地形成了"村集体＋公司＋农场"模式、"公司＋村民"联营模式、"多村联创"模式、"飞地抱团"模式等。通过项目开发、土地流转、物业服务、基础设施建设等方式，不仅推动农民持续增收致富，还不断发展壮大村集体经济，建立岗位就业、参股分红和"固定保底＋部分浮动"等收益分配模式，从而构建起生态产品集约利用、高效开发、红利释放、保值增值的全链条闭环,巩固转化成果,健全分配机制,保障村民、村集体收益。

【案例5-3】 "两山银行"如何"点土成金"?①

　　拥有优良自然环境的安吉县,常年青山碧水环绕、绿树茶林成荫。入夏以来,安吉县报福镇深溪坞村村民王苏琴从"两山银行"取出了一笔11.8万元的收益。2020年下半年,王苏琴将闲置的废旧老宅存入了"两山银行",然后通过数字化平台对废旧老宅进行重新策划、提升改造,将其成功打造成高端民宿并对外经营,增加了收入,显著改善了家庭生活质量。

　　安吉县"两山银行"创新搭建了资源清单一键存储模块和多元化资源收储模块,疏通自然资源和规划局、住建局、农业农村局等部门数据信息,联通自然资源数字化管理、生态保护红线监测预警监管、项目全生命周期管理、浙农码等11个平台。因此,"两山银行"实质上构建了一个政府引导、企业和社会各界共同参与、市场化运作的生态资源运营服务体系。截至2021年,"两山银行"投入资金1.2亿元,完成了资源收储、基础设施建设、第三方服务配套等项目,完成了108个重点生态资源项目,包括19个闲置资源盘活、文旅融合等项目,实现营收2.25亿元,村集体经济增收1100余万元。

---

① 安吉县人民政府.我县以"两山银行"试点推动生态产品价值实现入选.(2021-11-23)〔2024-01-13〕.https://www.anji.gov.cn/art/2021/11/23/art_1229211477_58913309.html;张国云."两山银行":让绿水青山变成生产力.中国发展观察,2021(14):24-26;浙江省林业局.安吉"两山银行"入选全国十大优秀案例.(2022-03-13)〔2024-01-13〕.http://lyj.zj.gov.cn/art/2022/3/11/art_1285508_59027517.html;中国新闻网.浙江安吉"两山银行":存入绿水青山,取出金山银山!(2021-09-25)〔2024-01-13〕.https://www.zj.chinanews.com.cn/jzkzj/2021-09-25/detail-iharhwxc3218304.shtml.

这个体系也将生态环境保护修复与生态产品经营开发权益挂钩,让收益反哺绿水青山,实现 GDP 和 GEP(生态产品总值)双增长。如孝丰镇溪南村通过"两山银行"建设,将臭水沟和养猪场打造成了以睡莲为主产业的集农业生态观赏和产业经营于一体的景区公园化村庄,村集体增收 50 万元/年,吸引游客 5 万人/年,该村的 GEP 从 20699.3 万元增长至 22788.4 万元。

"两山银行"还搭建了全国首个县级竹林碳汇收储交易平台,实现竹林碳汇交易变现,促进农村居民增收。首批梳理核准了全县可收储竹林面积 14.24 万亩、需改造提升竹林面积 22 万余亩,涉及 12 个乡镇(街道)42 个村,经过高效经营后,全域竹林年碳汇增量可达 34 万吨。通过建立本地高能耗企业购买碳汇内循环模式,探索融入全国碳汇交易市场,促进碳汇交易外循环。目前,支付山川乡高家堂等五个村碳汇收储资金 108.6 万元,完成企业首笔 41.6 万元购碳汇交易。同时,将竹林碳汇交易所得净收益的 80% 反哺被收储的村集体,引导村民科学运用林下套种套养,管理定期采笋砍伐等活动,参与竹林碳汇活动,提升竹林碳汇增量,获取竹林流转资金、合作社股份分红、经营竹林工资等超额收益。

生态资源管理更加高效。"两山银行"通过横向联通自然资源数字化管理平台、生态保护红线监测预警监管平台、项目全生命周期管理平台等,形成规范有效的数据共享机制和流程管控制度。截至 2022 年 3 月,"两山银行"依托该数字应用,累计入库存量建设用地约 2000 亩、集体经营性建设用地约 5000 亩、林地 10 余万亩、水域约一平方公里、闲置农房 200 余幢;共计入库重点资源点位 550 余个,形成生态产品(项目)138 个,已实施 GEP 核算项目七个,已转化项目 22 个,涉及 41 个村,带动年游客数量 50 万人次以上,平均每年为这些村集体增收 2000 余万元。目前,安吉"两山银行"经验已推广至全国 32 家"两山银行"。

共同富裕成效更加明显。"两山银行"转化模式从最初的纯生态资源类项目向全产业发展项目转变,推动绿色农业、高端旅游、精品民宿、生态康养、循环经济、物流仓储等一二三产项目加速落地。"两山银行"运行以来,已成功转化 19 个文旅融合、闲置资源盘活等项目,村集体经济增收 1800 余万元,解决 2100 余名群众就业;推进 18 个文旅融合、闲置资源盘活、循环经济等项目,预计项目建成运营后,解决 1800 余名群众就业,年度营收超三亿元,村集体经济增收超 1600 万元,富民增收成效进一步提升。

转化模式得到进一步推广。通过"两山银行"率先试点,安吉创新构建了全域生态资源资产统筹规划、县乡两级"两山银行"工作体系、项目分级开发运营等体制机制,形成了生态产品价值实现的安吉实践。目前,"安吉模式"被省内淳安县、常山县、开化县以及安徽省黄山市黟县,宣城市泾县、旌德县等多个长三角县域复制,形成了"两山银行"遍地开花的新局面。

小结:盘活乡村资源,推动乡村资源资金转化,对于激发乡村活力、促进乡村振兴、实现共同富裕意义重大。但乡村闲置宅基地和闲置住宅等空间资源以及山水林田等生态资源往往存在资源分散、产权关系复杂的问题。"高树靡阴,独木不林",为整合统筹碎片资源,各地纷纷推出的资源转化平台为乡村闲置资产提供了精准核算业务。该平台将乡村闲置生态资源及空间资产纳入统计口径,以数字化方式形成底账,对资源进行收储或流转,并引入合适的社会资本和运营管理方,实现乡村资源向资产、资本的高水平转化①,促进资源优化配置,推动乡村经济的可持续发展。

(二)小微企业"汇流成河"

从20世纪80年代开始,我国的乡村旅游以提供富有乡村特色的餐饮和住宿产品为主的"农家乐"等小微企业为主要特色。"十三五"期间,民宿经济成为乡村生态经济发展新的增长点。然而,在乡村振兴、整合品牌资源的过程中,存在一系列现实难题:如何让游客留下来? 如何通过现有的品牌效应整合农家乐资源? 如何平衡绿水青山与发展旅游的关系? 如何通过农家乐民宿,将千百年来"养在深山人未识"的绿水青山培育成生态经济的新增长点,给传统农村带去新的发展机遇?

1.从"自然生长"到"品牌赋能"

在现代市场经济体系中,品牌作为市场主体和区域产业的核心竞争要素,不仅是产品成功推向市场的关键,也象征着品质与信誉。在浙江省,乡村旅游业的发展策略重点聚焦于构建和提升品牌形象。据《浙江省人民政府关于推进乡村产业高质量发展的若干意见》,乡村振兴和共同富裕的目标需依托品牌化发展的高质量路径。具体措施包括深化品牌振兴计划,培养区域和企业品牌,发展标志性的浙江农产品品牌,以及加强地理标志和品牌保护,以此推动乡村经典品牌的复兴,尤其是在手工艺品、文化创意产品、餐饮服务等方面。在政策的引领与扶持下,浙江省多地乡

---

① 澎湃新闻·澎湃商学院. 乡村振兴,需要激活生态资源与闲置宅基地. (2022-12-23)[2024-01-13]. https://www.thepaper.cn/newsDetail_forward_21255128.

村都积极行动,大力推动本土品牌化、创新化发展,借助其丰富的自然风光、文化资源和生态环境,打造区域品牌并优化服务设施,吸引游客和促进当地经济增长。

乡村的自然生长需要品牌赋能,在浙江,乡村中的各小微企业通过整合品牌要素,把有山水、有业态、有乡愁、有创意、有故事的"乡村生活"模式打造成别具特色的民宿区域公用品牌,以品牌化发展路径赋能乡村振兴,以点带面,汇流成河,推动浙江省全域乡村民宿产业快速发展,"遍地开花"。

2.从"星星之火"到"全域燎原"

"一花独放不是春,百花齐放春满园。"民宿区域公用品牌的建设,目的是推动区域整体民宿产业的发展。

首先,各地通过示范项目增强品牌美誉度。通过设立农家乐民宿发展专项资金,各地可以将农家乐综合体精品示范项目划分类别,按照等级和类别进行补助。其次,借助乡村旅游线路产品的设计扩大品牌知名度。运用"跨山统筹"的理念,打破民宿、区域的界限,将各村美景和风情连点成线、串珠成链。最后,制定标准强化品牌品质。从乡村品牌创立开始,就要秉持标准化的理念。

浙江的乡村民宿发展起步早,发展也相对成熟。截至2019年底,浙江民宿共计19818家,客房总数超20万间,总床位突破30万张,直接就业人数超15万人,总营收超100亿元,数量和效益在全国范围内均位于前列。然而,发展较早的同时也存在规范性不足、民宿旅游服务质量的各个环节缺乏统一的技术指导等问题。2020年,由浙江省标准化研究院主持制定的《乡村民宿服务质量规范》国家标准正式发布实施。在该项标准的指导下,浙江省以乡村民宿发展经验为基础,总结提炼了全国乡村民宿的建设成果,成为首个制定我国乡村民宿服务和管理标准的官方组织,浙江省对这一空白的填补有利于推广现有乡村民宿的发展经验,为全国乡村民宿的高质量发展、高效率管理、科学化评定提供指引标准,持续推进乡村民宿经济健康有序发展,激活乡村振兴内生活力。

"土色土香"与标准化、规范化发展并不矛盾,两者可以融合共生,携手同行。例如,规范提出,乡村民宿餐饮服务宜采用当地食材、提供自酿酒、提供农家特色小吃等;规范还提出本地民俗宜被适当纳入客人体验服务项目等"土"要求。由此,浙江省乡村民宿的发展思路从点上的突破转向了面上的推进,从"星星之火"到"全域燎原",乡村"本土品牌"的兴起成为乡村振兴乐章的强劲音符。

3."品牌+"持续赋能乡村振兴

如何利用乡村品牌源源不断的生机?要跳出民宿看民宿,以"品牌+"的理念持续赋能乡村振兴,满足消费者的多元化需求,打造乡村"土品牌"成为旅游吸引物,让乡村旅游发展迸发更强劲的活力。

坚持文化引领,走"品牌+人文"的精品化之路。民宿服务的是"人",而最能吸引人的是"故事",在实践中发现,很多成功的民宿都拥有"有钱、有闲、有品位、有情怀"的主人。通过实施"优质主人百人培育计划""优质管家百人培育计划"的"双百计划",结合培训、比赛、宣传等多种举措,进一步增强乡村"土品牌"经理人的归属感和获得感;乡村振兴还应抓住科技红利,充分运用新技术、新材料、移动互联网、物联网、AR、VR等现代科技成果,开发设计体验性、互动性强的智慧乡村民宿产品;同时,凭借良好的自然环境和深厚的传统文化底蕴形成"双依托"，突出"土品牌"的情感口碑，激发人们对自由和美好生活的向往，激活乡愁在人们心中的意义。

坚持综合开发，走"品牌＋集群"的多元化之路。在民宿产业全面升级的时代发展背景下，民宿的创意化、现代化、集群化发展是必然趋势。在未来，"单体民宿"也将向"乡村小微综合体"转变，从"单一吃住"转向"多元经营"业态，从"各自为战"转向"抱团发展"，借助多元业态、集群的力量不断提升乡村品牌的知名度、美誉度。因此，民宿的经营模式也应朝着多元化的方向拓展，形成综合业态，实现空间集群、产业集聚的规模效应，形成乡村民宿休闲度假产业的生态系统。在空间形态上，注重向特色古村、偏远乡村、贫困农村延伸，使其成为城乡资源要素互动的重要承载地，代表乡村未来的品质化新型社区。在主体形态上，以新资本、新乡贤、新农人等多元主体来推动，体现"客人也是主人"的理念，主客共建、共树、共享。在经济形态上，从单一的农业农村经济形态转变为多产业融合发展的多元经济形态，促进生态产品价值的转化。在文化形态上，以乡情乡愁为纽带，从传统的农耕文化形态转变为对现代文化元素、城市文明形态兼收并蓄的新型乡村文明形态。

坚持统筹规划，走"品牌＋品牌"的融合化之路。探索品牌融合的载体、借力发展的载体，通过品牌的强强联合赋能乡村振兴，发挥最大效益。结合民宿产业、全域旅游、生态农产品开发，深度谋划一批度假农庄、运动基地、自驾车营地、景区村、乡村酒店、研学基地、养生基地等乡村旅游产品。有机融入复归自然的"生活场景"，培育乡村最原真、最鲜活、最有代表性和发展潜力的本土品牌，提供食农教育、娱乐健身、养生养老、休闲度假等农业全产业链的品质服务活动，保障农民利益的同时，让客人体验农事劳动、享受田园生活,从而再造和转化乡村生态价值、经济价值以及人文价值。

【案例5-4】 "丽水山居"何以星火燎原?①

以"真山真水""千年古村"为坐标的"丽水山居"脱胎于农家乐,是丽水特色的集成和展现,其所倡导的回归自然、回归山水、回归田园的生活方式,能让游客体验到最真实的本土生活:住在由传统民居改建而成的客房里,一边喝着当地的特色养生茶,一边欣赏窗外的绿水青山……充分回味田园生活带来的自然与乡愁的回音。其"美、精、特"的风格也给人们带来了身心的和谐与愉悦,令众多游客流连忘返。自此,"丽水山居"一跃成为民宿产业的新标杆,成为丽水乡村振兴的重要力量。

"丽水山居"的品牌化发展成效显著,成为全国乃至全球的先驱,为乡村民宿的未来提供了"丽水方案",贡献了"丽水智慧"。

2019年7月,丽水有4300多家农家乐民宿、4.5万从业人员,接待游客3609.5万人次,认定了71家"丽水山居"农家乐综合体示范项目,83家精品民宿示范项目,省民宿等级管委会评定3家白金宿、9家金宿,并形成了"协会+经营户""村+合作社""股份制+农户""工商资本"等经营模式,产区变景区、产品变商品、民房变客房的"三产融合"模式,使"丽水山居"成为旺业、兴农、富民的重要载体,丽水市也因此获得了首批全国民宿行业发展示范奖。

---

① 案例参考资料:丽水市人民政府网."丽水山居"彰显乡村振兴的"丽水智慧".(2019-12-22)[2024-01-13]. https://www.thepaper.cn/newsDetail_forward_5296645;赵剑红,周爱飞."丽水山居"经济发展研究报告——基于丽水农家乐民宿产业发展调查.农村经济与科技,2020,31(19):94-95.

2020 年 2 月，为统筹推进新冠疫情防控和经济社会发展，丽水市出台了《关于加快促进"丽水山居"农家乐民宿开放营业的八条意见》，在针对保险力度、金融输血等事项上，也发布了一系列高含金量的政策支持，并不断加大推广促销的力度，力图加快发展"丽水山居"农家乐民宿。

2021 年"五一"假期，丽水全市农家乐民宿市场增势强劲。据官方统计，"五一"期间丽水接待游客人数达 554157 人次，同比增长 132%；经营收入 4575.4 万元，同比增长 142%；农家乐民宿经营收入 1645.3 万元，同比增长 30.9%。

"丽水山居"是促农增收的"新三宝"之一。风生水起的民宿经济，让丽水的乡村发展迸发前所未有的活力。闲置的农房、牛栏猪棚等，经过改造、重建，摇身一变成了精致舒适的客房和宽敞明亮的餐厅，当地不少村民也在丽水民宿发展的风口上找到了奔小康之道，比如莲都区古堰画乡的吕旭丽姐妹，通过翻新老屋经营民宿，花费 160 多万元让闲置多年的老屋焕发新生机，营业仅一年便收回了一半成本。民宿中的"民"，意指为民、惠民，又指民办、民享，促进农民增收是发展民宿最大的目的。"丽水山居"通过全域化布局、多样化推进、集群化发展和品质化提升，推动了"产区变景区、产品变商品、民房变客房"的"三产融合"发展模式，实现了"吃、住、行、游、购、娱、养、育"八要素的和谐统一，从早期的"默默无闻"到如今的"一鸣惊人"，从过去的"离乡经济"到今天的"回乡经济"，从旧日的"美丽环境"到现在的"美好生活"，"丽水山居"至此已实现了华丽蜕变。

"丽水山居"是丽水乡村振兴的金字招牌。当前，全国各地都奔跑在乡村振兴的康庄大道上,丽水能否成为全国乡村振兴的示范区、乡村治理的样板地? 民宿须担当,民宿须作为。通过科学规划和理性引导,政策红利的释放和服务机制的保障,让绽放于丽水山野阡陌、茶园古道、幽静峡谷的特色民宿不断涌现。"丽水山居"还与"丽水山耕"等其他"山系"品牌相互融合、相互促进,源源不断地释放品牌价值和品牌效应,共同撬动乡村富民产业。例如,在古堰画乡的民宿公共区域内都可以看到印有"丽水山耕"字样的山茶油、土蜂蜜等农副产品,吸引了广大游客和住客驻足挑选。

丽水乡村"康养田园生活模式"的星星之火被"丽水山居"的品牌创新点燃,如今已然在民宿产业的发展道路上形成了燎原之势。

小结: 乡村民宿是乡村旅游的重要业态,是带动乡村经济增长的重要动力,是全面推进乡村振兴的重要抓手。乡村民宿的高素质发展要坚持以下原则:生态优先,牢记"绿水青山就是金山银山",实现人与自然和谐共生;文化为根,读懂地方乡土美学,留住"泥土味",记得住乡愁;以人为本,以保障村民利益为出发点和落脚点,使村民成为民宿产业发展的参与者、支持者和受益者。打造具有区域特征和地方特色的乡村民宿品牌,进一步鼓励优质乡村民宿更好地发挥示范和辐射作用,输出民宿设计、运营管理、市场开拓等经验,为乡村振兴贡献更大力量。

三、多边区域协作共赢

组织创新和协作能够帮助加快解决区域发展不平衡和城乡差距过大的问题,是推动实现共同富裕的有力支撑。为了推动省内欠发达地区加快发展,浙江省委、省政府从2002年就开始启动"山海协作"工程。

(一)诗画浙江的"山海协作"

在资源条件、产业结构、开发程度、市场开拓等方面,山区和沿海地区存在差异性和互补性。因此,持续深入推进"山海协作",实现"山"和"海"的联动发展,有利于缩小两地发展差距,协调区域经济的发展。

"山海协作"模式并非仅依赖于"海"对"山"的支援,而是"山"和"海"在文化、经济、社会等各个领域内相互合作、互利双赢。而"山海协作"的客观基础正是来源于两地的资源差异和优劣势:"山"的优势依赖于其拥有的丰富资源、各类特色产品和相对较低的用地成本以及低廉的劳动力,其劣势表现在资金匮乏、基础设施等硬件条件相对较差等;"海"与"山"相比正好相反,其借助充裕的资金、较高的技术和管理水平、较好的产业配套等条件以及天然的出海口形成了优势,而"海"的劣势则体现在用地、用电、用水成本较高,有限的产业拓展空间以及劳动力不足等方面。

"山海协作"模式自2002年起被浙江省作为战略措施实施,旨在通过产业优化与劳动力合理分配,实现区域发展的均衡。该策略以沿海发达区域与内陆欠发达地区之间的项目合作和产业梯度转移为核心,旨在激发后者的经济潜力。2003年,浙江省政府专门成立了"山海协作"工程领导小组,明确发达地区与欠发达地区的65个县(市、区)结成对口协作关系。"山海协作"工程是"八八战略"的重要组成部分,是浙江省破解区域发展不平衡不充分问题、推动山区县跨越式发展的有效举措。在持续的实践探索下,"山海协作"工程极大地促进了浙江经济的快速发展。统计结果显示,浙江省农村居民人均纯收入在2011年就已达到13071元,城镇居民人均可支配收入达到 30791 元,在全国各省区排名中均位居第一,城乡居民收入比为 2.36:1,是我国城乡居民收入比最小的省份之一。

"山海协作"从诞生开始就不局限于浙江,而是"跳出浙江发展浙江"。2004 年 3 月,习近平总书记在全省统筹城乡发展座谈会上提出,"要立足全局发展浙江,跳出浙江发展浙江,要做好对口支援和国内合作交流工作"。习近平同志把"山海协作"理念延伸到了服务全国统筹协调发展的大局之中。2006 年,习近平同志再次提出"要跳出浙江发展浙江"的理念,坚持"走出去、引进来"并举,并提出"浙江人经济"的概念。① "跳出浙江发展浙江"的理念,将浙江置于参与区域协调发展的更大空间中,极大地促进了浙江参与国际竞争与合作。浙江实践表明,"山海协作"工程不仅激活了浙江省欠发达地区的发展活力,还推动了发达地区的企业跨区域发展,实现了省域范围内的产业结构优化升级。

把可持续发展提升到绿色发展高度的生态文明建设,是中国特色社会主义事业的重要内容,关系人民福祉,关乎民族未来。2012 年,党的十八大做出了"大力发展生态文明建设"的战略决策。党的十八大以来,浙江省不断加强生态文明制度建设,综合相关产业、投资、科技、人才等政策的差异化导向。从浙江实践来看,作为"绿水青山就是金山银山"理论的发源地和率先实践地,新时期浙江省的"山海协作"在合作领域上体现出了"全方位、宽领域、多层次"的特点,更加注重在生态文明建设、生态产品转化等领域推进"山海协作",使"山海协作"更加务实有效。

---

① 人民网. 习近平新时代中国特色社会主义思想在浙江的萌发与实践——区域协调发展篇. (2018-07-21)[2024-01-13]. http://politics.people.com.cn/n1/2018/0721/c1001-30161819.html.

1. "山海协作"工程升级版

习近平同志在浙江工作期间,为促进山区和沿海地区协调发展,亲自谋划部署了"山海协作"工程,使其成为区域协调发展的重大战略决策。浙江省在习近平同志的引导下,稳步高质量地推进实施"山海协作"工程,使浙江成为全国居民人均可支配收入最高、城乡差距最小的省份之一。至此,"山海协作"工程已然成为浙江省破解区域发展不平衡不充分问题、推动山区高质量发展的有效举措,也成为浙江省推进共同富裕示范区建设的主要路径。

为深化此策略,浙江省于2021年制定了《浙江省山区26县跨越式高质量发展实施方案(2021—2025年)(征求意见稿)》,旨在通过拓宽产业规模、增加税收和提高居民收入等重点行动,加快经济发展和公共服务提升,同时保护和利用生态资源。省级部门草拟了一系列指导意见,比如《关于进一步加强山海协作结对帮扶工作的指导意见》,为构建全覆盖、多领域的帮扶体系提供指导。此外,《关于加强山区26县结对帮扶工作,促进巩固拓展脱贫攻坚成果同乡村振兴有效衔接的指导意见》则专注于增强山区发展支持,确保脱贫成果的可持续性。

从2002年浙江省全面启动"山海协作"工程,到2019年打造"山海协作"工程升级版,再到现如今的建设共同富裕示范区,浙江省在"山海协作"模式下稳扎稳打,走出了一条互助合作、互利共赢的"山海"共富之路。

2. "山海协作"打赢脱贫攻坚战

1994年,中央第三次西藏工作座谈会确定浙江对口支援西藏那曲地区,开启了浙江对口支援和东西协作的序章。脱贫攻坚,全国一盘棋;全面小康,决胜在合力。在全国脱贫攻坚战中,浙江省以高度的政治责任感和使命感,投入巨大的物质和人力资源,成为全国脱贫攻坚的领头羊。截至 2021 年 5 月,浙江的支援触及西藏、新疆、青海、四川、贵州、湖北等多个省份的 31 个地市州,形成了跨越地域的深厚合作关系。

浙江省对于贫困地区的支援不仅体现在资金投入上,也体现在人才和技术支持上。2018 年以来,浙江省在四川、贵州、湖北、吉林四省的 80 个县投入了 102 亿元的脱贫攻坚资金,实施了 3835 个帮扶项目,选派了数以千计的党政干部和专技人才到对口帮扶地区挂职。同时,引导 1559 家企业在对口地区进行投资,总额达 867. 29 亿元,极大地促进了当地经济的发展和民生的改善。通过这样的帮扶与合作,浙江省与支援地区共同编织了一幅先富帮后富、携手共进的壮阔画卷。

授人以鱼,不如授人以渔;一人就业,全家脱贫。2018 年来,浙江省始终深入贯彻落实《人力资源社会保障部 财政部关于进一步加大就业扶贫政策支持力度着力提高劳务组织化程度的通知》《中共浙江省委办公厅 浙江省人民政府办公厅印发〈关于浙江省助力东西部扶贫协作地区脱贫攻坚的实施意见〉的通知》,从深化结对帮扶关系、加大资金帮扶力度、加大干部人才支持力度、组织开展产业合作、积极开展劳务协作、动员社会力量参与、实施资源互补计划、营造扶贫协作浓厚氛围等八个方面采取措施,推动浙江省对口帮扶地区打赢脱贫攻坚战。

为贯彻落实相关文件精神,进一步强化东西部扶贫劳务协作,加大政策支持力度,提高对口帮扶精准性,促进中西部地区建档立卡贫困劳动力在浙江省稳定就业,浙江省出台了《浙江省人力资源和社会保障厅等 3 部门关于进一步推进东西部扶贫劳务协作的通知》,浙江省会杭州市也相继印发了《关于进一步加大东西部就业扶贫政策支持力度的通知》《关于贯彻落实东西部扶贫劳务协作和就业扶贫政策的实施细则的通知》等。据统计,三年来,浙江省帮助对口地区36.25万名贫困劳动力就业,2020年底在浙江省就业的中西部建档立卡贫困人员数量为213.67万人。

浙江坚持"输血与造血结合、帮扶与合作并举"的方针,高质量推进对口帮扶工作——浙江省印发《浙江省扶贫协作四川省26个贫困县三年行动计划实施方案(2018—2020年)》《浙江省对口支援四川省阿坝藏族羌族自治州和凉山州木里藏族自治县"十三五"规划》《2019年浙江省对口支援(帮扶)四川省第一批项目实施计划》,对口支援(帮扶)四川省;浙江省援疆指挥部联合阿克苏地区、新疆生产建设兵团第一师阿拉尔市共同制定了《打造"十城百店"工程升级版三年行动计划》,旨在建立完善多方联动、产销联盟的框架机制,构建线上线下融合、覆盖浙江、面向全国的销售网络,在打造流通有序、组织高效的仓储物流体系等方面发挥更大作用;根据《教育部 国务院扶贫办关于印发〈职业教育东西协作行动计划(2016—2020年)〉的通知》和浙江省委、省政府《关于浙江省助力东西部扶贫协作地区脱贫攻坚的实施意见》的要求,浙江省教育厅制定了《2019年浙江省职业教育东西部协作工作主要任务》,开展职业教育东西部扶贫协作,招收建档立卡贫困家庭子女……2019年,浙江省全面超额完成与四川、贵州、湖北、吉林四省签订东西部扶贫协作协议的指标。2019年底,浙江省对口支援的13个国家级贫困县提前一年全部实现脱贫摘帽。

2020年是全面打赢脱贫攻坚战的收官之年,也是开展东西部扶贫协作的关键之年。浙江省根据省委、省政府有关工作部署,在各成员单位上报年度工作任务建议的基础上制定《浙江省东西部扶贫协作2020年度工作任务书》,全面贯彻落实党中央、国务院关于脱贫攻坚的决策部署,持续学习贯彻习近平总书记关于扶贫工作的重要论述,高质量完成中央赋予浙江省的东西部扶贫协作工作任务,助力四川、贵州、湖北、吉林等对口帮扶地区全面打赢脱贫攻坚战。

2021年标志着国家新一轮东西部协作的启动,同时也是脱贫攻坚成果与乡村振兴衔接的关键一年。浙江省发布的《关于进一步加强东西部就业帮扶巩固拓展脱贫攻坚成果助力乡村振兴的通知》旨在通过完善财政帮扶政策,促进脱贫和农村低收入人口的长期稳定就业,加强脱贫成果的巩固和拓展,并全面推进乡村振兴。浙江省计划持续发挥"排头兵"领先角色的作用,深化对口支援和协作,通过产业合作、数字化转型、消费帮扶、文化交流、援派铁军等五大策略,与合作地区共同追求繁荣,为全国发展贡献先锋力量。

【案例5-5】 "杭情施意"的"东西协作"①

在2016年10月27日发布的《关于进一步加强东西部扶贫协作工作的指导意见》中,浙江杭州市和湖北恩施州正式建立了扶贫协作关系,杭州市计划通过产业合作、人才支援等多方面加大帮扶力度,预计持续至2020年。在中央引领下,浙江省和湖北省的领导努力推进,通过11次的互访调研考察,杭州市委先后召开四次"专题研究帮扶体制机制"常委会,动员了成千上万的杭州市民投身扶贫协作事业。2017年2月,恩施州党政代表团访问杭州,双方就东西部扶贫协作召开联席会议,签署《东西部扶贫协作和对口帮扶合作框架协议》。

---

① 案例参考资料:刘畅,段迪斯,康军.西湖清江一脉牵——浙江杭州东西部扶贫协作对口帮扶湖北恩施纪实.民族大家庭,2018(5):12-14;何辉.东西协作 旅游先行——东西部扶贫协作的"杭州·恩施"样本.支点,2020(1):40-43.

　　杭州市坚持"输血与造血"相结合的原则,制定了《杭州市对口帮扶湖北省恩施州"十三五"规划》,建立联席会议制度,双方还分别设立了联络处和工作队,明确了专班专抓、专人负责的制度。通过多次调研、考察、互访,双方明确了杭州市八个区与恩施州八个县市开展对口扶贫协作。通过高效率、快速推进、全面覆盖的对接磋商,浙鄂共同脱贫攻坚的目标和路径已经确定。

　　精准扶贫的关键在于精确度。恩施州拥有独特的自然资源和人文风情,杭州则具有资金、技术、产业、人才等优势。遵循"杭州所能,恩施所需"的理念,双方共同开展产业扶贫探索。杭州市和恩施州根据各自的资源和需求,共同开发旅游产业,以"恩杭协作,旅游先行"为突破口,深耕浙江旅游市场,撬动长三角市场、华东市场,为打造生态文化旅游产业集群提供充足客源。杭州与恩施多项行动同步展开——在旅游线路上,杭州市旅游委主任亲自带领 20 余家旅行社负责人赴恩施深度踩线,包装线路产品,开展系列推广活动;针对职工疗休养项目,杭州五部门将 100 万职工疗养的基地由省内扩大到恩施州;在市场推广上,杭州大街小巷的 1000 余块户外显示屏随时免费滚动播放恩施秀美风光宣传片;以西湖为蓝本标杆,杭州为恩施制定全域旅游规划,提供大数据智慧旅游平台;在旅游产品包装上,宋城演艺等上市公司帮助大峡谷等景点策划大型户外实景演出……杭州市和恩施州多方面展开深度合作,构建了东西旅游扶贫协作的新格局。仅半年时间,恩施州游客达到 10 余万人,恩施至杭州的航线从 1 条增加到 2 条,每周航班从 4 个增加到 12 个,甚至出现一票难求的情况。据统计,恩施州旅游文化产业连续两年保持 20% 的增速,

"恩施游"在杭州市火热展开,杭州功不可没。这一合作模式不仅促进了恩施州的旅游业发展,也显著增加了区域间的航班和游客流量,实现了旅游扶贫的目标,并在短时间内取得了显著效果。

截至2018年,杭州在恩施投入财政帮扶资金2.8亿元,涉及项目220个,落实各类捐赠资金1345万元;在人才援助上,杭已援恩19名挂职干部,每个县市都配备了两名干部;杭州援恩医疗队54名医生和与25所学校结对的47名教师践行使命,在恩施州尽职尽责,发光发热。杭州市8个区、50个街道、50个行政村与恩施州8个贫困县市、50个乡镇、50个行政村形成点对点、面对面的结对子关系,秉持"不脱贫,不脱钩"的精神,"脱了贫再送一程"的规划,杭州已主动将帮扶时间延长至2021年。这一系列举措,极大地缓解了恩施州重点民生难题,体现了"先富帮后富,携手奔小康"的深厚情谊。

诗画般的浙江与灵秀的湖北遥相呼应,杭州市与恩施州紧密相连,亲情互助。两地共创优势互补、共赢发展的良好局面,共同开创了极具中国特色的"扶贫征程",共同书写了共谋小康的新篇章。

小结:东西部协作聚焦巩固拓展脱贫攻坚成果、推动区域协调发展,对于全面推进乡村振兴、缩小东西部地区差距、实现共同富裕具有重要意义。"共叙山海深情,同谱协作新篇",全面推进乡村振兴事业要求东部地区发挥先发优势,完善东西部结对帮扶关系,加强产业合作、资源互补、劳务对接以及人才交流。东部地区要深入挖掘西部比较优势,探索东西部协作的新动能,形成区域协调发展的良好局面。① 近年来,东西部协作为

---

① 新华社. 习近平对深化东西部协作和定点帮扶工作作重要指示. (2021-04-08) [2024-01-13]. https://www.gov.cn/xinwen/2021-04/08/content_5598368.htm.

守住不发生规模性返贫底线、推进乡村振兴事业、促进东西部地区协同发展提供了有力支撑。

（二）特色产品的"异地转化"

特色产品的"异地转化"是指将一地的生态资源转化为可持续的高质量经济效益。乡村通过创建区域品牌化推进农业供给侧结构性改革，将乡村内的农场、田地打造成长三角地区高端绿色农产品的供应基地，并通过"飞柜""飞网"等方式，将具有乡村本土特色的优质农产品带入长三角各大城市，推动农产品溢价销售，实现富农增收，从而达到生态农产品价值的异地转化。

"飞柜经济"生动诠释了经济发达地区和经济欠发达地区的"山海协作"，不同地区"山"的特色与"海"的优势通过创新"1＋X"飞柜经济模式达到优势互补，互为战略支点，助力乡村的扶贫产品"飞"入寻常百姓家，实现从"牵手"到"拥抱"的飞跃，由"输血"模式向"造血"模式的转化。"飞柜经济"的发展，有利于特色产品的"异地转化"，促进产品与市场资源调配互补，从而达到互惠共赢的目标，打造"山海协作"升级版的生动实践。

1. 开设飞柜专馆

以"飞柜专馆营销"为龙头，推动乡村的绿色农产品"走出山"，与异地百姓零距离接触。在温岭城区，设有"景宁600"农产品温岭旗舰店，店内展出来自景宁的高山蔬菜、黄精、地瓜面等近百种农产品；在城区超市，温岭开设"生态畲吃品 景宁600"专柜，专注景宁农产品的推广和营销。

2. 异地飞柜双循环

不同地区可以开展"飞柜经济"的合作，搭建平台，互设销售专柜，将单车道帮扶变为双车道互利。通过"蔬菜基地＋收购网点＋农产品包装＋产品配送"的模式，让各地特色农产品乘坐"飞柜"专车抵达异地百姓的餐桌——乡野田地的优质农产品被送到临海百姓的餐桌上，价廉物美的海鲜被送进乡野百姓的口中，资源得到互补，"山""海"百姓的"菜篮子"质量也得到了有效提升。

3.多项助销保障措施

以多项保障措施为依托，经济发达地区对经济欠发达地区的帮扶举措"走进心"，为乡村农产品打通销路。一是政策助销：政府出台优惠政策，在设立的乡村地区农特产品专卖店或专摊，根据月均销售额标准给予租金补助；对乡村企业到发达地区参加特色展会的，免除摊位费的同时给予补助；对组团到对口地区旅游的旅行社给予补助等政策帮助乡村农产品打通销路。二是展会推销：通过邀请帮扶地区企业参加农林渔业博览会，扩大农村土特产的销售渠道。云端推销通过线上销售、直播带货等方式，进一步扩大产品销售的渠道。三是单位帮销：持续开展对口地区农产品"五进"对接帮销活动，鼓励引导各机关、学校、医院等单位食堂与对口地区建立长期稳定的供销关系。

【案例5-6】 "畲乡景宁"的"飞柜经济"①

"飞柜经济"是驻景宁工作组在"山海协作"工程中的创新合作模式，以浙江景宁为研究对象，揭示了两项重要创新成果：一是从依

---

① 案例资料来源：丽水市人民政府.水经济、高山600、生态旅游景宁解码GEP里的"共富基因".（2022-01-20）［2024-01-13］.https://www.lishui.gov.cn/art/2022/1/20/art_1229218391_57331257.html；秦云龙.从GEP到GDP，看畲乡如何采掘"绿金"：浙江景宁畲族自治县"两山"转化调查.经济，2021（11）：92-97.

赖外部援助到自我造血的战略转变;二是发达地区与欠发达地区之间共赢合作的新途径。

以"景宁600"公共品牌为例,其通过"飞柜经济"进一步孵化出了景宁600农产品、景宁600花园、景宁600农场,将农村打造成一个大景区、大花园,建造精品水果采摘园、农旅产品展销中心、休闲观光基地等农旅融合点,致力营造"一田一处景、一村一幅画、一线一风光"的壮丽蓝图,激活了畲乡景宁600米海拔之上的高山生命力,使景宁成为"海拔经济"的弄潮儿,找到乡村发展的新路径。

在乡村发展过程中,景宁面临诸多挑战,如农业发展基础薄弱、农技推广团队不足、内生发展动力缺乏、销售渠道单一和营销手段落后等。在习近平总书记在浙江任职期间的关注和指导下,景宁确立了以畲族特色和生态可持续为导向的发展策略。近年来,景宁以生态资源的价值转换为核心,创新体制机制,有效促进了生态与经济的互补发展。依托其丰富的高海拔农田和森林资源,景宁不仅将生态资源转化为经济资产,还将其自然和文化优势融入旅游产业,促进了经济和文化的共同繁荣。

景宁是典型的"九山半水半分田"地貌,拥有11万亩海拔600米以上的纯净耕地和150万亩山林资源,景宁通过"600计划"——提升600米以上村庄农产品的品质、包装和销售——打造区域公共品牌,成功地提升了品牌的影响力和经济价值,同时也为高山农产品设立了品质和文化的新标准。

自"景宁600"品牌创建以来,景宁成功举办浙江省"景宁600"农商对接大会,先后组织参加中国国际茶博会、上海国际茶文化旅游节等展示展销推介会17场次，"走出去，深度融入长三角市场"开启新篇章，惠明茶旗舰店在上海静安区、金山区落户，"畲五味"中药材等成为富民产业，"红心猕猴桃""水果沟葡萄""锦绣黄桃""英川红心李""大漈茭白"等农产品成为游客青睐的网红产品……截至2021年，全县新建生态基地11.7万亩，打造系列产品七大类112款，加盟签约主体达到58家，"景宁600"销售额累计23.95亿元，平均溢价率超过30%，成为山区农民脱贫致富的重要抓手，开辟了山区高质量绿色发展共同富裕新路径。下一步，景宁将以"景宁600"品牌为引领，创成"景宁600"省级现代化农业园区，同时将加快农业扩量提质，成为长三角地区品质农产品首选供应地。

小结：农产品流通贯通城乡，连接消费和生产，一头是百姓的"菜篮子"，另一头是农民的"钱袋子"。让农产品"种得好"，更要"卖得好"，加强农产品供应链体系的建设势在必行。构建农产品现代流通体系既需要打通农产品流通"大动脉"（补齐流通设施短板），又需要畅通"微循环"（完善初加工设施设备与农贸市场惠民功能）。完善的农产品流通渠道能够进一步促进产销对接，提升流通效率，实现农产品与市场资源的调配互补，达到产地与消费者互惠共赢的目标，有效推进乡村振兴战略的落实与农民增收致富。

结　语

一、五大目标维度，凝练于浙江实践的鲜活样本

共同富裕要求乡村走在高质量发展的道路上，而文旅产业始终是促进乡村高质量发展的重要抓手。随着乡村振兴战略不断推进，越来越多乡村文化被"激活"，越来越多的旅游需求被挖掘，浙江乡村共富样本在文旅产业的推动下不断涌现。推进共同富裕，吹响复兴号角。在乡村共富的浙江实践中，把改善民生、凝聚人心作为社会发展的出发点和落脚点，铸牢中华民族共同体意识，已然成为浙江省文旅促进乡村共富的制胜秘籍。本书建构的"产业共同体""人才共同体""文化共同体""生态共同体""组织共同体"五个维度，聚焦乡村振兴战略的五大目标，贯穿共同富裕示范区建设的关键领域，由此出发，可助力提高服务质量，加强精细化管理，营造宜业宜居宜游宜乐的良好环境，丰富文旅场景业态，不断提升乡村美誉度，共建共享共同富裕幸福家园。

（一）产业共融：打造文旅融合新引擎

解决农村的共同富裕问题，核心在于实现农村的产业化。"坚持稳中

求进、以进促稳、先立后破"，是当前经济工作的认识论和方法论。浙江农业文旅产业在发展实践中，总结出发展文旅融合产业是稳固增强乡村经济信心、激发经济发展活力、营造友好的体验环境的基石。坚持"以文促旅、以旅彰文、文旅融合"理念，支持高质量文旅产业项目打造，浙江各级政府在产业转型、融合深化、品牌塑造、机制创新上持续发力，创新推出乡村文旅产业发展的好招数、好举措，形成了一批有内涵、可持续、叫得响、具有强大吸引力的乡村文旅业态"爆款"，一批有强大牵引力和辐射力的重要乡村文旅新品牌。

乡村文旅"浙江经验"包括了开发具有本土特色、适应市场的旅游产品与服务，以及配套完善主客共享的基础设施与公共服务体系。文旅融合产业的发展，促进了传统农业的结构转型，进一步开发了闲置资源，推动多产融合，形成农文旅产业有机生态。产业兴旺促进乡村文旅产品服务的迭代升级，推进乡村文化的创造性转化，以"居、游、养、娱"为重点，将生态资源、生态文化转化为旅游产品、旅游服务。在公共服务体系建设上，浙江省加快打造主客共享的文旅新空间，推进乡史馆、乡村会客厅等公共文化空间与旅游集散中心一体化建设。浙江省搭建系列标志性平台，打造乡村产业高地，用营造的理念打基础，用科学的数据搞策划，用超前的思维做"爆点"，用实干的精神保"长红"。

（二）人才共育：激发乡村共富新动力

农业农村现代化关键是人的现代化，要深耕乡村广袤沃土，锻造高素质农业农村干部队伍、高水平农业科技创新型人才和农业企业家队伍、高素养农业劳动者队伍。只有打造一批既具有乡村旅游品牌建设能力，又对乡村文化有着切实了解的高水平、高素质的人才队伍,才能为农文旅深度融合提供智力支持。浙江省积极颁布符合当地实际需要的人才引进与培养政策,既鼓励本地的高素质文旅人才回乡创业,又通过有吸引力的优惠政策激励外地文旅人才积极参与农文旅融合发展事业。同时,浙江省积极推进乡村本土文旅人才的发掘与培养工作,组织评选一批有突出贡献的乡村文化和旅游能人,积极组织开展培训文旅带头人、非遗传承人,不断夯实农文旅高质量融合发展的人才基础。

人才队伍建设,支撑农文旅有效融合;人才体系的完善,汇聚磅礴力量,激发乡村高质量发展的动能,为乡村共同富裕提供积极动力。浙江省在共同富裕的进程中,针对乡村对人才需求层次多、范围广的现状,强化了"领头羊"(乡村骨干队伍)、"千里马"(知识分子、大学生村官、选调生等)、"老黄牛"(退休老人、退伍老兵、行业老手等)三支队伍的人才建设。在人才体系建设上,推崇多元化的发展目标,以内生式发展模式,尊重当地人的利益,重视基层组织建设,通过民主的方式来解决乡村发展的问题,鼓励村民参与乡村建设。浙江省积极推进"用好""用活""用对"人才,建设锻炼人才的"赛马场",以完善的服务给予人才更多的信任、更好的帮助、更强的支持,建立完善的"招、管、留"人才全生命周期管理机制,让人才发展有空间、干事有平台、价值有回报,在浙江广袤农村行千里、致广大,助力农村文旅经济健康发展。

(三)文化共享:铸就服务体验新内核

农业是"根",文化是"魂",旅游是"金"。农村精神文明建设是滋润人心、德化人心、凝聚人心的工作。物质变精神、精神变物质是辩证法的观点,实施乡村振兴战略要物质文明和精神文明一起抓,特别要注重提升农民精神风貌。农耕文化是我国农业的宝贵财富,是中华文化的重要组成部分。乡土文化是中华文化的核心,也是民族根脉之缘起。坚持对乡村地区优秀传统文化进行传承与创新,既是乡村文化振兴的必然要求,也是着力赓续中华文脉、推动中华优秀传统文化创造性转化和创新性发展的必然选择。当前,以现代农业为基、以旅游休闲为形、以乡土文化为魂,促进乡村农文旅高质量融合发展,进而推进农业结构转型升级、乡村旅游提质增效、农民群众增收致富,已成为助推乡村全面振兴和农村共同富裕的新引擎。

浙江省拥有丰富的文化资源,包括中华优秀传统文化、非物质文化遗产、红色精神、新时代浙江精神等。但乡村文化资源具有稀缺性和不可再生性,浙江省从保护传承、创新发展、服务支撑三个方面,深刻推动了乡土文化的活化。在全面保护好历史文化遗产的同时,对乡村优秀传统文化进行创造性转化、创新性发展,抓住乡村文化振兴的根本。浙江省以"存乡忆、记乡愁、兴乡村"为目标,聚焦深层次发掘、活化利用农业自然资源以及传统生产方式、耕作制度、民俗习惯等农业人文资源,开发出原汁原味的农耕文化表演形式与体验项目。同时,浙江省着力赓续乡村特色文化,依托各村文化礼堂、社区服务站、健身活动角等场地,加强体育室、文化室、民俗室、廉政文化室等文体设施建设,同时浙江省还鼓励、引导各村根据自身文化特征探索文化礼堂文化元素特色,打造特色鲜明的文化名片,如建立乡贤文化馆、乡村博物馆、民俗文化体验馆等主客共享的文化场地,不断完善乡村文化阵地功能,创新公共文化服务供给方式。

（四）生态共美：构建美丽宜居新格局

进入新时代，我国坚定不移走生态优先、绿色发展之路，促进经济社会发展全面绿色转型，建设人与自然和谐共生的现代化，创造了举世瞩目的生态奇迹和绿色发展奇迹，美丽中国建设迈出重大步伐。正如习近平总书记强调的，优美的自然环境本身就是乡村振兴的优质资源，要找到实现生态价值转换的有效途径，让群众得到实实在在的好处。[①] 完善的生态产品价值实现机制，包括了对生态产品提供者的补偿，还包括挖掘农村地区和重点生态功能区蕴含的生态资源和生态产品价值，将丰富的生态资源和生态产品转化为农民致富的生态产业，逐步实现共同富裕。绿水青山是最普惠的民生福祉，是乡村旅游活动的基础资源与自然场景。以旅游产业为媒，可以有效推动"绿水青山转化为金山银山"，让农村生态环境美起来，农民腰包越来越鼓、生活越来越美好。

"诗画江南、活力浙江"是浙江省品牌关键词，也是浙江省在生态建设上的恒常目标。浙江省持之以恒的"美丽追求"，让乡村生态环境"高颜值"和经济发展"高素质"协同并进，使绿水青山"底色"更深，金山银山"成色"更足，共同富裕"本色"更亮，也使绿色发展道路越走越宽、越走越深。追求高质量绿色发展和担当"重要窗口"，守护绿水青山已经成为浙江人民的共同意愿和自觉行动。浙江省各村将依托绿水青山的独特优势和便捷的交通环境，不断引发村庄质变，走自己的特色文旅之路，让拥有绿水青山的美丽乡村发展出实实在在的美丽经济，努力走出一条具有鲜

[①] 解放思想开拓进取扬长补短固本兴新 奋力谱写中国式现代化江西篇章. 人民日报，2023-10-14(1).

明特色的共同富裕宽广大道。同时,浙江省通过制度建设强化外在约束,提高治理水平,激发内生动力,完善推广积分制、清单制、数字化等务实管用的治理方式,让保护良好生态人人有责、人人尽责的理念深入人心,激励村民和游客争当"绿水青山就是金山银山"理论的积极传播者和模范践行者。

（五）组织共创：培育协同发展新机制

乡村共同富裕,始终离不开政府、社会组织、企业、居民、高校等多方主体协同,也离不开跨区域、跨行业、跨城乡的联动协作。组织形式需要更多体现灵活性、包容性、参与性,统筹兼顾、综合平衡,突出重点、带动全局,形成新的增长极、动力源、发展带,为高质量发展注入强劲动力。如何在新的发展格局下,有效整合外来主体,使其更好地融入乡村文旅发展过程,是乡村组织和治理面临的关键课题。政府、社会组织、企业、村集体和个人是乡村建设的主体,这些主体并非局限于"块"分割的行政区域和"条"分割的行业,也包括跨区域的"对口帮扶协作"主体。实践表明,主体能力塑造是推动形成不同主体优势互补、多元主体协同赋能乡村振兴新的重要途径。各主体在协同中以文旅产业创新催生乡村新产业、新模式、新动能,发展新质生产力,贯彻新发展理念,推动区域协调发展。

浙江省加强顶层设计、战略谋划和整体推进,在组织层面着力强化数智赋能,打造农文旅融合新引擎,创造性地提出了"社群支持乡村"模式、社群营销模式、"村集体＋公司＋农场"模式、"公司＋村民"联营模式、"多村联创"模式等。着力强化数智赋能,不仅可以突出乡村社会中"农"的生态赋能、"文"的品质浸润、"旅"的聚人引流作用,还能有效提升农文旅融合发展的质量与效率。在区域联动上,浙江省积极主动,提前布局,结合区域优势和地方特色,抓住新机遇,在推动新旧动能接续转换中寻觅新动力,在固本培元中加快塑造高质量发展新优势。通过构建"共生共建共赢共享"的区域发展利益共同体,为乡村带来持续的客流、消费、就业、税收,形成可持续的闭环,联动各区域的商业、金融、智库等"朋友圈",共同成为"乡村建设者",以点带面加快一体化进程,长三角一体化发展新局面正在形成。

二、文旅融合发展,奋进在乡村振兴的共富路上

党的二十大报告提出,中国式现代化是人口规模巨大的现代化,是全体人民共同富裕的现代化,是物质文明和精神文明相协调的现代化,是人与自然和谐共生的现代化,是走和平发展道路的现代化。实现共同富裕,要以先富带后富,扩大中等收入群体。旅游业作为能够增加就业、消除贫困、提高人民生活质量的富民产业,对缩小收入差距、实现共同富裕具有重要作用。在新型城镇化与乡村振兴"双轮驱动"的新战略下,加快乡村全面振兴和农民农村共同富裕离不开乡村旅游的高质量发展。奋进在乡村振兴的共同富裕道路上,需要始终保持战略定力、坚定发展信心、积极担当作为,推动中国式现代化在高质量发展之路上行稳致远。浙江省的乡村文旅共富实践,让我们更加坚定了以文旅产业、文旅生态、文旅体验、文旅场景、文旅创新作为乡村共富"发动机"的信心,也更加坚定了推动乡村文旅平台共建、资源共享、产业共兴、品牌共塑的决心。

（一）文旅产业成为乡村高质量发展的坚实基础

全面推进乡村振兴，要立足特色资源，融合农文旅，推动乡村产业发展壮大，让农民更多分享产业增值收益。通过创新创意、整合资源、对接资本、吸引人才，开发更多文化休闲旅游项目，集聚休闲、康养、民宿等业态，让环境从"盆景"到"风景"再到"全景"，打造共同富裕新的增长点、着力点、共生点。在推动乡村共同富裕的道路上，需要始终坚持走文化旅游融合的路线，文化铸魂，发挥文化赋能作用。依托大数据赋能优势，发掘市场潜在需求，把握国潮、游戏、直播、轻奢等热门市场动向，鼓励文化旅游传播创新"出圈"。通过鼓励大众创业、万众创新，纵深推动"文旅＋健康"等多产融合、跨界合作，构建高度整合的产业生态圈。以"旅游＋"和"＋旅游"的方式促进旅游业与其他产业联动，突破传统旅游产业边界，推进旅游消费链向纵深发展。通过深度融合旅游业与文化、生态、科技，使旅游业增长动力由要素投入驱动转变为创新和创意驱动。

（二）文旅生态成为乡村可持续振兴的重要源泉

浙江省以深入实施乡村振兴战略为抓手，深化"千万工程"和美丽乡村、美丽城镇建设，以"生态更优良、乡村更秀美、产业更兴旺、文化更兴盛、治理更高效、生活更美好"为要求，以标准化提升、品牌化经营、数字化融合为路径，涌现了一批新时代美丽乡村大花园的鲜活样本。文旅协作是践行"两山"理论的绝佳场域，是推动产业可持续发展的重要源泉。维持生态环境、保护本土文化是推进地方文旅建设一体两面的联动工程，"诗画浙江"建设离不开物景人景各美其美，美美与共。要持续推进大花园建设,助力美丽乡村建设,坚持山水与城乡融合,自然与文化相得益彰,打造一批"可看、可听、可体验"的示范性文旅可持续发展标杆,高质量完成"四条诗路"黄金旅游带和十大海岛公园、十大名山公园建设。文旅服务根植于乡土、根植于人民,弘扬生活故事、构筑地方情怀就是给生活性服务业强基筑本。深入挖掘本土文化,保护传统手工技艺,活化传承非物质文化遗产,让百年老字号品牌留在地方、留住游客,深入推动非物质文化遗产融入乡村旅游各环节,支持利用非遗工坊、传承体验中心等场所,培育一批乡村非物质文化遗产旅游体验基地。

(三)文旅体验成为乡村品牌化建设的标杆窗口

标杆品牌的树立,显著推动乡村、县域形象的广泛传播,推动中华文化的传播和乡村形象的展示。要将文旅产业品牌和城市品牌具象化、分众化,使其可见可闻、可知可感、可行可融,激活存量、扩大增量、提升声量、吸引流量,打造形成数量级、现象级、产业级的强大品牌联合体,注重"城、乡、山、水"联动发展,形成"一村一品牌"的品牌格局。文化是品牌的底蕴,体验是品牌的外延,随着数字化改革的深入、新时代文化浙江工程的推进以及争创社会主义现代化先行省的文化实践,浙江省正在积极探索在乡村共富中推行建设文化强省,努力成为传承中华文脉、建设社会主义文化强国的生力军和排头兵。通过探索国际国内"津津乐道,雅俗共赏"的文化符号,对于乡村品牌建设需要把握文化的核心,构建全媒体宣传矩阵,讲好"人民故事"和"乡村故事",全面提升国际传播能力。同时打造独具魅力的浙江文化旅游体验,全平台、多视角、个性化宣传是培育文旅消费新型体验空间的重要渠道。在发展乡村旅游过程中,不仅要在物质形式上传承好，更要在心里传承好。应着重阐释文化遗产的历史内涵、时代价值、社会功用，推动其在旅游产品和现代生活中广泛应用，把历史文化与现代文明融入旅游经济发展之中，使旅游成为宣传灿烂文明和现代化建设成就的窗口，让乡村旅游成为人们感悟中华文化、增强文化自信的生动过程。

（四）文旅场景成为乡村产学研协作的重要纽带

文旅场景是乡村共富的"舞台"，让各个主体能够在乡村共富道路上群策群力。浙江省在要素上，纵深统筹文旅服务全流程，横向拓展文旅创新大视野，在推进融合发展、促进提质增效中协同发力，探索形成文化和旅游高质量发展的有效路径、促进共同富裕的体制机制，让人民群众共享文化和旅游发展成果，在高质量发展中促进物质生活和精神生活共同富裕，切实提升获得感、幸福感，为全国文化和旅游实现高质量发展、促进共同富裕提供可复制可推广的经验。数字化公共服务体系是浙江省的独特优势，也是促进乡村文旅融合发展的关键动力。浙江省全方位强化数智科技赋能，建设完善乡村文旅消费基础设施，通过数字化平台，深刻把握对茶文化、汉服、本地传统美食等新兴热点文化元素的挖掘，融入二次元、电竞等潮流圈层文化业态，做好组合创新，将组织优势、业态优势、人力优势转化为传播优势。随着数字乡村的建设步伐不断加快，通过数字化、智能化来激活各种文旅要素和传统农业生产方式，已成为农文旅高质量融合发展的加速器。此外，强化数智赋能，打造农文旅融合发展的新生态、新场景，不仅可以让乡村文化和特色农业借助情景化、数字化、趣味化的方式来吸引年轻人，也能使其自身迸发出新的活力，还能为农文旅融合发展向中高端的价值链攀升提供强大的数智动力。

（五）文旅创新成为乡村共富新篇章的展示窗口

文旅创新是乡村共富活力的体现,浙江省做深做透"文旅创新发展"大文章,挖掘需求更加个性化、精品化的文旅新业态、新场景、新模式,大力发展旅游演艺,做大做强乡土文旅,精心开发历史经典产业旅游线路,把新元素、新符号、新理念植入景区,做到"老树发新芽",让人来了还想来,真正把浙江省游客"流量"最大化转为文旅产业"增量"。浙江省持续推进做深做透"文化标识更鲜明"大文章,保护好传承好悠久深厚、意蕴丰富的浙江乡土文化传统,全面实施中华民族现代文明建设浙江探索"十大行动",打造一批浙产文艺精品标识,建造一批公共文化地标,进一步擦亮浙江文旅金名片。在文旅创新上,浙江省始终以社会主义核心价值观为引领,坚持人民为中心的创作导向,让艺术之树深深扎根浙江省奋力推进"两个先行"的火热实践,立足优质资源禀赋,布局新经济,创新文旅商业模式,精准引进以"自带流量"和"吸引年轻人"为主体的新业态,重估乡村多元价值,再造新品牌,以工业化发展理念、片区式开发模式,推动乡村产业纵向延链和横向跨界。